COORDENAÇÃO EDITORIAL

Cristiane Rayes

Orientação Familiar II

Literare Books
INTERNATIONAL
BRASIL · EUROPA · USA · JAPÃO

PRESIDENTE
Mauricio Sita

VICE-PRESIDENTE
Alessandra Ksenhuck

DIRETORA EXECUTIVA
Julyana Rosa

DIRETORA COMERCIAL
Claudia Pires

DIRETORA DE PROJETOS
Gleide Santos

EDITOR
Enrico Giglio de Oliveira

EDITOR JÚNIOR
Luis Gustavo da Silva Barboza

REVISORES
Gabriella Meister e Margot Cardoso

CAPA E DESIGN EDITORIAL
Lucas Yamauchi

IMPRESSÃO
Gráfica Paym

Dados Internacionais de Catalogação na Publicação (CIP)
(eDOC BRASIL, Belo Horizonte/MG)

O69 Orientação familiar II: teoria e prática / Coordenação Cristiane Rayes.
– São Paulo, SP: Literare Books International, 2023.
15,7 x 23 cm

Inclui bibliografia
ISBN 978-65-5922-590-3

1. Psicoterapia familiar. 2. Parentalidade 3. Desenvolvimento infantil. I. Rayes, Cristiane.

CDD 649.12

Elaborado por Maurício Amormino Júnior – CRB6/2422

LITERARE BOOKS INTERNATIONAL LTDA.
Rua Alameda dos Guatás, 102
Vila da Saúde — São Paulo, SP. CEP 04053-040
+55 11 2659-0968 | www.literarebooks.com.br
contato@literarebooks.com.br

SUMÁRIO

AGRADECIMENTOS

Sempre aos meus amados pais, Mansur (*in memoriam*) e Heloisa (que está ao meu lado em todas as horas com carinho e generosidade). Eterna gratidão!
Ao meu querido marido, Marcio Martins, pelos anos de carinho, respeito e incentivo. A toda minha família, irmãos, sobrinhos, cunhada, sogra pelas aprendizagens diárias do que é ter e pertencer a uma família.
À secretaria Débora por seu comprometimento e competência.

Dedico com amor,
Aos meus filhos, Mariana e Vitor, para que levem consigo os bons princípios familiares em suas memórias, corações e atitudes.

INTRODUÇÃO

Como tudo começou...

É um grande prazer coordenar o segundo volume do livro *Orientação familiar* e ver o interesse de tantos profissionais, pais e responsáveis.

Vou contar um pouco sobre como tudo começou. A orientação familiar foi responsável pela minha paixão pela psicologia, tendo encontrado esse propósito em 1998, em uma especialização em Orientação Familiar. De lá pra cá, fui me aprimorando cada vez mais e assim, além dos atendimentos a tantas atividades, abri meu curso de Orientação Familiar, que conta com um método próprio, o AMORES. Não posso deixar de contar sobre o incentivo que recebi das minhas supervisionadas para abrir o curso, me encorajaram a cada dia e ainda formaram um grupo de alunas interessadas. Assim demos início ao curso que acontece até hoje.

Mas, de onde surgiu a ideia de um livro?

Com tantas profissionais e alunas queridas e competentes, tive a ideia de convidá-las a escrever sobre o tema em cima de suas práticas e tive mais uma surpresa: quase todas aceitaram essa missão, formamos uma grande família com o mesmo propósito e com o apoio da Literare Books International, concluímos esse grande projeto.

Será que tem mais?

Pensei em formas de retribuir tanto carinho e confiança e propus, à Literare, fazermos um Congresso sobre o tema com as coautoras como palestrantes, já que contávamos com um time de profissionais empenhadas e competentes. Aqui, quero registrar minha imensa gratidão pela Literare Books International, que, mais uma vez confiou e embarcou nos meus sonhos e assim fizemos com que tudo acontecesse com sucesso e harmonia. Foi incrível e com certeza permanecerá na memória afetiva de muitos que ali estiveram.

E agora, como estamos? Com um grupo ainda maior, mais profissionais unidos com o coração aberto, cheio de alegria e entusiasmo neste segundo livro e Congresso de Orientação Familiar.

Bem, poderia ficar aqui escrevendo muitas páginas sobre esta história e com mais detalhes, porém minha intenção é registrar toda a minha gratidão e deixar a mensagem para que não desistam de seus sonhos e propósitos, certamente, como eu, você encontrará pessoas incríveis e fundamentais em seus caminhos.

A orientação familiar

Falando em orientação familiar, é importante ressaltar que devemos orientar não apenas pais e mães, mas todos os envolvidos no cuidado com a criança e ou adolescente.

Por que orientar famílias e quais são os seus benefícios?

Fiz essa pergunta às coautoras e registrei, aqui, as respostas sem que elas soubessem que usaria nesta introdução, afinal, o livro é nosso. Vamos às respostas:

- Para que cada fase e cada vivência seja feita de maneira acolhedora e saudável por todos os envolvidos.
- Porque a família é a base para o desenvolvimento da criança, a segurança, é o lugar onde a criança vai ter o suporte para seus conflitos e dificuldades.
- Precisamos cuidar de nós para então cuidarmos dos nossos filhos.
- Para entender e ter consciência de cada fase do desenvolvimento.
- Para auxiliar no olhar de cada um para si e para todos da família, podendo, assim, construir uma relação leve e cheia de amor.
- A cultura está em constante movimento e se transforma com o tempo e, com isto, os diversos sistemas que dela participam, atuam e interagem. A orientação familiar diz respeito a referências e direções possíveis para pais e filhos no contexto cultural.
- Para cuidar de quem cuida.
- A orientação familiar traz a possibilidade de conscientizar sobre as dinâmicas, aborda as dificuldades, os pontos fortes, e auxilia na resolução de problemas, buscando saídas pertinentes a cada membro e a cada sistema, trazendo desenvolvimento individual e coletivo.
- Para um caminho com sabedoria e amor.
- A criança é o reflexo da dinâmica familiar.
- Auxiliar os pais a entenderem qual seu estilo parental é crucial para verem seus erros e acertos.
- Encorajamento dos pais para os desafios da parentalidade é importante para a conexão e rotina familiar

- É um processo de autoconhecimento dos pais e uma grande oportunidade de revisitar suas vivências para construir os caminhos que desejam trilhar baseados nos valores da "nova" família. Quando os pais se abrem para esse caminho, deixam o melhor presente que poderiam para seus filhos: pais emocionalmente saudáveis.
- Favorece o preparo, direcionamento e autoconfiança para garantir o equilíbrio e o bem-estar da família.
- Trilhar, ajustando suas práticas aos seus valores e habilidades que deseja desenvolver em seus filhos.
- Ajudar os pais e contribuir para um desenvolvimento saudável e uma dinâmica familiar funcional.
- Nós construímos toda a nossa existência com base nos laços e vínculos que tecemos ao longo dos anos no ambiente familiar.
- A orientação familiar é o momento mais importante do processo de psicoterapia, pois acolhemos esses pais com todo amor. No trabalho conjunto com psicoterapia, repensamos e criamos um caminho saudável para essa família seguir! E com união a saúde emocional acontece!
- Para que os pais prestem atenção em seus próprios comportamentos diante dos comportamentos do filho.
- Ajudar a família em relação às suas dores, minimizando seus conflitos e sofrimentos.
- Família é base de sustentação, crescimento físico, psíquico, emocional e espiritual.
- A orientação familiar é um caminho para a saúde mental do grupo familiar.
- Orientar é acolher e iluminar caminhos!

Enfim, peço para você, caro leitor, independentemente de ser pai, responsável ou profissional, que também responda a essa pergunta e reflita sobre a importância da orientação para sua família, afinal, todas as famílias precisam de atenção e cuidados.

Que você possa aproveitar este livro, visando seu crescimento pessoal, profissional e familiar.

Superdica: acreditem e invistam em seus sonhos!

Um grande abraço carinhoso e recheado de gratidão,

Cristiane Rayes

1

DORES E AMORES DA PARENTALIDADE

A IMPORTÂNCIA DO OLHAR PARA SUA PRÓPRIA HISTÓRIA

Traumas e crenças podem passar de geração para geração. Olhar para si e para sua história traz a consciência de suas dores e potencialidades, favorecendo o desenvolvimento pessoal e a parentalidade efetiva e afetiva. Este capítulo enfoca a importância da interiorização como caminho de sabedoria e algumas "dores" vivenciadas pelos pais. Espero que a leitura favoreça muitas reflexões e atitudes.

CRISTIANE RAYES

Cristiane Rayes

CRP 06/40025

Contatos

cristianerayes@gmail.com

Instagram: @crisrayes

1198573 0444

11 96346 6078 / 11 5071 1331 (Clínica)

Mãe dos amados Mariana e Vitor. Psicóloga clínica e educacional há 30 anos, atuando no atendimento de crianças, adolescentes, adultos e orientação familiar. Terapeuta EMDR. Especialista em Orientação Familiar e Processos Psicoterapêuticos, Terapia Cognitivo-comportamental, Distúrbios de Aprendizagem e Mediação de Conflitos. Desenvolvimento de projetos de habilidades socioemocionais e treinamento de professores. Palestrante. Responsável pelo curso de Orientação Familiar. Coordenadora do curso de especialização em Orientação familiar e Educação parental no InTCC Rio. Idealizadora de jogos e materiais terapêuticos: *Prumo das emoções, Coleção feelings, Dinâmica e comunicação familiar, Luva 5 AS; Jogo da coragem e confiança; Eu sou... eu posso ser; Caixinha da amizade* e *Baralho do divórcio*. Autora do *Baralho animação, Corujas em ação* e dos livros *Autoestima de A a Z* e *Superando os medos de A a Z*, da editora Literare Books International. Coordenadora dos livros *Educação e afeto* e *Orientação Familiar* vol. 1, organizadora, em parceria com a editora Literare Books International, do 1º Congresso de Orientação Familiar.

A vida é cheia de dores e AMORES. No livro Orientação familiar I, escrevi sobre alguns temas e habilidades contidos na palavra AMORES, meu programa de habilidades socioemocionais e de orientação familiar com objetivo de favorecer autoconhecimento, afeto e vínculos seguros para que todos possam ser conscientes e viver e conviver cada vez melhor. AMORES envolve:

A autoconhecimento
M manter-se em equilíbrio
O olhar para si e para o outro
R resiliência, resolução de conflitos
E expressão e comunicação
S sociabilidade

Neste capítulo, darei ênfase à letra O, ressaltando o poder do nosso eu interior e de algumas dores da parentalidade.

Olhar para si

Somos a nossa história e a carregamos na memória, no coração e, às vezes, em marcas no corpo. Carregamos da infância tanto lembranças e experiências boas como ruins e traumáticas. Muitas pessoas não se lembram de tais experiências negativas, doloridas, as reprimem ou evitam, para não sentir as mágoas e os medos que guardam em si; outras podem ter vivido uma infância saudável, sem tantos desafios, mas em ambos os casos é preciso consciência. Vivências negativas nos causam dificuldades quando somos adultos, pois a nossa criança interior faz de tudo para que as dores vividas não se repitam, buscando amor e segurança. Essas experiências difíceis da infância, quando não superadas, afetam a confiança e a autoestima.

Assim, para entendermos e resolvermos nossos problemas atuais, precisamos compreender no que esses consistem, entrando em contato com nossa própria história e com a criança que nos habita, reconhecendo as dificuldades, pontos fracos, fortes e gatilhos.

É comprovado pela ciência que o inconsciente é uma instância psíquica poderosa, que determina 80% de tudo que fazemos e vivenciamos, e que a experiência traumática pode ser transmitida de uma geração para a geração, se não ressignificada. Entretanto, fatos passados, traumas não resolvidos e sinais de angústia dos pais podem afetar as relações e formas de educar, desencadeando sintomas nos filhos.

Quanto às crenças e padrões de comportamentos, esses são transmitidos por nossos familiares, cultura, religião e conceitos formados em nossas vivências ou por nós mesmos. Segundo pesquisas, há transmissão intergeracional do comportamento das mães em relação aos seus filhos. Lundberg, Perris, Schlette e Adolfsson (2000) concluíram que há correlação entre valores experienciados e repassados às outras gerações. Bowlby (1990) apontou que as pessoas internalizam as experiências com seus significantes na forma de modelos de relacionamento e que estes, uma vez formados, são resistentes a mudanças. As escolhas de parceiros, geralmente, validam as estratégias internas e, quando nos tornamos pais, estabelecemos com os filhos a repetição de padrões. De acordo com Webber (2005), a não transmissão de padrões pode dar-se pelas mudanças socioculturais, maior divulgação de informações científicas a respeito de educação de filhos, relações mais afetivas e suporte dos companheiros.

Então, o que é possível fazer para não repetir padrões e superar traumas?

Conhecer a história e revisitá-la, ser sábio e consciente, silenciar, olhar para dentro de si, ter a possibilidade de significar e ressignificar, compreender situações, comportamentos, fatos, traumas, crenças negativas e positivas que interiorizamos no decorrer da infância e por toda a vida e que impactam as relações. É preciso refletir sobre a forma de se viver, ser resiliente compassivo, descobrir lições únicas que precisam ser aprendidas, aprender com erros, se fortalecer e possibilitar abertura de novos significados, resoluções e caminhos.

Quanto à parentalidade, esta nos traz transformações emocionais e psicológicas, altera nossa vida, nossa capacidade de amar e de se superar. Exige muito de nós: tempo, dedicação, paciência, renúncia, perdão, entre outras habilidades. Não podemos romantizá-la, pois envolve "dores", incertezas e também busca por respostas que muitas vezes estão dentro de nós e não sabemos ou não valorizamos. É preciso sua interiorização, autoconhecimento, adquirir conhecimentos, ter repertório, questionar seus comportamentos, não temer mudanças, aceitar e respeitar a individualidade e necessidades de cada um, praticar o autocuidado e, claro, amor e vínculos seguros, além de agradecer aos seus próprio pais e não julgá-los.

Dê a você a possibilidade de cuidar da sua história, de suas relações e de sua parentalidade.

Dentre tantas exigências e dúvidas, cito aqui algumas "dores" frequentes relatadas pelos pais, num breve questionário que realizei. Algumas vivenciadas desde a infância, outras ao longo da caminhada da vida. São elas:

O "boletim" dos pais e filhos: a (in)satisfação parental

Quando os pais se autoavaliam pelas conquistas e desempenho dos filhos, têm expectativas não supridas e passam a crer que não estão sendo bons pais. Fazem aos filhos atribuições com expectativas sobre seus comportamentos e previsões de futuro. Passam a fornecer excesso de estímulos, exigir atitudes muitas vezes irreais ou não de acordo com a idade, esquecendo o que faz parte do desenvolvimento normal e saudável. Acabam por não validar o que está bom e sempre estão à procura do que é melhor, com constante insatisfação. Assim, deixam de olhar para a individualidade e a particularidade de cada filho e não os aceitam como realmente são.

Esse mar de exigências, expectativas e busca de reconhecimento desencadeiam perfeccionismo, autocrítica exagerada, sentimentos de incompetência, quadros psicossomáticos, ansiedade e depressão, tanto nos pais como nos filhos. A autocrítica e as autocobranças elevadas fazem com que as pessoas depositem sua hostilidade sobre si e sintam-se sobrecarregados, temendo não satisfazer as expectativas, com sensação de desesperança e a crença de que só serão aceitos se tiverem bom rendimento.

Lembre-se de que as conquistas e as realizações dos filhos não são a avaliação da sua eficácia como pais, não devendo ser base da satisfação parental. Entenda as necessidades de cada um, reveja a visão de si e de seus filhos e encoraje-os sempre.

Corre que o futuro vem aí: as angústias do fazer

Aqui estão os pais que não conseguem ver os filhos "sem fazer nada". Transmitem a mensagem de que, se você não estiver fazendo algo, não será ninguém na vida. Acham que os filhos estão perdendo tempo e temem pelo seu futuro. Lotam tanto suas agendas como as dos filhos, desencadeando estresse que se manifesta no corpo e na mente, desencadeando desenvolvimento de doenças, alterações de comportamentos e psicopatologias. Crianças estressadas podem se tornar adultos fragilizados e vulneráveis. Além disso, pais estressados podem ter filhos estressados, pois o ambiente, as relações e os modelos são fortes influenciadores. Pais estressados são mais irritados e sem paciência, não sensíveis às necessidades de seus filhos, e não conseguem manejar as situações ou alterar a rotina.

Pesquisas neurocientíficas mostram que crianças que sofreram muito estresse nos primeiros anos de vida apresentam níveis elevados dos hormônios do estresse durante a vida inteira, sendo mais propensas ao estresse na vida adulta, com maior dificuldade para lidar com pressão emocional e constante sensação de insegurança e desproteção.

As crianças precisam brincar, os jovens e adultos precisam sonhar. O tempo livre é necessário para todos, tanto para descanso quanto para desenvolvimento de criatividade e interiorização. Dê a você e a seu filho a oportunidade de ter tempo livre para viver situações prazerosas nesse mundo onde muitas vezes corremos sem saber atrás de quê. Olhe para o "ser" e não apenas para o "fazer". Reorganize o seu tempo, sua rotina, sinta-se merecedor de autocuidado, de fazer por e para você algo que não seja obrigação. Quem não se permite muitas vezes não permite aos outros.

A casa do vizinho: comparações que nos fazem perder referências

Nesse caminho vamos seguindo, muitas vezes nos sentindo sozinhos, achando que certas coisas só acontecem na nossa casa e que tudo na casa do vizinho é melhor. Participamos de rodas de conversas nem sempre sinceras, onde muitas vezes os assuntos se baseiam nos dons, habilidades e progressos dos filhos, gerando até competições entre os próprios pais, aprofundando o senso de incompetência, insuficiência, comparação e sentimentos de inferioridade e baixa autoestima.

Sei que é humanamente impossível não nos compararmos. A comparação é favorável quando enxergamos fatos reais e vemos no outro algo admirável que podemos desenvolver em nós, mas é desfavorável quando se torna ilusória, excessiva e depreciativa, levando a frases e pensamentos frequentes como: "Não consigo", "Não sou boa mãe/pai", "Na casa do fulano dá certo",

"O filho dele já consegue", e por aí vai. Essas ideias são acompanhadas de sentimentos de vergonha, depreciação, dificuldade de autoaceitação e autoconhecimento, além da falta de percepção da realidade. Frente aos sentimentos de inferioridade e referências baseadas nos outros, os pais acabam por utilizar comparações frequentes com o intuito de motivar e mudar comportamentos dos filhos, desencadeando sentimentos de raiva, depreciação e perda de referências internas.

Reflita sobre sua forma de se ver e de se comunicar, elas afetam suas relações e o desenvolvimento psíquico. Talvez você tenha vivido o mesmo com seus pais e esteja repetindo esse modelo que não traz benefícios a ninguém.

Faço tudo por eles: a necessidade constante de aprovação e a dedicação aos outros

Pais que necessitam de aprovação dos outros perdem sua autenticidade e espontaneidade. Não olham para as próprias necessidades, temem magoar ou serem julgados e desaprovados, se dedicam e se sacrificam para satisfazer às necessidades dos outros. Sentem-se culpados por fazer algo por si e não se sentem merecedores de prazer, estando o tempo todo fazendo algo para alguém. Esforçam-se em fazer tudo certo e, assim, tornam-se dependentes em suas decisões e incapazes de encontrar suas vocações.

A autoestima e o reconhecimento de sua parentalidade dependem principalmente das reações alheias e não das suas inclinações naturais. Se perdem frente a tantas opiniões familiares na criação dos filhos, deixam de lado a sensibilidade para sentir a si, reprimem emoções como raiva e indignação e evitam comportamentos hostis e desentendimentos, reagindo às ofensas com tristeza. Os medos constantes de julgamento desencadeiam quadros ansiosos, depressivos, distanciamentos sociais e sintomas intensos da angústia e desamparo.

Esses pais também acreditam que a dedicação é sua obrigação e atuam dessa forma na dinâmica familiar. Transmitem aos filhos que é necessário agradar aos outros para serem amados e aceitos, e que não é possível ser livre para tomar decisões e viver sua própria vida.

Grandes passos para a libertação e autonomia são, além da consciência, pensar com sua própria cabeça, se livrar do medo, se permitir errar, olhar e agir em função de suas necessidades e ser assertivo. Questionamentos que você pode fazer são: "Qual minha opinião sobre esse assunto?", "O que eu gostaria de fazer?", "Quais são minhas necessidades?". Lembre-se: a aprovação está dentro de você. Dedique-se a si também

Nosso espelho: enxergando as próprias dificuldades nos filhos

Identificar as próprias dificuldades nos filhos pode levar a sentimentos de medo, culpa e frustração, fazendo com que os pais enxerguem os filhos como frágeis e vulneráveis e, por consequência, desenvolvam comportamentos de superproteção e relações de dependência. Por outro lado, existem os pais que frente à identificação das suas próprias dificuldades nos filhos acabam por "desprezar", minimizar ou não aceitar tais dificuldades, sendo negligentes e/ou até displicentes, relatando que passaram por isso sem consequências em sua vida ou que isso não é nada.

Negar, não aceitar a realidade ou superproteger pode gerar nos filhos a crença de incapacidade, preconceitos, dificuldades em cuidar de si, de enfrentamento, de manejo das próprias dificuldades e problemas ao tomar decisões.

Reveja sua história, encare-a de frente, acolhendo suas próprias dificuldades e, assim, as do seu filho. Pessoas não passam da mesma forma pelas experiências, existem as necessidades de cada um e a influência de fatores de personalidade, genéticos, hereditários e ambientais.

Forte como uma rocha: não demonstrar fraquezas e tristezas

Muitos pais não querem demonstrar suas dificuldades e tristezas, por encararem isso como um sinal de fraqueza. Sentem-se vulneráveis, reprimem suas emoções, disfarçam ou racionalizam.

Reprimir emoções é ir contra seu bem-estar, despende energia, faz com que você não desenvolva formas de lidar com as causas dessas dores e ainda aumenta sua sensação de fragilidade. As emoções desagradáveis precisam ser aceitas e vividas, elas têm funções, nos ensinam e dão possibilidade de pensarmos e agirmos.

Talvez isso venha da sua história, assim como guardar segredos e não contar para seus filhos sobre fatos frustrantes, desafiadores e dificuldades, tornando você uma pessoa mais contida, pouco espontânea e até distante nas relações, devido ao desejo de não perder a admiração dos filhos ou até mesmo protegê-los de decepções e sentimentos negativos.

As repressões e segredos têm um grande peso e, como consequência, os pais acabam por desencorajar ou inibir a expressão dos sentimentos de seus filhos, passando a impressão de que sua vida é perfeita. Pais que se mostram "perfeitos" não trazem a realidade e criam filhos incapazes e insuficientes frente às próprias emoções e dificuldades. É essencial olhar para a realidade e expressar emoções para que possamos desenvolver a capacidade de sentir, dominar impulsos, flexibilizar, resolver e superar desafios.

O que estamos ensinando aos filhos quando, diante de um luto, não demonstramos nossa tristeza? Diante de uma demissão, por que não contar às crianças e não falar sobre seus sentimentos e até mesmo as estratégias de superação?

Os filhos aprendem muito com as experiências de seus pais e com suas formas de lidar com os desafios, tornando-se mais confiantes para enfrentar a própria vida, pertencentes por conhecer e participar das vivências familiares e, o melhor, descobrem que somos humanos, dotados de sentimentos e falhas, e que ninguém é perfeito e nem precisa ser.

Enfim, com tantas outras citações recebidas dos pais, poderia escrever um livro sobre as "dores e amores" da parentalidade, e espero fazê-lo. Deixo aqui a possibilidade de reflexão sobre sua história, suas dores e comportamentos com a intenção de que vivam com AMORES e evoluam tanto no âmbito pessoal como familiar, mantendo as relações mais conscientes e afetivas.

Orientações para seu crescimento pessoal e familiar

- Viva com AMORES: amor, afeto, conexão e inteligência emocional.
- Conheça sua história e conte para seu filho, assim como a história dele. Elas criam lindas memórias e sensação de pertencimento.
- Pratique a autoaceitação, reveja seu autoconceito e rótulos, assim como expectativas em torno de sua pessoa.
- Abrace sua criança interior: permita-se se acolher, perdoar e sorrir internamente.
- Acolha seus pais afetivamente e internamente, no sentido de aceitar e valorizá-los em suas perfeições e imperfeições.
- Investigue suas crenças, fortalecendo as positivas. "Eu sou capaz", "eu consigo", "eu mereço", etc.
- Avalie suas necessidades não supridas: observe em que áreas da vida elas influenciam e como impactam sua parentalidade. Supra suas necessidades de forma consciente.
- Valorize suas necessidades supridas: elas te fortalecem e conduzem seus caminhos e valores.

- Expresse suas necessidades, vá em busca de suas aspirações. Quando não expressamos o que desejamos, desenvolvemos a sensação de mal-estar, de solidão, exaustão e desamparo. Sentir-se bem consigo mesmo faz bem para sua autoestima, autovalor e repercute nas atitudes e na saúde mental da família.
- Quebre padrões: isso exige autoconhecimento, compreensão, reflexão, disciplina e persistência.
- Seja menos exigente e mais amável consigo mesmo. Expresse suas opiniões e desejos, seja espontâneo. Livre-se da autocrítica e medos excessivos.
- Busque formas de superar seus traumas, reprocessar as vivências que deixaram marcas. Busque ajuda profissional.
- Escreva e reescreva suas experiências dolorosas: estudos apontam que expressar pensamentos, sentimentos e experiências perturbadoras em palavras (sejam faladas ou escritas) melhora significativamente sua saúde física, mental, comportamental, social e biológica (PENNEBAKER & CHUNG, 2007).
- Tenha coragem para encarar de frente e não fugir ou negar as situações, mesmo as mais difíceis. Porém, caminhe no seu tempo.
- Conhecer-se para educar: autoconhecimento traz ambições, desejos e relações mais harmônicas.
- Valorize o pai/mãe que você é: reforce sua autoconfiança. Não existem relações perfeitas com os filhos. Olhe para suas conquistas e vitórias.
- Sonhe e sonhem juntos.

Superdica: a interiorização é o caminho da sabedoria. Conecte-se com você para se conectar bem com os outros.

Referências

BOWLBY, J.CABRAL, A. *Apego e perda*. São Paulo: Martins Fontes, 2002.

DE AZEVEDO, L. J. C. Sintoma infantil: do trauma à transmissão. *Revista da SPAGESP*, 2019.

LIPP M. L. N. *Crianças estressadas.* Campinas: Papirus: 2000

PENNEBAKER, J. W.; EVANS, J. F. *Expressive Writing: Words That Heal.* Seatle: Idyll Arbor, 2014.

STAHL, S. *Acolhendo sua criança interior: uma abordagem inovadora para curar as feridas da infância*. Ucrânia: GMT, 2022.

WEBER, L. N. D. *et al. Continuidade dos estilos parentais através das gerações: transmissão intergeracional de estilos parentais*. Ribeirão Preto: Paidéia, 2006.

2

O MÁGICO DE OZ
ADOLESCÊNCIA E SUAS SIMBOLOGIAS

(Re)estabelecer a conexão entre pais e filhos adolescentes tem sido uma grande necessidade na dinâmica das famílias. Durante a jornada pela adolescência, os símbolos presentes nos contos de fadas auxiliam a compreensão de atitudes e de sentimentos que emergem na dinâmica familiar. Neste capítulo, você encontrará dicas valiosas de como usar figuras presentes no conto *O Mágico de Oz* para conectar os jovens com eles mesmos e com seus pais/responsáveis. Embarque nessa viagem com carinho, calce os sapatinhos da personagem Dorothy e aproveite o encantamento da transformação!

ALESSANDRA RUY PERNA MALINVERNI
E LILIAN VENDRAME FONSECA

Alessandra Ruy Perna Malinverni

Contatos
www.redigiroficinadetexto.com
ale.redigir@gmail.com
Instagram: @ale.redigir / @ale_pmalin
19 99927 8686 (Curso Redigir)
19 99119 1188

Formada em Letras e especialista em Teoria Crítica da Literatura pela Universidade Estadual Paulista – (Unesp), atua como professora de adolescentes há 30 anos, ajudando-os a desenvolverem habilidades de escrita. Mãe do Rafael e do Leonardo, seus bens mais preciosos. Possui também formação em Psicopedagogia e estuda, atualmente, Psicanálise. Esse conhecimento e o amor por desenvolvimento humano é utilizado pela professora para tornar a sala de aula um local acolhedor e de bem-estar. Atua como supervisora e corretora de bancas dos vestibulares mais importantes do país e é idealizadora do curso de redação Redigir: Oficina de Texto, espaço em que, há mais de 10 anos, acompanha jovens em busca de seus sonhos, com conhecimento e afeto.

Lilian Vendrame Fonseca

Contatos
Lilian-fonseca@gmail.com
Instagram: @psi.lilianvendrame / @clinicavendrame
19 99348 0647

Psicóloga clínica e educacional, professora e psicopedagoga. Há 15 anos, atua no atendimento de adolescentes e adultos, orientação familiar e profissional. Especialista em tratamentos para ansiedade e depressão, capacitada pela USP e pelo Hospital Albert Einstein. Tem formação em Terapia Cognitivo-comportamental e Gestalt-terapia. Qualificada para trabalhos com intervenções assistidas por animais IAAS. Pós-graduada em Psicologia Analítica Junguiana: perspectiva multidisciplinar.

> "Algum dia farei um pedido a uma estrela
> Acordar onde as nuvens estão muito atrás de mim
> Onde problemas derretem como balas de limão
> Bem acima dos topos das chaminés é onde
> você me encontrará"
> (ISRAEL KAMAKAWIWO'OLE, Somewhere
> Over The Rainbow)

O que é a adolescência?

"Não brinca mais de boneca. Quer ficar mais com os amigos. Sente vergonha da presença dos pais na escola. O quarto está uma bagunça. Dorme muito. Conversa pouco com os pais. Diz que os pais e os professores não o entendem." Reconhece esses comportamentos? Bem-vindo à adolescência!

Nem criança, nem adulto. O adolescer é um processo de construção com mudanças hormonais, emocionais e sociais. Afinal, o cérebro do adolescente está em desenvolvimento. O córtex frontal, responsável pelo raciocínio e pelos limites, ainda não está totalmente formado e, por isso, fica mais propenso ao confronto e à experimentação de novos comportamentos. Esses novos comportamentos são parte do processo de individuação com seus pares (da mesma idade, por favor!), e nessas interações os adolescentes constroem os próprios valores e crenças, sem, necessariamente, desfazerem-se dos valores internalizados desde a infância.

Como os contos de fadas ajudam a compreender essas transformações por meio das figuras – *O Mágico de Oz*

As histórias ajudam, há milênios, o ser humano a compartilhar sonhos e preocupações, a transmitir ensinamentos e conhecimentos. No processo terapêutico, por exemplo, os contos de fadas podem ser usados para perceber as alegrias e as angústias de um indivíduo. Isso porque as histórias usam símbolos, imagens e ações que ajudam o paciente a fazer conexões com a sua própria história. É comum que, ao falar de uma personagem, o indivíduo fale de si mesmo, fazendo-se reconhecer naquela figura. Assim, além de encantadores, os contos de fadas são facilitadores da terapia, na medida em que abrem caminhos de diálogo entre o profissional da psicologia e seu paciente e familiares.

Relacionando o adolescer com *O Mágico de Oz*

Vocês conhecem ou se lembram da história de *O Mágico de Oz*? Vamos fazer um resumo da história e depois uma analogia com o processo de adolescer e as expectativas que pais e jovens têm sobre isso. *O Mágico de Oz*, escrito por Lyman Frank Baum em 1900, conta a história da Dorothy, uma menina de 11 anos que vivia numa fazenda do Kansas com seus tios e seu cachorro chamado Totó. Em um dia habitualmente cinzento, um ciclone passa bem sobre a casa de Dorothy. Enquanto seus tios conseguem entrar no porão que servia como abrigo para essas tempestades, Dorothy e seu cachorro se atrasam e ficam para trás, sendo levados por muito tempo pelos ares até chegarem à terra de Oz.

Quando ela chega lá, Glinda, a Bruxa Boa do Norte, explica-lhe que Dorothy matou a Bruxa Malvada do Leste ao aterrissar em cima dela com sua casa, e aí Dorothy recebe os sapatinhos vermelhos mágicos da bruxa. Os sapatos mágicos que Dorothy ganhou estão intactos e contêm poderes incríveis, os quais (vamos perceber no caminhar da narrativa) serão norteadores da menina e a fortalecem na sua jornada.

Além disso, Glinda lhe dá um beijo na testa para que ela ficasse segura durante suas aventuras em direção à Cidade das Esmeraldas, onde o Mágico de Oz vive. Dorothy precisa encontrar esse todo-poderoso mágico para pedir que ele lhe ajude a voltar para o Kansas.

Na caminhada em busca do Mágico de Oz, ela encontra alguns amigos: o Homem de Lata que busca um coração, o Leão que busca coragem e o Espantalho que busca um cérebro.

Pois bem.

Grande parte dos pais de adolescentes se reconhecem como a Bruxa Malvada, esmagados ora pelo comportamento malcriado, ora pelo silêncio daquele ser que até pouco tempo lhe contava tudo, ora pelo afastamento e diminuição de demonstração do seu carinho e do seu amor, ora pela clássica cena de ter vergonha de estar ao lado dos pais em determinados ambientes.

Mas vejam! Os sapatos vermelhos brilhantes, valiosos e intactos são carregados dos valores familiares, os quais o jovem carrega, muitas vezes sem que os pais percebam. Muitos desses valores fazem parte da sua jornada de autoconhecimento e individuação. Pais e responsáveis devem aprender a colocar o foco também – e especialmente – nesse sapatinho. Mas como?

Dorothy, em sua caminhada, acredita no potencial de cada personagem, fortalecendo as potencialidades de cada um deles. É preciso, como pais, despertar a própria potencialidade, a coragem, o autoconhecimento do adolescente; além de desenvolver as habilidades de reconhecer, acolher e gerenciar as emoções para que possam, junto aos filhos, enfrentar as tempestades da adolescência – os conflitos adolescentes internos e externos. Os mais frequentes são mudanças no corpo, confusão sentimental, desajuste na convivência, baixa aceitação pessoal, distorção da própria imagem, *bullying* na escola, problemas de relacionamento, desenvolvimento da sexualidade, entre outros aspectos que podem fazer parte dessa fase.

Dorothy tem como apoio social e afetivo seu cãozinho Totó. Ele está sempre ao seu lado, não a julga e a acolhe, fica com ela nos momentos mais difíceis. Já se perguntou como você reage em uma situação em que sua opinião diverge do seu filho? Você o julga?

Importante lembrar que a Dorothy não está sozinha em sua caminhada e que ela acredita no potencial de cada companheiro. Um desses companheiros é o Leão, que está em busca de coragem e Dorothy o ajuda a reconhecer em si mesmo essa bravura. Assim, quando se concentra no presente, ele tem a coragem necessária para enfrentar os desafios. O Homem de Lata consegue perceber que o coração tão almejado já está com ele. Dorothy, durante a jornada, vai mostrando que ele já sente as emoções, ajudando-o a entender que ele tem um coração. Você pode estar perguntando: e o Espantalho, como consegue o cérebro? Ele consegue com os questionamentos que Dorothy faz a ele e que ele consegue responder com destreza. Afinal, o que Dorothy busca? Ela busca retornar à casa dela no Kansas. Para conseguir o que querem, precisam chegar até o Mágico de Oz, que é o todo-poderoso. Porém, quando chegam à sala do Mágico de Oz, descobrem que ele é um homem comum, e mostra a Dorothy que os sapatos vermelhos poderiam levá-la a qualquer lugar do mundo.

O que podemos aprender com isso? Aprendemos que buscamos a perfeição, a receita mágica de um Mágico de Oz para nos salvar de todas as angústias. No entanto, não foi o Mágico de Oz que ajudou os personagens a descobrirem suas potencialidades, e sim as relações interpessoais estabelecidas entre eles.

A relação com seu filho pode contribuir para que vocês encontrem potencialidades uns nos outros? Sim! Pais autoritários afastam os filhos, pois esses terão medo de serem julgados e não compreendidos, e os pais poderão se sentir sem conexão com os filhos. Os pais negligentes, que não buscam conhecer suas próprias emoções e tratam os adolescentes ora como crianças, ora como adultos, poderão gerar filhos com dificuldades de lidar com problemas.

Pais, acreditem nos valores que ensinaram aos seus filhos! Eles seguem com os sapatinhos vermelhos, mas lembrem-se de que eles também desenvolverão seus próprios valores e isso faz parte do processo de crescimento e individuação deles.

Pais conscientes de suas próprias emoções, pensamentos e comportamentos são capazes de indicar o caminho com amor e equilíbrio, sem imposições castradoras, dando segurança e estimulando a autonomia, materializando a Bruxa Boa.

Orientações para pais e filhos

(Dicas de uso das simbologias para facilitar a conexão entre pais e filhos na jornada pela adolescência)

Tempestade: adolescência

Pais: A tempestade significa os conflitos que surgem na adolescência. A partir da percepção do(s) conflito(s), você será capaz de pensar nas estratégias e consequências para lidar com o problema. Como está a tempestade na sua casa? É uma chuvinha ou um vendaval? Como você está lidando com isso?

Jovens: É importante lembrar que mudanças físicas, emocionais e sociais estão ocorrendo. O desejo de pertencer a um grupo aumenta e a preocupação com a aparência fazem parte da tempestade.

Dorothy: o jovem adolescente e seus potenciais

Pais: Adolescentes que se sentem valorizados tendem a se aproximar. Busque reconhecer as potencialidades do seu filho. Isso eleva a autoestima e a confiança, e melhora o vínculo entre vocês. Questione-se: Como tem sido sua comunicação? Quando você elogia seu filho? Evite rotular seus filhos, dizendo coisas como: "Você é preguiçoso!", "Sua única responsabilidade é estudar e você não estuda!". Quando você rotula, você se afasta. Em vez de rótulos, coloque-se disponível para aprender mais sobre essa fase.

Jovens: Admirar-se faz parte do processo de autoconfiança e autoestima. Liste três características que mais gosta nas pessoas que você admira. Você tem algumas dessas potencialidades que percebeu nessas pessoas?

Totó: afetividade e apoio social

Pais: é importante estar ao lado do adolescente e ajudá-lo a passar pela tempestade. Peça a opinião do adolescente sobre um assunto ou uma decisão que você tenha que tomar. Peça para ele ensinar algo a você. Adolescentes precisam saber que os levamos em consideração. Não acione o modo defesa do seu filho. Quando o jovem comete um erro, em vez de acusar, faça perguntas. Questione o que o levou a se comportar daquele jeito, como ele se sentiu, o que mais poderia ter acontecido, como pretende melhorar. Diga também como você se sente: triste, preocupado, irritado. Pergunte se pode ajudá-lo. Quando você fala como se sentiu, você permite se conectar com seu filho.

Jovens: muitas vezes vocês se sentem sozinhos, sem ninguém para conversar e sem apoio. Vocês evitam contar sobre suas ações por medo de sofrerem represálias. Conversem com seus pais, admitindo seus sentimentos e o que vocês pensaram quando tiverem a atitude em questão. Está tudo bem em pedir ajuda. Escolha uma pessoa a quem possa pedir ajuda, alguém com quem se sinta bem e à vontade, em quem confie. Essa pessoa pode ser um amigo, seus pais ou outro adulto, como um professor ou o psicólogo da escola. Às vezes, pode parecer mais fácil falar com pessoas que não nos conheçam, para quem possamos contar a nossa história desde o princípio e, nesse caso, podemos pedir aos nossos pais que nos levem a um psicólogo.

Leão: estar consciente da situação de conflito

Quando você está consciente da situação, você é capaz de enxergar o que está acontecendo, qual é o problema e quais decisões são mais acertadas.

Pais: qual a situação de conflito que está mais difícil de lidar atualmente?

Jovens: qual é a situação que mais gera ansiedade e angústia?

Homem de lata: reconhecer e acolher nossas emoções

Pais: observe suas emoções, porque é importante ter clareza sobre elas. Reconhecê-las, acolhê-las e lidar com elas faz parte da inteligência emocional. A forma pela qual eu lido com as minhas emoções transmito para meu filho.

Jovens: as emoções fazem parte da vida. Acolha-as.

Espantalho: conhecer nossos pensamentos

Pais e jovens: pensamentos são a forma como você enxerga o mundo. Reconhecer seus pensamentos ajuda a entender a forma que está vendo a situação, o que permite verificar se eles são fatos ou apenas frutos dos nossos medos e ansiedades. A partir dessa consciência, podemos ter atitudes mais assertivas.

Mágico de Oz: aceitação

Pais: o filho ideal não existe. Fique atento sobre as suas expectativas sobre os seus filhos e sobre você mesmo. Não existem pais e filhos perfeitos!

Jovens: não existem pessoas perfeitas. Alguns vão gostar de algumas pessoas, e de outras, não. Quais expectativas você está criando sobre você e os outros?

Sapatos vermelhos: valores internalizados, suporte e autonomia

Valores são normas de conduta que podem determinar decisões importantes e garantir que a convivência entre pessoas seja pacífica, honesta e justa. Alguns deles são: respeito, honestidade, empatia, justiça, solidariedade e coragem.

Pais e jovens: quais valores aprendi na minha família?

> **Superdica:** o seu modo de olhar para o outro é que faz emergir nele o seu mais brilhante potencial.

Referências

BAUM, L. F. *O Mágico de Oz*. São Paulo: FTD, 2008.

SIEGEL, D. *O cérebro do adolescente: a coragem e a criatividade dos 12 aos 24 anos.* São Paulo: nVersos, 2016.

3

A CONSCIENTIZAÇÃO DOS ESTILOS PARENTAIS

IMPACTO NA RELAÇÃO COM OS FILHOS

Tomar conhecimento de como seu estilo parental foi moldado requer uma viagem para dentro si. Neste capítulo, você tomará conhecimento de que o estilo parental mais presente na relação com os filhos é aquele que está diretamente conectado com as experiências da sua história de vida. O caminho para conseguirem ser os pais que desejam ser, passa pela conscientização, processamento e ressignificação das vivências irresolvidas.

ANA PAULA GONÇALVES MARTINS MOREIRA

Ana Paula Gonçalves Martins Moreira

Contatos
paula.psic@hotmail.com
Lattes: lattes.cnpq.br/9184865498469517
Facebook: anapaulamoreirapsicologainfantil
Instagram: @anapaulamoreira.psicologia
12 99231 3125

Psicóloga especialista em Gestão de Competências em Recursos Humanos. Especialista em Terapia Cognitivo-comportamental. Psicóloga clínica de crianças e adolescentes. Palestrante, professora e supervisora de turmas de formação e especialização em Terapia Cognitivo-comportamental.

Quero iniciar a conversa com vocês definindo duas palavras importantes: "conscientização" e "estilos parentais".

"Conscientização" vem da palavra conscientizar, a qual, de acordo com o dicionário Michaelis, significa tornar-se conhecedor de, ou adquirir conhecimento sobre algo. "Estilos parentais" é definido por Diana Raumind (1966), citada por Lawrenz (2022), como o conjunto de comportamentos que envolvem a relação entre pais e filhos, como expressão corporal, tom de voz e estratégias para disciplinar comportamentos específicos (as práticas parentais ou práticas educativas).

Segundo Gomide (2003, 2006, 2011), as práticas parentais são escolhas educativas que os pais/cuidadores instituem para educar, demarcar e moldar o comportamento dos filhos. Elas classificam as práticas parentais em positivas (monitoria positiva e comportamento moral) e negativas (punição inconsistente, negligência, disciplina relaxada, monitoria negativa e abuso físico).

Na monitoria positiva há atenção e conhecimento dos pais acerca dos lugares que os filhos frequentam, as atividades por eles realizadas, bem como demonstração de carinho e afeto. O comportamento moral envolve a comunicação de valores como integridade, honestidade e senso de justiça, com a finalidade de ofertar um modelo positivo para que possam discriminar o que é certo e errado. Já na monitoria negativa, a punição inconsistente diz respeito a quando as ações educativas dos pais são moldadas pelo seu estado de humor. Assim, o filho pode ser punido ou reforçado dependendo de como esteja o humor dos pais. A negligência retrata a ausência dos pais diante do cumprimento de suas responsabilidades para com os filhos, tanto nas necessidades básicas (comer, vestir, segurança, brincar, dormir) quanto nas emocionais (carinho, aceitação, valorização).

Quando os pais falam que vão pôr de castigo, ou que não vão dar um presente caso a criança não obedeça, e não cumprem, essa atitude configura a disciplina relaxada. Pais que vigiam, controlam excessivamente os filhos e dão repetitivamente instruções, estão praticando a monitoria negativa. Por último, temos o abuso físico, que é quando os pais batem nos filhos ou infligem a eles algum tipo de dor com o pretexto de educar.

Assim, minha proposta versa sobre a importância dos pais e cuidadores tomarem conhecimento de como seu estilo parental, com suas práticas parentais, foi moldado, para que possam no dia-a-dia estabelecer ou reestabelecer a relação com os filhos, caminhando para perto dos princípios e valores que desejam ensinar.

A fim de trazer à memória e auxiliar na nossa reflexão, trago os estilos parentais propostos por Raumind (1966) e Marccoby e Martin (1983), citados por Lawrenz (2022): autoritativo, autoritário, permissivo e negligente.

No estilo autoritário, encontramos muita regra e pouco afeto. Pais com esse estilo possuem um alto grau de exigência, pouco envolvimento e afetividade. Normalmente, têm como alvo a obediência e o controle, e para esse fim aplicam regras rígidas e inflexíveis.

Já no estilo permissivo, a equação é pouco limite e muito afeto. É baixíssimo o grau de exigência, fica a critério dos filhos as regras da casa. Os pais levam em conta em demasia a perspectiva dos filhos, abandonando as suas próprias, inclusive sua autoridade.

O estilo negligente caracteriza-se pela quase ausência de regras, limites, afeto e envolvimento. Não se envolvem no seu papel de educador, de modelo para os filhos. Podem denominar-se ocupados em excesso e/ou desinteressados ao ponto de não se envolverem na educação dos filhos.

Apontados pelos pesquisadores, o estilo autoritativo integra os dois fatores que são essenciais para o desenvolvimento saudável de uma criança: a responsividade e a exigência. Nesse estilo, os pais são coerentes e constantes, fazem cumprir os limites e regras estabelecidas, sempre claras e respeitosas. Levam em consideração as perspectivas e os sentimentos dos filhos. No que tange ao envolvimento, intencionalmente dedicam tempo para brincar juntos e o afeto é o elo da relação.

Já parou para pensar como os estilos parentais formam-se? O que influencia a natureza das relações com os filhos? O que acontece para que alguns pais achem que ser pais de crianças é menos desafiador do que de adolescentes, ou o contrário?

Siegel e Hartzell (2020) propõe que devemos pensar sobre nossas vidas e identificar seu sentido para cada um de nós. Ao fazermos isso, temos a possibilidade de compreender e assimilar as experiências positivas ou negativas da infância que tivemos. Ou seja, as perguntas acima poderão ser respondidas se olharmos para dentro de nós.

O passado não pode ser mudado, mas ele pode ser ressignificado, visto de uma nova maneira, para que consigamos nos enxergar, enxergar nossos filhos e os acontecimentos por uma nova ótica. Na minha prática clínica, tenho visto e aprendido com as famílias com quem caminho que, para ver o outro, primeiro preciso me ver. Nossa história, enquanto filhos, crianças e adolescentes que fomos, interfere positiva ou negativamente nos pais que somos. Desconsiderar isso é depositar totalmente na conta dos filhos e das situações a responsabilidade pelas dificuldades presentes no âmbito familiar.

Escrevo isso não para trazer peso e culpa, mas, sim para conscientizar que enquanto pais/cuidadores, é preciso cuidar-se para conseguir cuidar. E como vamos nos cuidar sem realizar esse movimento de olhar para dentro, para nos percebermos e nos escutarmos? É preciso estabelecer essa autoconexão a fim de identificar quais das nossas necessidades ainda não estão sendo atendidas. Com isso, quero dizer necessidade de atenção, apoio, encorajamento, compreensão, ajuda, validação e descanso. Quando nosso tanque das necessidades básicas está baixo ou vazio, podemos ter comportamentos de agressividade, impaciência, superproteção e negligência. Percebem que são comportamentos que sinalizam aqueles tipos de estilos parentais? Acredito que mais importante do que identificar os estilos é compreender o que tem gerado esses comportamentos nas práticas educativas e moldado a relação familiar. Essa descoberta pode dar-se pela via, como foi descrito, da auto-observação. Quando estiver numa situação difícil com seu filho, pare, observe o que está ocorrendo dentro de você. Procure identificar o que está sentindo. Qual é a emoção presente? Raiva? Medo? Tristeza? As emoções sempre sinalizam para nossas necessidades. Talvez seu comportamento de superproteção seja proveniente do seu medo, por avaliar que seu filho possa viver alguma parte da sua história, como rejeição e abandono. Pode ser que o comportamento de exigir da criança/adolescente que estude muito esteja relacionado ao medo de que eles percebam-se incapazes, como talvez você possa ter se percebido na infância, ou quem sabe ainda perceba-se assim.

Anseio que, com essa leitura, vocês possam tomar conhecimento de que o estilo parental mais presente na relação com os filhos fala das experiências que tivemos na nossa história de vida. Conscientizar-se delas, processá-las e ressignificá-las gera autoconhecimento e conhecimento para romper com padrões nocivos do passado, para transformar o presente e escrever um futuro com mais protagonismo.

> Quando não assumem responsabilidades por suas questões pendentes, os pais perdem a oportunidade não só de se tornarem pais melhores, mas também de continuarem se desenvolvendo. (SIEGEL; HARTZELL, 2020).

> [...] não abraçar a totalidade de nossas histórias pode inibir a criação de coerência em nossas vidas. Inicialmente, acolher tudo que somos pode ser estressante e difícil, mas acaba levando a um senso de autoaceitação compassiva e conexão interpessoal. (SIEGEL; HARTZELL, 2020).

Orientações para pais e profissionais

A seguir, darei algumas dicas que ajudarão vocês a conduzirem (e se conduzirem) nessa descoberta:

- **Pare e dedique um tempo a você.** Ao realizar esse tempo intencional, torna-se possível identificar como anda o nível de satisfação com seus papeis desenvolvidos em cada área da vida (família, amigos, lazer, trabalho, estudos, espiritualidade, finanças).
- **Escreva sobre experiências traumáticas da sua vida.** Ao entrar em contato com possíveis traumas, você ganha a oportunidade de trabalhar uma nova forma de olhar para eles, para não continuar agindo sob sua influência.
- **Avalie como seu modo de perceber-se pode influenciar sua forma de ser pai, de ser mãe.** A forma como nos avaliamos, positiva ou negativamente, interfere na forma que vemos os outros e as situações, e podem moldar nossas ações.
- **Qual parte do seu passado tem impedido você de aceitar as dificuldades da sua criança/adolescente?** Estudos apontam que quando os pais têm questões irresolvidas da sua infância, elas podem determinar as práticas parentais. A superproteção, por exemplo, pode gerar experiências ruins por você não ter sido cuidado, protegido e amparado pelos seus pais durante a infância.
- **Resgate uma das situações desafiadoras, enquanto pai ou mãe, e pratique prestar atenção ao que se passa dentro de você.** O exercício da auto-observação ajuda a tomar consciência do seu estado de humor, para você não ser conduzido pelas emoções na escolha da prática educativa, ao mesmo tempo que permite identificar, por meio da emoção presente, o que você precisa – é tempo? É apoio? É avaliar melhor o que está pensando?

- **Qual é a emoção?** Saber qual é sua emoção ajuda a saber qual das suas necessidades pede atenção.
- **Qual é a necessidade?** A raiva pode sinalizar que você precisa ser respeitado, defendido; a tristeza pode indicar que precisa ser reconhecido, prestigiado, aceito, valorizado; o medo pode ser indicativo de que você necessita de proteção, apoio, encorajamento, validação; a alegria sinaliza que você está satisfeito, acolhido, respeitado, apoiado.
- **Escreva o que é ser filho para você.** O filho que fomos e somos pode interferir diretamente em como nos relacionamos com nossos próprios filhos.
- **Avalie como seus conceitos e valores estão direcionando sua relação familiar.** Com essa avaliação, é possível perceber se você tem consciência de quais são seus valores (**respeito, honestidade, justiça**, **bondade**), ou seja, o que é importante e você deseja transmitir para seus filhos.
- **Suas atitudes estão comunicando os valores que quer ensinar?** Exemplo: querer ensinar respeito, mas ser desrespeitoso com sua criança, sendo grosseiro e gritando com ela.
- **O que você traz da relação com seus pais para a sua família?** Refletir sobre essa pergunta possibilitará compreender se nessa bagagem prevalecem experiências positivas ou negativas.
- **O que você traz cabe na íntegra na sua família, ou precisa de ajustes?** É importante saber que, mesmo tendo mais experiências positivas e maior repertório de modelo positivo para seguir, pode ser que na sua família haja necessidade de uma dinâmica diferente. Talvez na sua relação com os seus pais desse super certo jantar e depois tomar banho, mas pode ser que na sua família funcione melhor o contrário.
- **Como você tem atendido as suas necessidades?** Marshall Rosenberg (2006), autor da Comunicação Não Violenta (CNV), escreveu que todos nós temos necessidades universais que podem nos fazer sentir satisfeitos ou insatisfeitos. Ele aponta as necessidades, como: comer, descansar, abrigo, aceitação, apreciação, consideração e afeto.

Pais/Cuidadores: após realizar essas observações, avalie as mudanças que precisam ser feitas. Quais você consegue por conta própria? Aquelas que não conseguir, não hesite em buscar ajuda de um profissional para lhe auxiliar.

Profissionais: a partir dessas observações, é possível traçar metas de acordo com as necessidades de cada família para estruturar um plano de trabalho personalizado.

Aproveitem as atividades do QR code, preparadas com muito carinho para vocês!

Superdica: veja-se, cuide-se, seja gentil com você e com sua história. Viva cada estação, acreditando que há um tempo certo para todas as coisas.

Com amor,

Ana Paula Moreira

Referências

BENITES, M. R. *et al.* Orientação a práticas parentais: descrição de um programa de intervenção individual breve. *Psicologia: ciência e profissão*, 2021. Disponível em: <https://doi.org/10.1590/1982-3703003192813>. Acesso em: 07 out. de 2022.

LAWRENZ, P. *et al.* Estilos, práticas ou habilidades parentais: como diferenciá-los?. *Rev. bras.ter. cogn.*, Rio de Janeiro, jun. 2020. Disponível em: <http://pepsic.bvsalud.org/scielo.php?script=sci_arttext&pid=S1808-56872020000100002&lng=pt&nrm=iso>. Acesso em: 24 set. de 2022.

ROSENBERG, M. B. *Comunicação não-violenta: técnicas para aprimorar relacionamentos pessoais e profissionais*. São Paulo: Ágora, 2006.

SIEGEL. J. D.; HARTZELL. M. *Parentalidade consciente: como o autoconhecimento nos ajuda a criar nossos filhos*. São Paulo: nVersos, 2020.

WEBER, L. *Eduque com carinho*. Curitiba: Juruá, 2012.

4

PROTEGENDO O TEMPO DE QUALIDADE EM FAMÍLIA

Este capítulo traz a reflexão de como podemos tornar o tempo nosso aliado no crescimento e desenvolvimento saudável dos nossos filhos e do nosso núcleo familiar, direcionando possibilidades de atuação na rotina diária.

ANNE KAROLINE SANTOS

Anne Karoline Santos

CRP 17/2130

Contatos

psiannekaroline@gmail.com

Instagram: @psiannekaroline

84 98817 3652

Psicóloga clínica há 12 anos, sócia-proprietária dos Espaços Psicoterapêuticos Ressignifique e Ressignificar, no município de Mossoró/RN. Especialista em Psicopedagogia pela UNIFIP, terapeuta cognitivo-comportamental, terapeuta ABA com formação internacional em Educação Parental pela PDA-USA, formação internacional em Inteligência Emocional pela Escola da Parentalidade e Educação Positivas de Portugal, coautora do *Box Intenção de Mãe*, publicado pela Literare Books International.

Tempo, tempo, tempo és um dos deuses mais lindos...
CAETANO VELOSO

Quando nascemos, somos inseridos na instituição familiar, lugar que nos acolhe e nos nutre para que nosso crescimento esteja dentro dos marcos do desenvolvimento. Amor, afeto, carinho, vínculos, alimentos, hábitos de higiene, desenvolvimento motor, passeios, lazer, sono, limites, princípios, valores: uma soma de atitudes, hábitos e comportamentos o qual chamamos de criação.

Ana Raphaela e Barbára Porto, psicólogas clínicas em Maceió, em 2022 descreveram em suas publicações no Instagram @anaraphaela.criar e @barbaraporto.criar que "existe, sim, um manual para educar nossos filhos, mas os autores somos nós mesmos".

Então, tem uma receita para uma criação padrão? Tem um cronograma ou planejamento que possamos divulgar como ideal para que tenhamos uma rotina com tempo de qualidade no desenvolvimento de nossos filhos?

Podemos responder a esses questionamentos com "talvez", "às vezes" e "depende". A princípio, não queremos uma resposta bem estruturada, mas sim refletir sobre o tempo, o nosso tempo; e como podemos PROTEGER esse tempo nas nossas rotinas, nos nossos hábitos, na nossa organização de vida.

É comum e corriqueiro dizer que não temos tempo ou temos menos tempo do que gostaríamos para ficar em casal, com as crianças e em família. Entretanto, pais e mães que estão em casa por um período maior também sentem que a rotina não está sendo aplicada de uma forma satisfatória. Muitas famílias vivem no "modo automático", em que planejar ou cumprir uma rotina não é prioridade.

Rotina é a base de qualquer processo saudável de desenvolvimento. Priorizar essa organização se faz necessário para construir vínculos, valores e comportamentos. É através da rotina que se estabelece, inclusive, o processo de autoconhecimento. A partir disso, entendemos nossas emoções, estabelecemos nossos limites, priorizamos nosso descanso, nosso lazer, o que gostamos muito, o que gostamos pouco. A rotina bem estabelecida se torna ponte para PROTEGERMOS nossas ausências e nossas presenças em casal, em família, com os nossos filhos e com nós mesmos.

Julia Catani e Ana Laura Godinho Lima (2021), professoras e especialistas, frisam a importância de proporcionar boas condições para o desenvolvimento saudável das crianças. Para isso, começaram a elaborar palestras, revistas, livros, manuais; e a ampliar a divulgação dessa temática e levantar a questão sobre "como é possível formar famílias mais felizes?". Ainda, os discursos dos especialistas admitem que é preciso uma certa relativização, onde cada família e cada ser em desenvolvimento têm suas preferências e subjetividades, fazendo-se necessário perceber que a criação é um processo complexo e que ter tempo de qualidade é determinante para o desenvolvimento das crianças.

As novas configurações familiares, a vida moderna, a correria, os afazeres, os multipapeis que precisamos desempenhar, fazem parecer que o "tempo" está contra nós. Assim, precisamos proteger o tempo com nossos filhos e em família. "Proteger" na perspectiva de priorizar, planejar, encontrar possibilidades criativas para esses momentos e tudo o mais que seja genuinamente possível para estabelecer um vínculo familiar fortalecido com esses tempos de qualidade.

Jane Nelsen, em seu livro *Disciplina Positiva para pais ocupados* (2020), discorre sobre o sentimento dos pais que trabalham demais, em período integral, e a necessidade de esforço para criarem filhos perfeitos, compensando assim suas ausências. É provável que não consigam, que sejam necessários muitos esforços nesses dois âmbitos da vida: "Me esforço muito no trabalho, me esforço muito para ser uma mãe perfeita". Isso gera mais e mais sofrimento e menos resolutividade e assertividade.

Já a psicóloga Patricia Noleto, em *Filhos em construção* (2021), faz uma analogia sobre uma conexão de qualidade com a rede wi-fi: "Podemos até nos distanciar um pouco do *modem* que continuaremos conectados ao mesmo tempo que exploramos o mundo". A nossa rotina e afazeres seriam esse distanciamento, e o tempo de qualidade é a possibilidade de manter estável e eficiente essa conexão.

Novamente, no estudo das professoras Julia Catani e da Ana Laura Godinho Lima (2021), referindo-se ao tempo de qualidade, dizem que tempo de proximidade e de afastamento é muito mais subjetivo do que concreto. Não se refere ao tempo cronológico marcado no relógio, mas é o tempo que pode existir para que não existam sentimentos e sensações hostis.

Devemos proteger o tempo que já temos. A receita é a funcionalidade daquilo que tem na rotina da família, além de organizar e priorizar o tempo distante, o tempo ausente e o tempo de ter saudade.

Vislumbro as possibilidades de ausência para construir essa presença, ou ainda, a presença com qualidade.

Tempo, tempo, tempo, tempo
Entro em um acordo contigo
Tempo, tempo, tempo, tempo
CAETANO VELOSO

Comecei este capítulo trazendo o trecho da música de Caetano Veloso. É exatamente assim que preconizo pensar em PROTEGER o tempo, através das possibilidades de "entrar em acordo com o tempo", objetivar "os benefícios do tempo", tudo isso na perspectiva de *Oração ao tempo*, quando colocamos orações nas nossas rotinas e assim protegemos nossa fé. Só então podemos organizar a rotina para nossa família e PROTEGER o nosso tempo de qualidade.

Orientações para pais, filhos e profissionais

As crianças estão mais motivadas a cooperar, aprender novas habilidade e dar afeto e respeito quando se sente motivadas, conectadas e amadas.
JANE NELSEN

Priorizar e organizar nosso tempo começa num movimento eu-eu e vai se ampliando nas outras relações familiares. Podemos estabelecer uma rotina e, quando possível, tornar as situações corriqueiras em uma oportunidade de interação e criação com as crianças. Vamos pensar na nossa família, acima de tudo, como um espaço de cuidado mútuo entre as pessoas. Então, deixe que a criança participe das atividades domésticas, de lazer, de cuidado.

Busque músicas, filmes, histórias para dar exemplos. Use a criatividade para as atividades com o corpo, para a alimentação e o preparo dos alimentos. Priorize explicar a importância da organização dos objetos e brinquedos. Ainda, elabore sua história e dos familiares.

Nos momentos em família, também aproveite para rever álbuns de fotografias, usando a situação para contar sobre a vida de pessoas que a criança conhece, de mudanças de endereço, de reformas no lar, etc., sempre usando o lúdico, as fotos e, se possível, fantoches ou bonecos. Essas atividades que envolvem socialização e diálogo tendem a se transformar em momentos afetivos. Além de proporcionar inúmeros benefícios às crianças e familiares, promovem aprendizados importantes e estruturam valores para a vida.

Como pais, ensinem aos seus filhos como lidar com o tempo e a aprender a esperar. Dentro de um choque de gerações, precisamos perpassar por essa geração imediatista, ensinando e exemplificando a noção e o controle do tempo, criando habilidade para estimular esse controle inibitório e angustias frente ao tempo, ao futuro (que muitos de nós, adultos, também temos).

No âmbito da orientação parental, nós, profissionais, precisamos investigar, conhecer e entender cada dinâmica familiar e suas demandas. Precisamos olhar com afeto para os movimentos que acontecem em cada núcleo familiar, em cada lar. Nosso olhar profissional pode e deve ser de acolhimento e cuidado, adaptando sempre nossas intervenções e atividades de acordo com a necessidade de cada família.

Desse modo, o trabalho de psicoeducar e conscientizar famílias vai muito além de conhecimento técnico; precisa incluir os valores familiares e a disponibilidade emocional de cada membro da família.

Quando adentramos uma família, precisamos considerar o quão sagrada é essa instituição. Sagrada para além do âmbito espiritual/religioso, resguardando a essência familiar de cada lar e o lugar especial que passamos a ocupar enquanto profissionais. Fomos escolhidos, indicados, para adentrar e acompanhar pensamentos, emoções e comportamentos sagrados, de famílias sagradas.

Enfatizo, ainda, a atividade proposta nos anexos deste capítulo, que podem nortear você e sua família para conduzir, mais saudavelmente e com criatividade, essa rotina e a construção de hábitos (diários, semanais ou mensais), seja em casal, entre mãe e filha, mãe e filho, mãe e filhos, pai e filha, pai e filho, pai e filhos, ou todos juntos.

A proteção desse tempo juntos, partindo do princípio de que o tempo sozinhos, mãe-mãe e pai-pai se caracterizam como fundamentais, seja momentos de lazer ou de trabalho. A ausência dos cuidadores é tão importante quanto a presença de qualidade, pois na ausência se fundamentam independência, autonomia e autorresponsabilidades dos sujeitos do núcleo familiar.

Pode até parecer desagradável recomendar a ausência, porém ela é necessária, inclusive para que os sujeitos tenham espaço e oportunidades de colocar em prática os valores ensinados e aprendidos na construção da parentalidade.

Que seja possível organizar essa rotina de forma saudável para todos, conduzindo as atividades e afazeres de todos os membros da família de forma flexível, empática e organizada. Que o amor prevaleça, na presença e na ausência.

Superdica: o tempo é você quem PROTEGE!

Referências

CATANI, J; LIMA, A. L. G. *Estilos da clínica. A dedicação de um tempo "de qualidade" aos filhos: análise de um enunciado recorrente.* 2021. Disponível em: <https://doi.org/10.11606/issn.1981-1624.v26i3p461-475>. Acesso em: 19 de jan. de 2023.

NELSEN, J. *Disciplina Positiva para pais ocupados: como equilibrar vida profissional e criação de filhos.* Barueri: Manole, 2020.

NOLÊTO, P. *Filhos em construção: as necessidades da criança para teoria do esquema.* São Paulo: Literare Books International, 2021.

5

MEMÓRIAS QUE SE TRANSFORMAM EM HISTÓRIAS

A memória é o diário que todos nós carregamos conosco.
OSCAR WILDE

Neste capítulo, você terá a oportunidade de compreender a importância da criação de memórias afetivas baseadas em valores e vínculos seguros e seus impactos no desenvolvimento em todas as idades.

CÁSSIA CLEANE E
VANESSA MONDIN MARTINS

Cássia Cleane

Contatos
cassiacleane@gmail.com
Instagram:@cassia_cleane
Facebook:cleanegourmet
11 99157 3442

Casada com Marcus, mãe do João Paulo e da Mariana. Pedagoga habilitada em Educação Infantil na UERJ, pós-graduada em Administração Escolar, graduanda em Psicologia e coautora do livro *Orientação Familiar* Vol. 1. Fundadora da Cleane Gourmet: transformando sua relação com o preparo dos alimentos. Realizo atendimentos infantis para estímulo do desenvolvimento sociocognitivo por meio de jogos, livros, brincadeiras e culinária.

Vanessa Mondin Martins

Contatos
vanessamondinmartins@gmail.com
Instagram:@vanessamondinmartins
11 98184 0497

Casada com Leandro, mãe do Lucas. Educadora parental, praticante de barras de access, graduanda em Psicologia, idealizadora do projeto Um Livro por Sexta e coautora dos livros *Coaching para pais Vol. 2, Orientação familiar vol. 1, BOX intenção de mãe, Conto expressão* e, também, dos best-sellers *Contos que curam e professores extraordinários*.

A cada segundo vivemos um momento diferente, seja sozinho ou acompanhado de amigos ou familiares. Nem todos os momentos ficam registrados na nossa memória, mas todas elas se transformam em histórias. Narrativas de acontecimentos que são transmitidos de pai para filho, de geração em geração, impactam cada um de maneiras diferentes. Essas memórias transformadas em histórias fazem aflorar várias emoções, como sentimento de pertencimento, segurança e afetividade. Entendendo tudo isso, convidamos vocês a refletirem sobre a importância de construir memórias afetivas e observar o impacto que sentem ao ouvir relatos das memórias dos seus pais ou mesmo contar suas histórias.

Relato da Cássia

Eu, Cássia, cresci ouvindo as memórias do meu pai. Suas vivências, as idas e vindas entre Paraíba e Rio de Janeiro e o nascimento dos cinco filhos. Muitas vezes, ele repete episódios, no entanto, cada vez que eu ouço, eles têm um impacto diferente na minha vida. Um dos relatos que mais gosto de ouvir é o do meu nascimento. Essa memória é sempre compartilhada por ele e minha mãe. Um dia eu o gravei narrando e transcrevi aqui algumas de suas palavras:

> Cássia nasceu em casa. Estávamos fazendo o pré-natal na Pro Mater. Naquele sofrimento, ganhando uma mixaria, nossa casa alugada tinha um quarto, uma cozinha e um banheiro. Foi ali que a Cássia nasceu. Eu era empregado no Ceasa e meus patrões eram dois rapazes, sócios do meu cunhado. Todos os dias, às 17h, um dos sócios me buscava, me levava para o mercado e às 6h da manhã me traziam de volta. O último exame estava marcado para uma quinta-feira, mas na terça-feira, quando eu cheguei bem cedinho com o meu patrão, a vizinha estava no portão e quando me viu disse:
>
> — Corre, que a tua mulher acabou de ganhar neném!
>
> Ganhar neném dentro daquela casinha. Ela nem foi para o hospital. Minha cunhada, que estava morando conosco há alguns meses, foi

> quem realizou o parto. Ela e Socorro tinham alguma experiência adquirida na maternidade da cidade onde morávamos, então as duas se ajeitaram de uma maneira linda e maravilhosa.

Saber que eu nasci de forma tão simples e maravilhosa me traz um sentimento especial de gratidão pela minha vida e pela vida dos meus pais, de ser querida por Deus. Como é importante saber da nossa chegada neste mundo. Você sabe como foi o dia do seu nascimento? Já contou para o seu filho(a) como tudo aconteceu no dia em que ele(a) nasceu?

Nessa mesma gravação, meu pai relata onde cada um dos filhos nasceu e como eram dolorosos os recomeços e as partidas:

> Nessa casa ficamos mais um ano, mas a Socorro queria voltar para Esperança. Então, consegui um dinheiro, levei Socorro, Cácio e Cássia para Esperança e retornei para o Rio sozinho. Deixei-os no sítio com minha mãe. Fiquei um ano sozinho no Rio, trabalhando, batalhando muito. Farra, nem pensar. Era só trabalhar e pensar na minha família. Após um ano, eu consegui trazê-los para o Rio de Janeiro e fomos morar em uma casa melhor. Lá nasceu Cristiane. Depois mudamos para outra casa, na mesma rua, e nasceu a Cristina. Retornamos para a Paraíba, e o Crisônio nasceu. Lá na Paraíba zerei tudo e tive que voltar para o Rio sozinho novamente. Essa minha saída de Esperança foi muito difícil, pois eu já tinha os cinco filhos. Hoje agradeço a Deus por tudo e vejo que o que eu fiz foi muito bom!

Impacto: ouvir essas histórias me faz refletir sobre como é importante não desistir, perseverar, mudar quando necessário. Mostra a importância da cumplicidade dos meus pais, porque, se não estivessem juntos nessa jornada, não teria dado tão certo. Por fim, sinto a gratidão que meu pai sente por tudo que viveu, mesmo nos momentos difíceis. Nos dias em que não sabia o que fazer, como decidir, o que seria o melhor para a família, ele agradece. E hoje vê que tudo que fez foi muito bom.

Nossas memórias não precisam ser sempre felizes como um post nas redes sociais. Temos memórias tristes, coisas que não queremos lembrar. As memórias nos remetem ao passado e algumas não queremos revisitar, mas meu pai sempre nos diz: "É importante relembrar o passado, os sofrimentos, para entender como conseguimos chegar onde estamos" (Crisóstomo Mangueira de Souza).

Relato da Vanessa

Eu, Vanessa, sempre gostei de relembrar de momentos que passei com meus avós paternos na infância. Um desses momentos marcantes é esse:

— Vovó, vovô! – Era assim que eu chegava na casa de meus avós, gritando toda eufórica e esbaforida. — Vovó, vovô! Cadê vocês?!

Chegava apertando a campainha, batendo palmas, chacoalhando o portão, tudo isso por conta da saudade que apertava meu coração. Encontrá-los era uma alegria sem fim, e receber o abraço de cada um deles tinha um valor imensurável.

Antes mesmo de abrir o portão, vovó logo dizia:

— Guardei umas lembrancinhas para vocês!

Meus olhos brilhavam de felicidade pelo reencontro com meus amados avós Divina e Elias.

As lembrancinhas guardadas com tanto amor e zelo eram frascos de desodorante, vidros de perfumes e esmaltes e potinhos de plásticos, guardados com muito carinho para que pudéssemos brincar no barro do quintal da casa. Depois de um dia cheinho de brincadeiras, minha avó sempre nos convidava a lavar todos eles para brincarmos novamente no dia seguinte, tomar um banho bem gostoso e, depois, nos ofertava um café da tarde delicioso acompanhado do sonho de creme que ela preparava com todo o amor do mundo, mas não antes da oração de agradecimento por aquele momento e pelo alimento.

Impacto: muitas memórias nessa transmissão de atenção, amorosidade, saudade, humildade e carinho em simples potinhos.

A memória afetiva

A memória afetiva é o que acontece quando seus sentidos entram em contato com algo que desencadeia uma lembrança, como ver ou tocar algum objeto, ouvir uma música ou um som específico, sentir um cheiro, olhar uma fotografia, ler um livro, vivenciar momentos. As emoções que essas sensações despertam na gente são a memória afetiva. Quando algo está diretamente ligado à lembrança como, por exemplo, uma boneca que você ganhou em uma data especial ou um objeto que pertenceu a um de seus avós. Assim como as histórias contadas pelos seus parentes, o valor significativo é ainda maior.

Considerando o que Oscar Wilde diz em seu livro *A importância de ser prudente e outras peças*, "a memória é o diário que todos nós carregamos conosco", entendemos que sem memória, o ser humano seria incapaz de aprender a falar, ler, reconhecer ambientes, pessoas e objetos.

Segundo Carvalho (2012), a partir da transmissão de informações e aprendizados nós geramos o conhecimento. Devemos conhecer nosso passado, pois através da memória social, da memória afetiva, nós temos base para construir o futuro.

É importante citar que não só de boas lembranças vivemos. Todos nós temos as nossas lembranças não boas, porém, o cérebro humano é capaz de bloquear algumas delas como um mecanismo de defesa. Isso nos faz compreender que todas as nossas lembranças têm um grande poder sobre o nosso estado de espírito e, para que tenhamos uma vida mais leve, é válido arriscar na utilização das boas memórias. Histórias contadas e recontadas ressignificam a vida de quem as narra, trazendo a cada um desses indivíduos o protagonismo de suas próprias vidas.

Você sabia que contamos histórias antes mesmo de falar e escrever? Pare e pense sobre as nossas atividades de infância, na escola, em casa, com nossos irmãos, amigos e professores, por meio de desenhos, pinturas, leitura por imagens e fantoches, dentre muitas outras. Quantas histórias criamos através desses estímulos? A memória forma a base para o nosso aprendizado e é como o cérebro humano adquire as informações e as armazena.

Aprender de forma efetiva com vínculos afetivos facilita a assimilação de crianças, adolescentes e adultos. Por exemplo, imagine aprender conceitos matemáticos a partir de uma receita de bolo que pode ser feita em casa, ou treinar leitura e escrita criando uma história a partir de fotos familiares. Além de divertida, a aprendizagem será efetiva e afetiva, pois ativa a memória e reforça vínculos e conexões para a construção do conhecimento.

Uma infância valiosa existe com mais potência se memórias afetivas forem criadas. Elas despertam sentimentos de positividade e a construção de um legado de princípios e valores, trazendo conteúdo afetivo que perpetuará até a velhice com respeito e equilíbrio. Quando criamos essas memórias nas crianças e com as crianças, estamos plantando sementes para que valiosos frutos sejam colhidos. Por isso a importância de cultivá-las desde sempre, afinal, as memórias nos auxiliam em muitas situações e nos dão ainda mais capacidade de superação de tudo aquilo que vivemos ao longo da vida.

Crianças, adolescentes e adultos contam as histórias que querem viver. Já os idosos contam as histórias que viveram ou desejariam ter vivido. Assim, é muito importante, quando nos tornamos adultos, compreendermos sobre nossos sentimentos, baseados nas memórias afetivas que trouxemos da infância, cuidando do legado que cada uma delas carrega junto das mensagens que nos deixam por meio das vivências que tivemos e construímos.

Você sabia que objetos têm HISTÓRIA e cadeira tem MEMÓRIA? Você já sentiu dificuldade em se desfazer de algum objeto, principalmente quando ele tem algum significado afetivo ou remete a algo significativo em sua vida? Talvez você não tenha parado para pensar sobre isso, que se chama "memória das coisas". Entender que nossos objetos são repletos de histórias, memórias, afetos e desafetos (sim, isso pode acontecer) nos ajuda a ter uma relação melhor com aquilo que possuímos e criamos, e também a viver com o que é verdadeiramente necessário.

Geralmente, notamos esse apego nas crianças e nos idosos, principalmente quando os objetos são remetidos às antigas memórias, saudades dos seus e dos momentos vividos, chegando a gerar sofrimento quando é preciso se desfazer de algo. O acolhimento para esse momento tão desafiador é muito importante, assim como a demonstração de empatia e respeito, afinal, tudo o que carregamos por toda a vida nos ajuda a contar a história de quem somos, a formar nossa identidade e a moldar como nos apresentamos ao mundo. Tem pouco a ver com valor material, e sim com os laços que nos conectam a eles.

Devemos resgatar momentos anteriores, positivos, que nos dão forças, coragem e ainda mais confiança para seguir. Ao nos referirmos sobre a memória afetiva é *sine qua non* entendermos o que pode influenciar nessa longevidade. Britto (2017) afirma que "revisitar o passado, com seus sabores, cheiros e personagens, permite-nos realizar uma viagem dentro de nós e, mais além, planejar a próxima viagem com ainda mais clareza". É fazendo esse tipo de viagem que o idoso acessa o conteúdo da sua memória, pois tudo que lá está é o resultado daquilo que somos.

A verdade é que não sabemos o que ficará na memória de cada um, mas o afeto, a presença, os vínculos em suas relações, os momentos e as boas lembranças sempre serão os principais alicerces para a construção de uma memória afetiva e uma vida emocional mais saudável.

Orientações para pais, cuidadores e professores

As memórias afetivas auxiliam no desenvolvimento das crianças, fortalecem adolescentes, adultos e idosos e desenvolvem senso de pertencimento e confiança, mas o importante é que tenham conexão. Você pode construir memórias afetivas de várias maneiras:

- Ter mais tempo de qualidade.
- Brincar, jogar: desenvolve a criatividade espontânea, enriquece o conhecimento, a sociabilidade, as funções cerebrais e o processo de aprendizagem. Ao brincar, a criança expressa fantasias, sensações, emoções internas e adquire maturidade. A festa do pijama com a família é uma ideia para isso.
- Participar das atividades escolares.
- Cozinhar juntos e fazer ao menos uma refeição em família.
- Contar a sua história e contar a história do seu filho a ele.
- Compartilhar o dia de vocês.
- Crie o dia do SIM: durante 24 horas, têm de fazer tudo o que os filhos quiserem, mas com algumas regras criadas juntos.
- Visitar lugares que são importantes para a história da família.
- Construir a caixa de lembranças.
- Ter dias livres sem rotinas.
- Traçar missões familiares.
- Estimular os idosos a contarem suas histórias. Relembrar ressignifica momentos valiosos para os jovens.
- Recordar músicas da sua época.
- Resgatar uma receita ou uma comida afetiva.
- Escrever ou desenhar algo que tenha sido importante.
- Rever fotos e vídeos.
- Criar e registrar momentos engraçados.
- Bater foto com a mente: quando estiverem em algumas situações prazerosas, tire uma foto com a mente registrando na memória afetiva.

Ao final, convidamos a refletir sobre suas próprias histórias e o impacto que elas têm na sua vida, trazendo fatos marcantes e buscando formas de florescer memórias e vínculos. Veja mais dicas no QR code ao final do livro!

Superdica: os fatos passam e as memórias ficam.

Referências

AZULAY, S. *Conte sua história para o seu filho: 100 temas de histórias pessoais para aprimorar os vínculos familiares*. São Paulo: Matrix, 2022.

BOSI, E. *Memória e sociedade. Lembrança de velhos.* São Paulo: Companhia das letras, 2003.

BRITES, L. *Brincar é fundamental. Como entender o neurodesenvolvimento e resgatar a importância do brincar durante a primeira infância.* São Paulo: Gente, 2020.

CARVALHO, S. *Memória afetiva e fonte de informação: um estudo de caso das narrativas musicais de Teixeirinha.* Disponível em: <https://www.lume.ufrgs.br/bitstream/handle/10183/196900/000872485.pdf?sequence=1>. Acesso em: 07 jan. de 2023.

FORTES, F. *Meu pai e eu escovando os dentes.* Porto Alegre, 2022. Disponível em: <https://www.instagram.com/medicodejovens>. Acesso em: 05 jan. de 2023.

LEITE, M I. *Crianças, velhos e museu: memória e descoberta.* Campinas, 2006. Disponível em <http://www.cedes.unicamp.br>. Acesso em: 28 dez. de 2022.

LENZI, J. F. A. C.; MOURA, L. T. Resgate da memória afetiva dos idosos: Um estudo de caso em uma instituição de São Mateus/ES. *Revista Científica Multidisciplinar Núcleo do Conhecimento,* 2021. Disponível em: <https://www.nucleodoconhecimento.com.br/psicologia/resgate-da-memoria>. Acesso em: 05 jan. de 2023.

PALESTRA virtual: I Jornada Multidisciplinar de Geriatria e Gerontologia FMUMC – DIA 2. Mogi das Cruzes: 2021. 1 vídeo (182 min). Publicado pela Liga Acadêmica de Geriatria e Gerontologia da FMUMC. Disponível em: <https://www.youtube.com/watch?v=A7bF9gbcwUk>. Acesso em: 05 jan. de 2023.

TEIXEIRA, T. *Dinâmica: a árvore afetiva!* São Paulo, 2022. Disponível em: <https://www.instagram.com/longevamente/>. Acesso em: 05 jan. de 2023.

VASCONCELOS, V. *Mãe, pai, vó: me contem suas histórias?* São Paulo, 2022. Disponível em: <https://www.instagram.com/psicologiaveruska>. Acesso em: 05 jan. de 2023.

WILDE, O. *A importância de ser prudente e outras peças.* São Paulo: Penguin-Companhia, 2011.

6

TRANSTORNO DE ANSIEDADE GENERALIZADA (TAG)

Quem nunca perdeu controle de suas emoções, sentiu sintomas físicos e reações que não soube explicar, teve pensamentos catastróficos, intrusivos e persistentes? Você já se sentiu paralisado, com falta de ar e pensamentos acelerados? Isso pode acontecer com qualquer pessoa e o mais importante é zelar pela sua saúde mental, emocional e compreender melhor os sintomas. Você não está sozinho nessa jornada, entenda, neste capítulo, como lidar com o Transtorno de Ansiedade Generalizada (TAG).

CYNTIA GODOY

Cyntia Godoy

Contatos
psicologiamenteplena.com.br
psicologacyntiagodoy@gmail.com
Instagram: @psicologiamenteplena

Psicóloga clínica focada em orientações a pais e atendimento de adultos, adolescentes, crianças e casais. Palestrante, especialista em Terapia Cognitivo-comportamental (TCC), pós-graduada em Terapia do Esquema (TE) pela Wainer Psicologia com certificação pela New Jersey Institute for Schema Therapy Springfield. Formação em Terapia Focada na Compaixão, Narrativa e Psicologia Positiva pelo Instituto de Psiquiatria (IPQ) do Hospital das Clínicas HC-FMUSP. Formada em Terapia para Casais e Sexologia. Coautora do livro *Orientação familiar*, com o capítulo "Ansiedade de separação na infância". Sigo o meu propósito de passar conhecimento por meio de conexão com as pessoas para agregar transformação, autocuidado, autoconhecimento, acolhimento e muito amor.

Dedico este capítulo a minha família, que me inspira diariamente e me apoia em tudo que faço. Dedico também aos meus queridos pacientes, pela confiança e entrega de suas vidas no processo psicoterapêutico. Gratidão!

Sabe quando aquele frio na barriga aparece e nunca vai embora, aquela preocupação constante com algo que está para acontecer? Já pensou em tantas coisas que precisa fazer e não consegue começar? Sente culpa, tristeza, irritabilidade e frustração? Esses são alguns sintomas da ansiedade, um sentimento natural que costuma surgir quando vivenciamos situações que provocam estresse, medo ou apreensão diante de uma ameaça. É um estado de constante alerta frente a um perigo incerto, e por não termos o controle dessa ameaça, o sistema de luta e fuga do nosso organismo é ativado.

Toda ansiedade traz sensações desagradáveis. Porém, quando ela deixa de ser um sentimento comum e passa a ser um transtorno emocional e mental? A ansiedade e o medo são experiências comuns do nosso cotidiano e nem sempre estão atreladas a algum tipo de transtorno ou doença. Por exemplo, o medo na medida certa tem uma função essencial para a nossa espécie. É ele que acessa nosso sistema de autoproteção diante dos riscos para nos proteger. A dose certa de medo faz com que tenhamos atitudes adequadas diante de perigos reais.

Em alguns casos, um indivíduo pode apresentar ansiedade ou medo de forma desproporcional nas situações em que não esteja adaptado. Muitas vezes, isso se mantém de modo persistente e elevado, levando o corpo ao limite do estresse e da exaustão, prejudicando sua vida e seu funcionamento afetivo, familiar e profissional. Isso caracteriza os transtornos de ansiedade generalizada.

O que é Transtorno de Ansiedade Generalizada (TAG)?

O Transtorno de Ansiedade Generalizada (TAG), segundo a Associação de Psiquiatria Americana (APA), caracteriza-se por um estado persistente e excessivo de ansiedade ou preocupação não associados a uma situação específica, que interfere nas atividades diárias da pessoa e pode vir acompanhada de sintomas físicos, tais como: cansaço, inquietação, dificuldade de concentração, tensão muscular e insônia (falaremos dos sintomas mais adiante). Mesmo quando as pessoas com esse transtorno têm consciência de que suas preocupações ou medos são mais fortes do que o necessário, elas ainda apresentam dificuldade para controlar suas reações.

> A ansiedade patológica surge em nossa vida como um sentimento de apreensão, uma sensação constante e incômoda de que alguma coisa vai acontecer inesperadamente. Quem sofre de TAG vive em contínuo estado de alerta e inquietude. Deixa de viver o presente e desfrutá-lo, pois as preocupações subjetivas tomam o espaço destinado ao "aqui e agora"
> (SILVA, 2017).

De acordo com DSM-V-TR (American Psychiatric Association, 2013) o Transtorno de Ansiedade Generalizado é comum, afetando cerca de 3% da população em período de um ano. As mulheres têm duas vezes mais chances de serem afetadas que os homens. O transtorno geralmente se inicia na infância ou na adolescência, mas pode começar em qualquer idade, então vale a pena prestar atenção no histórico familiar relacionado a transtornos mentais.

Os sintomas podem permanecer de três a seis meses. Os pacientes com TAG sentem-se ansiosos na maioria dos dias e frequentemente precisam se esforçar para conseguir lembrar da última vez que se sentiram relaxados, pois as crises de ansiedade se sobrepõem. Quando um motivo para estar ansioso é resolvido, logo em seguida surge outro.

Fatores ambientais também são significativos. Traumas na infância, abusos, abandono de um dos pais, *bullying*, morte de um familiar, interrupção do uso de uma substância química viciante, divórcio ou desemprego são alguns dos eventos que podem ajudar a desencadear um quadro de TAG. Pessoas com doenças físicas crônicas, principalmente aquelas que causam dor persistente, também apresentam maior risco.

Sintomas chave do TAG

- Dificuldade em parar de se preocupar: mesmo em situações em que não haja motivos para se preocupar, o pensamento permanece acelerado e a mente produz eventos antecipatórios para o futuro, ficando em constante alerta.
- Irritabilidade: com os nervos "à flor da pele", pequenas situações do cotidiano são vivenciadas de forma muito intensa.

- Cansaço físico e mental: exaustão constante e dificuldade para relaxar, dores físicas, dor de cabeça.
- Alteração de sono: insônia inicial em que a pessoa não consegue dormir e ativa os pensamentos de preocupação como "eu tenho que fazer", agitando-se ou inquietando-se-, podendo despertar no meio da noite e manter pensamentos intrusivos.
- Taquicardia: palpitações aceleradas do coração, trazendo muito desconforto e pensamentos de morte.
- Perda de memória e falta de atenção: são tantas coisas acontecendo ao mesmo tempo que a pessoa tem dificuldades em focar em suas tarefas diária e se organizar mentalmente. A exaustão leva ao esquecimento frequente, devido à tentativa do cérebro de "desligar".
- Dificuldade de respirar: sentimento de não conseguir controlar a respiração e, por isso, hiperventilar, piorando a tentativa de se acalmar.
- Sudorese: onda de calor ou calafrios podem ocorrer pelo corpo.
- Inquietação: geralmente a pessoa se assusta facilmente.

Quando o pensamento aparece infinita vezes mais rápidos, o medo toma conta do seu dia e impede seu comportamento de ser funcional.

Orientações para quem tem diagnóstico de TAG

Cuidar de si para, depois, cuidar dos outros

O que mais chama atenção nos pacientes com TAG é a falta do olhar para si. Muitas vezes, somos aquela pessoa que cuida de quem está ao nosso redor. Não há nada de errado nisso, apenas demonstra uma grande capacidade de empatia e, claro, muito amor no coração.

Quando vamos cuidar de alguém, devemos pensar em como gostaríamos que cuidassem de nós. Se estivéssemos doentes, o que o cuidador deveria saber? Se fôssemos uma criança, de que modo gostaríamos de ser protegidos? Quando chegarmos à velhice, como gostaríamos de ser tratados por nossos entes queridos?

É preciso ter em mente que suas demandas, seus sonhos e seus desejos também importam muito! Tentar abraçar o mundo é algo extremamente desgastante. Por isso, quando você toma a responsabilidade por muitas tarefas, uma das consequências são os elevados níveis de estresse. Se essa condição não for tratada, pode comprometer o sistema imunológico, o metabolismo, o coração e o bem-estar geral, então procure olhar para suas necessidades.

Sobrecarga emocional

Esse estado pode levar a problemas tanto físicos quanto mentais, como citado anteriormente. Quando esse quadro de TAG não é tratado da maneira correta, outras comorbidades podem surgir, como a síndrome do pânico, depressão, obesidade, alterações hormonais, quedas de imunidade, problemas de postura, anemia, deficiências nutricionais, questões bucais, inquietação, falha de memória, sono agitado e muito mais. Praticamente todo o corpo pode ser atingido pela negligência de não olhar para si. Reveja sua rotina, é preciso ter uma mente sã para ter um corpo são e, assim, dispor da energia necessária para cuidar da sua rotina. Pare de se culpar e se cobrar por tarefas não cumpridas, busque estratégias de enfrentamento que podem lhe auxiliar nessa organização, como planejamento de atividade por prioridades, delegação de funções, pedir ajuda, fazer pausas entre as atividades, se alimentar bem, dormir cedo e criar momentos de prazer.

A importância de buscar ajuda e autoconhecimento

- Faça terapia: o processo psicoterapêutico permite compreender-se e aprender a controlar as visões distorcidas causadas por crenças disfuncionais das supostas fontes de estresse da vida, como o comportamento, pensamentos de outras pessoas que atrapalham a sua percepção e capacidade de lidar com os problemas, assim como gerenciar, reconhecer e substituir os pensamentos catastrófico que causam pânico, diminuindo o sentimento de impotência por pensamentos funcionais que buscam evidências reais sobre os fatos.
- Gerenciar o estresse e relaxar quando os sintomas ocorrerem;
- Evitar pensar que as pequenas preocupações se transformarão em problemas muito graves;
- Utilizar práticas como meditação guiada, que possibilitam a autopercepção do corpo e bem-estar.
- Para um diagnóstico correto e tratamento medicamentoso (caso seja necessário), consulte um profissional de saúde mental (psiquiatra).

Busque rede de apoio, compartilhe com seus familiares o seu momento. O apoio é muito importante para auxiliar na recuperação, pois, quando não verbalizamos as nossas dificuldades, evitamos o acolhimento e empatia, que são fundamentais para a nossa segurança.

Reflexão sobre o cuidar de si – mudanças são necessárias

Agora, chegou a hora de descobrir o que fazer para otimizar seus autocuidados e evitar focar nos sintomas da ansiedade. O primeiro passo para cuidar de si mesmo é identificar momentos em que possa ficar sozinho. Eles podem ser preenchidos com absolutamente qualquer atividade, desde lavar a louça enquanto ouve as suas músicas prediletas até assistir ao seu programa de televisão favorito, sem ninguém por perto. Momentos como esses são essenciais para nos sentirmos felizes em nossa própria companhia e, claro, termos a oportunidade de nos conhecer melhor.

- **Reserve momentos para ficar só:** aprenda a gostar de sua companhia sem medo, é importante conectar-se com seu corpo e mente.
- **Desenvolva conexões sociais:** depois de ficar sozinho, é hora de ficar com pessoas que te fazem feliz! O isolamento total nunca é o caminho para a felicidade e não tem nenhuma relação com o autocuidado. A palavra-chave sempre é equilíbrio. Ficar sozinho é muito bom e importante, mas interagir socialmente também faz parte dos detalhes que nos deixam felizes. Dose bem as duas áreas da sua vida.
- **Faça atividades físicas regularmente:** a prática regular de atividades físicas faz um bem danado para a saúde, prevenindo o surgimento de doenças variadas (principalmente as que têm relação com hormônios, circulação e coração), mas isso não é tudo. Mexer o corpo também é ótimo para o humor, já que libera substâncias que trazem a sensação de bem-estar e felicidade. Assim, você se sente mais tranquilo, dorme melhor e tem uma qualidade de vida otimizada.
- **Pratique *hobbies* que ofereçam satisfação:** a prática de *hobbies* nunca deve ser vista como uma perda de tempo, mas, sim, como um investimento para a sua saúde mental. Escolha uma (ou mais) atividades que tragam prazer para o seu dia a dia e invista o seu tempo nelas, faça atividades diferentes como leitura, pintura, dança, jardinagem e tocar um instrumento. Conhecer algo novo possibilita novos aprendizados e bem-estar, então procure o que mais combina com a sua personalidade.
- **Melhore seus hábitos alimentares:** uma boa alimentação é outro detalhe que não pode passar despercebido quando o assunto é cuidar de si mesmo. Invista em pratos coloridos e refeições diversificadas, sempre respeitando as recomendações do seu médico de confiança para elaborar uma dieta saudável.
- **Faça *check ups* periódicos**: por fim, não deixe de visitar o médico com certa frequência e fazer a boa e velha bateria de exames de rotina. Eles são fundamentais para identificar qualquer alteração logo no comecinho, permitindo que o tratamento seja mais simples. Tenha por você o mesmo carinho que tem pelos outros.

No momento de uma crise de ansiedade, o indivíduo pode imaginar que está apresentando sintomas relacionados a infarto agudo do miocárdio ou até mesmo ter sensação de morte. Essa sintomatologia leva muitas vezes a procura por atendimentos em emergências médicas, dado o grau de desconforto apresentado. Alguns exames são realizados, esclarecendo-se tratar de um quadro exacerbado de ansiedade.

Orientações aos pais e profissionais

- Assim, são recomendados alguns procedimentos durante os sintomas de ansiedade, visando abrandar ou conter uma crise:
- Seja empático para acolher uma pessoa em crise, não duvide de seus sintomas.
- Respirar fundo, fazer exercícios de respiração, imaginando como se estivesse apagando velas num candelabro, respirando pelo nariz e soltando pela boca lentamente, contando de 1 a 4 ao inspirar.
- Prestar atenção nos pensamentos que podem ser negativos, pessimistas e destrutivos. Questione a sua forma de pensar e qual emoção está presente no momento.
- Racionalizar os pensamentos para separar os que fazem sentido e aqueles que são imaginação. Faça questionamentos se tem evidências reais no momento;
- Conversar com pessoas de confiança que podem ser sua ponte de apoio naquele momento.
- Utilize a técnica da atenção plena utilizando os cinco sentidos sensoriais para desativar seu sistema de alarme e retomar o controle emocional (atividade no QR code).

Em alguns casos, é necessário utilizar medicamentos emergenciais para controlar essas crises, sempre com prescrição médica.

Como vimos, o Transtorno de Ansiedade Generalizada pode gerar muitos prejuízos à saúde emocional, física e mental, e é necessário ter consciência dessas mudanças e aprender cuidar de si mesmo. Essa é uma atitude absolutamente necessária e que levará você a se dedicar ainda mais a quem ama, mas com felicidade e muita qualidade de vida. Seguindo as orientações certas e entendendo a percepção do seu corpo, você poderá desfrutar de segurança e controle emocional. Não se deixe de lado, se priorize.

Superdica: aceite a ansiedade e não lute contra ela. Em momentos difíceis, "seja luz onde há escuridão" e busque ajuda sem medo. Evoluir só depende de você!

Referências

BECK, J.S. *Terapia cognitiva: teoria e prática*. Porto Alegre: Artmed,1997.

BROWN,T.; O'LEARY, T. A.; BARLOW, D. H. Transtorno de ansiedade generalizada. In: BARLOW, D.H. (Org.). *Manual clínico de transtornos psicológicos*. Porto Alegre: Artmed, 1999.

CHAFFEE, J. *Pense diferente, viva criativamente: 8 passos para tornar a sua vida mais completa*. Rio de Janeiro: Campus, 2000.

CLARK, D. A.; BECK, A. T. *Terapia cognitiva para os transtornos de ansiedade*. Porto Alegre: Artmed, 2012.

CLARK M. D. Estados de ansiedade: pânico e ansiedade generalizada. In: HAWTON, K. *et. al. Terapia cognitivo-comportamental para problemas psiquiátricos: um guia prático*. São Paulo: Martins Fontes,1997.

DSM-V, American Psychiatric Association. *Manual Diagnóstico e Estatístico de Distúrbios Mentais*. São Paulo: Artmed, 2014.

DUGAS, M. J.; ROBICHAUD, M. *Tratamento cognitivo-comportamental para o Transtorno de Ansiedade Generalizada*. Rio de Janeiro: Editora Cognitiva, 2020.

ORGANIZAÇÃO mundial de saúde (OMS). *Classificação de transtornos mentais e de comportamento da CID-10: descrições e diretrizes diagnósticas*. Coord. Organização Mundial de Saúde. Porto Alegre: Artmed, 1993.

SILVA, A. B. B. *Mentes ansiosas*. São Paulo: Principium, 2017.

STALLARD, P. *Ansiedade: terapia cognitivo-comportamental para crianças e jovens*. Porto Alegre: Artmed, 2010.

7

O TEMPERAMENTO COMO PARTE DA PERSONALIDADE

Você é uma pessoa animada, líder, introspectiva? Seu filho brinca sozinho ou com amigos? Fala mais do que observa? Saiba que certas atitudes se devem aos diferentes tipos de temperamentos. Aqui, você saberá quais são eles e como ajudam na formação da sua personalidade e de seu filho. Acredite, isso auxiliará na compreensão de certas atitudes que, provavelmente, até hoje lhe rendem muitas dúvidas.

DANIELA BORGES

Daniela Borges

Contatos
Instagram: @psicologa_danielaborges
11 98954 1441

Mãe de Leonardo, Fabio Ricardo e Maria Julia. Psicóloga clínica da abordagem cognitivo-comportamental há 10 anos, atuando no atendimento infanto-juvenil e de adultos, na orientação familiar, de casal, vocacional e profissional. Trabalha com o desenvolvimento do projeto Família Educadora, Filhos Virtuosos. Atuou como professora de educação socioemocional para Ensino Fundamental I, II e Médio. Mestranda em Ciências da Saúde. Pós-graduada em Neuropsicologia e Intervenção ABA para Autismo e Deficiência Intelectual. Coautora do livro *Orientação Familiar*, capítulo “Filhos de pais separados; para cada casa um caso”, publicado pela editora Literare Books. Palestrante no Congresso de Orientação Familiar e em instituições acadêmicas.

A Deus, que zela por mim noite e dia. Aos meus filhos; por eles, vale a pena cada conquista, apesar das enormes batalhas. Ao meu pai espiritual, sem seus ensinamentos, minha vida não teria o mesmo sentido que hoje possui, Monsenhor João Clá, EP.

Era uma vez, uma abelha que trabalhava na colmeia da fazenda. Seu nome era Maribel. Não era uma abelha qualquer, mas, sim, a mais importante depois da Rainha. Todas as outras abelhas tinham medo dela, pois quando faziam algo que ela julgava errado, logo Maribel mandava a abelha infratora ficar sem comer mel por uma semana.

Num belo dia, o fazendeiro foi colher mel. Quando Maribel viu o homem se aproximar, picou o dedo dele. Ela pensou: "Agora ele vai ter o que merece!".

O fazendeiro foi cuidar do machucado, enquanto ela se sentiu muito fraca e não conseguiu mais falar e enxergar. As outras abelhas a levaram para sua cama dentro da colmeia, e ela disse: "Me desculpem por ser tão ruim com vocês, não sigam meu exemplo. Fui egoísta e por isso vou morrer". Depois de dizer isso, Maribel parou de zumbir e morreu. Desde então, todas as abelhas faziam o máximo para não picarem alguém por orgulho.

Moral da história: Não devemos nos deixar levar pelos impulsos, pois podemos prejudicar os outros e a nós mesmos.

(Texto feito pelas alunas do 8º ano em 2020)

Começar o capítulo contanto a história de Maribel, uma abelha orgulhosa que sempre julgava fazer tudo certo e punia a quem achava que devia, foi uma estratégia para falarmos um pouco sobre um dos temperamentos que veremos mais adiante, o colérico. Você sabe o que é temperamento? Se não souber, não se preocupe, pois vamos desembaraçar um pouco sobre ele no decorrer de nossa conversa. Sim, prefiro chamar isso de conversa, assim ficarmos mais à vontade.

Temperamento como parte da formação da personalidade

O temperamento é algo inato no indivíduo. Algo que a natureza nos impõe e nunca desaparece inteiramente. Pode-se dizer que o temperamento é um elemento constitutivo da personalidade e se manifesta por ideias e representações, ou por acontecimentos exteriores. Esse conhecimento permite responder a diversas perguntas sobre os indivíduos, dentre elas: "Como é a conduta de tal pessoa?", "Quais sentimentos a dominam?", e assim por diante...

O interessante é que, ao conhecer os temperamentos, você poderá se autoconhecer e entender o porquê de alguns comportamentos de seu filho. Vamos falar sobre isso?

Classificação dos temperamentos

Segundo Hipócrates (médico da antiguidade, 460-377 a.C.), os temperamentos fundamentais são quatro: sanguíneo (expansivos, otimistas e impulsivos), melancólico (com perfil propenso a ser fechado, contemplativo), colérico (irritáveis/nervosos, inclinados ao combate) e fleumático (pacientes, observadores, que não deixam transparecer sentimento ou perturbação alguma).

Conheceremos as características principais de cada um deles, mas, antes, é preciso advertir que nenhum dos temperamentos existe inteiramente puro: geralmente, apresentam-se mesclados e em graus diversos.

Temperamento sanguíneo

O sanguíneo é animado, sua reação aos acontecimentos é imediata e forte, mas essa impressão permanece por pouco tempo. A lembrança de coisas que aconteceram não provoca tão facilmente novas emoções.

Disposições fundamentais, boas e más, do ânimo sanguíneo:

1. Superficialidade. O sanguíneo não penetra até o profundo, se contenta com a superfície. Antes de concentrar-se em um objeto, o interesse do sanguíneo já se esvai para outras coisas. Parece uma borboleta que vai alegre e despreocupadamente de flor em flor. É difícil convencê-lo de sua superficialidade, pois sempre acredita ter entendido tudo, quando, na verdade, muito provavelmente só tenha entendido a metade.

2. Inconstância. É inconstante em sua disposição de ânimo, em suas opiniões; rapidamente passa do riso ao choro e vice-versa. Ao propor-lhe um novo ponto de vista, abandona sem remorsos todos seus planos e projetos anteriores. Gosta de variedade.
3. Interesse pelas coisas exteriores. Apresenta dificuldade em compenetrar seu interior, pois prefere fixar sua atenção em coisas externas, sendo nisso o contrário do melancólico, que, com predileção, penetra em sua vida interior e no mundo de seus pensamentos. Esse gosto pelas coisas exteriores se mostra no interesse que o sanguíneo tem pela beleza, seja da roupa, da casa, pelas formas elegantes do trato com os demais. O sanguíneo é aquela pessoa que tem de ver e ouvir tudo, e de tudo tem que falar! Nele chamam muito a atenção a facilidade, a vivacidade e a infinidade de palavras.

O lado bom é que o sanguíneo se torna logo conhecido em todo lugar que frequenta, pois é confiante e se expressa bem, mesmo com pessoas desconhecidas. Seu entusiasmo é contagioso, seu bom coração cativa e apaixona. É afável e alegre em suas palavras e condutas e sabe entreter divertidamente aos que o rodeiam, fazendo interessantes narrações, brincadeiras e sutilezas. Possui o dom especial de corrigir os defeitos do próximo sem que este se sinta ferido.

Dica: se é necessário comunicar a alguém coisas desagradáveis, convêm preparar o terreno por intermédio de um sanguíneo.

É dócil, sincero e espontâneo. É verdade que, ao ser ofendido, acende rapidamente sua ira e estoura, mas depois de desabafar esquece tudo, sem guardar rancor de ninguém. Sua inteligência é viva e rápida. Ele assimila coisas facilmente, mas sem muita profundidade. Dotado de uma memória feliz e uma imaginação ardente, triunfa facilmente na arte, na poesia e na oratória.

O lado ruim é que conter seus olhos e ouvidos, dominar sua língua e observar o silêncio pode ser penoso para o sanguíneo. Ele se entusiasma rapidamente, mas logo se distrai.

Temperamento colérico

Pelas influências que recebe, o colérico inflama-se de imediato e com ardor. A reação se segue no mesmo instante, a impressão fica nele por muito tempo.

Disposições fundamentais, boas e más, do ânimo colérico:

1. Se entusiasma pelo grande. Tende a mirar alto, sempre vendo coisas grandiosas, como um comércio muito próspero, uma residência magnífica, um nome prestigioso. A virtude nata do colérico é a generosidade, que despreza o baixo e vil e suspira pelo nobre, grandioso e heroico.

2. Vontade inquebrantável. Não se assusta diante das dificuldades; pelo contrário, emprega toda sua vitalidade e persevera à custa de grandes sacrifícios até chegar à sua meta. Não conhece covardia, moleza e desalento.
3. É um líder nato. Possui um instinto, com frequência inconsciente, de dominar e sujeitar os demais. O colérico nasceu para o comando.

O lado bom é que quando o colérico põe sua vitalidade característica a serviço do bem, chega a ser um instrumento sumamente apto para seu próprio aproveitamento e do outro. Um colérico solidamente formado não sente maiores dificuldades para manter-se recolhido, pois com a energia de sua vontade afasta as distrações. Consegue fazer grandes coisas também em seu trabalho profissional e, por ser seu temperamento ativo, sente-se incitado continuamente à atividade e ao trabalho. Não pode estar desocupado e faz suas atividades com rapidez e aplicação; tudo lhe vai muito bem. É persistente e não se amedronta ante as dificuldades.

Dica: Pode-se colocá-lo sem receios em postos difíceis e confiar-lhe grandes coisas.

O lado ruim é que o colérico é muito orgulhoso de si mesmo. Tem em alta estima suas qualidades pessoais e seus êxitos. Considera-se excepcional e chamado a altos destinos; enxerga suas faltas como justificáveis e ainda merecedoras de toda aprovação; recusa a ajuda alheia, gosta de fazer tudo sozinho por se considerar mais apto que os demais. Não há ninguém que possa ferir tão dolorosamente e com poucas palavras que um colérico.

Temperamento melancólico

O melancólico apresenta suas emoções de forma profunda. Suas ideias são frutos de uma reflexão longa e calma. É uma pessoa que gosta do silêncio, contemplação para ele não é um problema, e sim um descanso, por assim dizer. Tem uma inclinação à solidão, o que leva as pessoas a interpretá-lo como seco e egoísta. Vida artística é uma de suas escolhas. Apresenta características introspectivas e gosta de contemplar e admirar o belo, mas tem dificuldade para resolver várias coisas ao mesmo tempo; afinal, para ele, as coisas se resolvem por partes. Pode-se dizer que é um grande ouvinte, prudente em seus conselhos e uma pessoa de muita confiança.

Disposições fundamentais, boas e más, do ânimo melancólico:

1. Propensão à reflexão profunda. Em seu modo de raciocinar, o melancólico se detém demasiado em todos os antecedentes até as causas últimas. Possui um coração afetuoso, o que o faz um bom amigo.

2. Propensão à quietude. Prefere o silêncio. O temperamento melancólico é passivo. Não entende o que é acelerado, impulsivo e laborioso; é, antes, mais lento, reflexivo e cauteloso, e nem é fácil empurrá-lo a ações rápidas.
3. O melancólico é muito reservado. Dificilmente se aproxima de pessoas estranhas, nem conversa com desconhecidos. Revela seu interior só aos que mais confia. Sente a necessidade de se expressar de vez em quando acerca de seu estado emocional e, de fato, experimenta grande alívio ao conversar com alguém que lhe entenda os tristes pensamentos que pesam sobre sua alma.

O lado bom é que tem uma facilidade para ter amizade verdadeira, suas relações são profundas e tem perseverança no que faz.

O lado ruim é que, por ter profundidade em seus sentimentos, tem propensão a ficar pensando em si mesmo. Isso lhe dá a tendência à introspecção, o que pode provocar isolamento.

Temperamento fleumático

Trata-se de uma pessoa calma, sem agitação, como se não respondesse ao barulho do mundo exterior. Podemos até pensar que não está se importando com nada, mas na verdade vive em seu próprio mundo. É sua particularidade não se deixar afetar facilmente pelas coisas externas. Não se sente impulsivo por reações repentinas, tornando-se inexpressivo. Enquanto os coléricos e sanguíneos são da ação, os melancólicos e fleumáticos são da tranquilidade, introvertidos. Quando a pessoa não se dá conta de que tem um temperamento mais frio, pode se desanimar pelo fato de não querer se envolver em demasia com atividades que lhe cobrem esforços.

Disposições fundamentais, boas e más, do ânimo fleumático:

1. Entre a agitação e a calma, prefere a calma. São pessoas que, quando se deparam com problemas, não manifestam irritabilidade para resolvê-los. Com cautela chegam à resolução, abominando encrencas e auxiliando os outros para que não percam a cabeça.
2. Paciência e generosidade. Quando em meio à tempestade, agem com cautela para não perder a paciência. Diante das necessidades alheias, são generosos.
3. Distanciamento psíquico para diversas situações. Ver as situações com distanciamento ao ponto de não se envolver emocionalmente é um de seus pilares. Como se trata de indivíduos pacíficos, tendem a se irritar com confrontos, por isso a tendência é sempre minimizar os problemas.

O lado bom é sua perseverança e tranquilidade no que faz. Não se irrita facilmente, sua linguagem é clara, ordenada, justa, positiva.

O lado ruim é que tem uma tendência ao egoísmo, por ser parado em seu pensamento. Pode ficar rodando em si, não se interessando pelo que se passa do lado de fora.

Orientações aos pais e responsáveis

Reconhecendo os temperamentos para entender o comportamento dos filhos

- Se seu filho tem muita energia, gosta de desafios, esforça-se para ser melhor, não desiste do que quer até conseguir, toma decisões por si mesmo, lidera outras crianças, irrita-se facilmente e se enfurece, não admite quando erra, faz de tudo para ter destaque nas atividades, então ele pode ser **colérico**.
- Se seu filho se anima rápido com as atividades, mas tem dificuldade de mantê-las, é disperso, ansioso, engraçado, divertido, entusiasmado, comunicativo, sociável, ágil, se arrepende rápido de seus erros, apresenta dificuldade para reconhecer autoridade, não consegue ficar quieto para atender ao que lhe é pedido, então ele pode ser **sanguíneo**.
- Se seu filho gosta de rotina, tem facilidade para interagir (apesar de ser seletivo), tem poucos amigos, é lento e passivo até mesmo quando corrigido, aceitando bem a autoridade dos pais e não reage de forma agressiva quando contrariado, então ele pode ser **melancólico**.
- Mas, se seu filho é uma criança calada, não se importa quando perde nos jogos (pois o fracasso não o incomoda), aceita a frustração com facilidade, é calmo, cooperativo, não é questionador, gosta de brincar com outras crianças compartilhando seus brinquedos e apresenta um perfil mais reservado, então ele pode ser **fleumático**.

Caro leitor, o que define você e seu filho não é um único temperamento, mas os traços de cada um deles, embora um se ressalte especificamente. O segredo está em você reconhecer em si mesmo qual se destaca e, a partir disso, melhorar o que está ruim e aprimorar o que já é bom.

Superdica: entender quem é você é saber que poderá compreender quem é o outro e, assim, aceitar que cada um tem seu jeito e está tudo bem!

Referências

HOCK, C. *Os temperamentos – conhece-te a ti mesmo.* Campinas: Calvariae, 2020.

HOCK, C.; MONTE, N. *Os quatro temperamentos – sua influência na educação e formação da pessoa.* São Paulo: Imaculada, 2021.

MARSILI, I. *Os quatro temperamentos na educação dos filhos.* Campinas: Kírion, 2018.

8

ESTRATÉGIAS PARA FACILITAR O PROCESSO DE AQUISIÇÃO DA LINGUAGEM EM CRIANÇAS MENORES DE TRÊS ANOS DE IDADE

O presente capítulo pretende apresentar um olhar diferenciado para o desenvolvimento da linguagem infantil, partindo de estratégias que os pais e/ou cuidadores podem facilmente aplicar em rotinas diárias com as crianças quando existe (ou não) a preocupação com o processo de aquisição da linguagem.

DANIELA D'ELBOUX MISRAHI

Daniela D'Elboux Misrahi

Contatos
dani.misrahi@hotmail.com
Instagram: @dani.misrahi
@ddm_fonoaudiologia
11 99137 5191

Fonoaudióloga clínica formada pela PUC-SP. Especialista em Linguagem (CFFa) e mestre em Fonoaudiologia (PUC-SP). Atua, na clínica, com crianças pequenas com atraso de linguagem e no neurodesenvolvimento, incluindo TEA, apraxia de fala e distúrbios de aprendizagem. Formação em PROMPT nível I e II, "It takes two to talk", "More than words" e "Talk ability", no Hanen Centre – Canadá, para orientação de pais com crianças com atrasos de linguagem e TEA. Aperfeiçoamento em Transtorno Motor de Fala e Linguagem.

Já era fonoaudióloga, mas ainda não era mãe. Acompanhava uma amiga em uma loja de roupa infantil quando presenciei a cena de uma mãe que interagia com seu filho de aproximadamente três anos de idade. Ela perguntava a ele qual modelo de roupa ele preferia. A criança rapidamente olhou para as duas peças e estendeu o braço para o modelo verde. A mãe respondeu "mas o azul é tão bonito! Vou levar esse!"

Há mais de 25 anos atuando em consultório, frequentemente recebo famílias de crianças pequenas com queixa na aquisição da linguagem oral. Com o avanço da tecnologia e a divulgação das informações (principalmente pela internet), muitas vezes os pais se informam e chegam com preocupações reais quanto às diferentes possibilidades de diagnóstico, entre elas, o Transtorno do Espectro Autista (TEA), Transtorno do Desenvolvimento da Linguagem (TDL), apraxia de fala ou outros. O objetivo deste capítulo não é descrever sobre os sinais ou as alterações possíveis, e sim apresentar habilidades e estratégias que pais e/ou cuidadores possam utilizar com as crianças em suas rotinas diárias, quando há ou não preocupação com o surgimento da linguagem oral.

Vamos partir do entendimento de que a comunicação antecede a fala. As crianças aprendem a se comunicar a partir da interação com os outros, geralmente seus pais e/ou cuidadores, pessoas com quem criaram vínculos fortes desde o seu nascimento.

Entre o primeiro e o segundo ano de vida, a compreensão do que é falado à criança é maior do que a expressão, ou seja, a criança irá compreender muito mais do que sua possibilidade de produzir, e isso por si só já garante um *status* de interlocutor a esse pequeno ser em formação. Antes mesmo de usar palavras, as crianças se comunicam para dizer o que querem e o que não querem, para chamar a atenção, para fazer comentários e perguntas. Mas como, se eles não falam?

Weitzman (2017) descreve possíveis meios pelos quais as crianças se comunicam e o seu porquê.

Como?

- Chora, grita.
- Sorri.
- Altera a expressão facial.
- Emite e imita sons.
- Olha para o adulto ou para o que deseja.
- Aponta para o que deseja.
- Pega o adulto pela mão e leva até o que deseja.
- Olha para o que deseja e depois para o adulto.
- Usa aproximações de vocábulos, palavras isoladas e as primeiras combinações de palavras.

Por quê?

- Porque está feliz.
- Porque está cansado ou bravo.
- Para protestar ou recusar algo.
- Para obter atenção.
- Para compartilhar algo.
- Para responder aos outros.
- Para comentar algo.
- Para cumprimentar ou se despedir.

A habilidade comunicativa das crianças irá emergir à medida que a interação com o adulto der suporte a essa construção. Para que isso aconteça naturalmente, deixar a criança iniciar a interação é uma maneira bastante eficaz de estimular.

Quando deixamos a criança liderar a interação, ela irá desejar se comunicar cada vez mais com você, pois entendeu que você está ouvindo o que ela está dizendo (e não necessariamente ouvir e dizer no sentido apenas sensorial, mas, sim, prestar atenção no porquê e como a criança está se comunicando).

Vamos então abordar conceitos que considero chaves para a estimulação da linguagem das crianças menores de três anos, com ou sem queixa de atraso na aquisição da linguagem.

Ficar face a face: permite maior conexão entre adulto e criança, possibilitando que ambos tenham maior clareza da situação que estão compartilhando.

Observar: gestos, ações e expressões faciais da criança permite ao adulto decifrar qual o interesse dela e transformá-la em mensagem ou mesmo em um momento de interação.

Esperar: é dar tempo. Dar tempo para observar qual o interesse da criança. Dar tempo para a criança iniciar a interação e responder. Para isso, devemos falar menos, estar face a face e olhar para criança.

Escutar: prestar muita atenção no que a criança está demonstrando, dizendo, fazendo. Quando a escutamos, estamos respondendo a ela que o que ela diz é importante, e isso é a base para a construção de sua confiança enquanto ser falante.

Ao abordar esses conceitos com as famílias ao longo da minha interação com a criança, vou abrindo espaços para observar e escutar a interação dos familiares com a criança. Permito que eles vivenciem um novo olhar, uma nova prática na rotina diária com a criança.

Vamos exemplificar:

O adulto está sentado com a criança no chão. Carrinhos, bonecos e outros brinquedos estão espalhados. A criança está vivenciando o que cada brinquedo pode ensinar. Ora pega o carrinho e empurra, ora põe o boneco na boca e bate o animal no chão, repetidas vezes. Adulto se dirige a criança:

— O que é isso? – mostrando o carrinho.

A criança não responde e continua explorando os objetos.

— Olha... O carro!

A criança não olha para o adulto e nem para o objeto e se afasta buscando outro brinquedo.

— Que cor é o carro?

Ela vira de costas para o adulto, colocando o boneco na boca.

— Pega o boneco para a mamãe? – Apontando para um segundo boneco.

— João... João... olha aqui.

Podemos dizer através deste fragmento que houve uma interação e comunicação efetiva para o desenvolvimento da linguagem dessa criança? NÃO! O adulto aqui parece incorporar um perfil testador, mostrando-se preocupado em ensinar e fazendo inúmeras perguntas à criança para ver o que a criança sabe ou aprendeu.

Agora analisem a diferença:

Criança com o carro na mão, empurrando para frente e para trás.

Adulto senta-se de frente para a criança e observa. Pega um outro carrinho e começa a imitar o movimento que a criança está fazendo.

A criança para, olha para o carrinho do adulto e continua na mesma ação.

O adulto diz: — O carro está andando.... bruummm.

A criança olha para o adulto e emite: buummm.

— Bruummm... bibi...

Adulto leva o carrinho para perto do carrinho da criança.

A criança responde:

— Bibi.

— Bateu!

A criança dá risada

A partir de um contexto bastante semelhante, o adulto seguiu o interesse da criança quando observou qual era seu objeto de foco e como ela estava brincando. Foi hábil em sentar de frente a ela para ambos compartilharem a mesma cena. Usou um brinquedo semelhante e imitou a ação. Esperou. Usou onomatopeias. Fez um comentário. Resultado: interação, comunicação, diversão e aprendizagem!

Seguir a liderança da criança permite que observemos a curiosidade e o interesse natural delas. Elas nos mostram no que estão interessadas e sobre o que querem aprender, e assim abrimos oportunidades de aprendizagem que são mais motivadoras e divertidas.

Para uma criança com atraso de linguagem e/ou um vocabulário restrito, usar sons engraçados e onomatopeias durante a interação promove ainda mais diversão. Esses sons são mais fáceis de lembrar e de compreender e geralmente podem ser acompanhados de gestos que também são de extrema importância para a comunicação. Em um momento posterior, usar palavras isoladas ou frases curtas, inseridas em comentários, traz informações importantes a interação sem a necessidade de o adulto ficar questionando incansavelmente a criança.

Na situação trazida anteriormente, ainda poderíamos acrescentar:

— O carro bateu!

A criança repete a ação dos carros batendo.

— Pá! O carro bateu!

A criança imita:

— Pá!

O adulto diz:

— O carro azul bateu!

Observa-se aqui o uso de um som imitando a batida do carro que serviu para manter a atenção da criança para a brincadeira que ali se estabelecia. Imediatamente a criança imitou e o adulto validou sua resposta comentando sobre o que havia acontecido. Em seguida, o adulto, que escutou e esperou a resposta da criança sem interrompê-la, pode acrescentar um novo conhecimento, pois tinha captado a atenção e o interesse da criança.

Mas, e agora, fazer perguntas à criança não faz parte da conversação? Sim, faz, e iremos fazê-lo ao longo da interação. Porém, fazer perguntas demais torna a interação massiva e a criança se sente pressionada, dificultando ainda mais a manifestação de sua linguagem. Fazer uma pergunta de cada vez, esperar a criança responder, observar qual a resposta e como ela respondeu são ingredientes favoráveis para o desenvolvimento da comunicação.

Voltemos a cena descrita no início deste capítulo, quando a mãe perguntou à criança qual roupa ela havia gostado mais. O que presenciei ali foi uma mãe que não conseguiu escutar a resposta do filho, uma vez que ela havia dado a ele a oportunidade clara de escolher qual modelo ele tinha gostado. Se ela deu a ele a oportunidade de escolha, deveria validar a resposta da criança ou argumentar com alguma outra justificativa, criando oportunidade inclusive de estender a troca dialógica que ali se estabelecia.

Aprender a ocupar um turno na conversação é algo complexo que se inicia no nascimento da criança, tendo o adulto como principal interlocutor. Ele fala pela criança, interpreta as ações dela. Através das conversações iniciais, a criança escuta o adulto e responde usando as habilidades que tem disponíveis naquele momento (vide item Como?).

Quando interpretamos um comportamento da criança – um olhar, um gesto, uma vocalização – e devolvemos a ela como se fosse uma resposta intencional, estamos estabelecendo um padrão de conversação, de troca de turnos necessários (para não dizer essenciais) para o desenvolvimento linguístico da criança.

Se, em algum momento desse percurso inicial, o familiar ou cuidador ficar preocupado com o processo de aquisição da linguagem da criança, não hesite em buscar orientação com o profissional fonoaudiólogo. Buscar ajuda e orientação é também um ato de amor!

Orientações aos pais e profissionais

- Ao falar com uma criança pequena, fique na mesma altura que ela, de frente, permitindo que ela veja seu rosto.
- Se a criança ainda não fala, use uma palavra. Se fala uma palavra, use sentenças de duas palavras, e assim por diante.

• Seja divertido! Interaja com a criança usando sons onomatopeicos, músicas com melodias variadas. A aprendizagem acontece quando há diversão!

• Na interação com a criança, observe qual é o foco de interesse dela e compartilhe com ela esse interesse. Se ela está interessada em um brinquedo, faça comentários sobre o brinquedo, evitando o excesso de perguntas no início da aquisição da linguagem.

• Para facilitar o contato visual, traga o objeto de interesse da criança para perto de seu rosto.

• Estimule a curiosidade da criança, esconda um bichinho, por exemplo, e a convide para procurá-lo: "Cadê o au-au? Au-au? Au-au?"

Superdica: observe. Espere. Escute! Sua criança tem algo a dizer a você!

Referências

CYPEL, S. *Fundamentos do desenvolvimento infantil: da gestação aos 3 anos.* São Paulo: Fundação Maria Cecília Souto Vidigal, 2011.

FEIN, D. *The Activity Kit for Babies and Toddlers at Risk: how to use everyday routines to build social and communications skills.* Nova Iorque: The Guilford Press, 2016.

WEITZMAN, E. *It Takes Two to Talk – A Practical Guide for Parents of Children with Language Delays.* Toronto: Hanen Early Language Program, 2017.

WEITZMAN, E. GREENBERG, J. *Learning Language and Loving it: a guide to promoting children's social, language, and literacy development in early childhood settings.* Toronto: Hanen Early Language Program, 2002.

9

BULLYING E *CYBERBULLYING*

COMO A FAMÍLIA INFLUENCIA NA CULTURA DE PAZ?

O *bullying* e o *cyberbullying* são realidades dentro e fora das escolas, causando dores profundas a todos os envolvidos e suas famílias. Neste capítulo, ajudarei sua família a compreender os mitos e verdades sobre o *bullying* e o *cyberbullying*, visando uma parentalidade consciente e educação respeitosa.

DANIELA ROCHA

Daniela Rocha

Contatos
consultoriodanirocha@gmail.com
Instagram: @danirocha.neuropsicopedagoga
11 9 4505 5292

28 anos de experiência na área da educação. Pedagoga, neuropsicopedagoga clínica e institucional, especialista em TDAH, Inteligência Socioemocional Docente e *Bullying* Escolar. Idealizadora da formação *Coaching* Educacional na Prática, autora dos livros *Coaching para professores* e *Caixinha antibullying*. Coordenadora editorial do best-seller *Professores extraordinários: como cuidar da saúde mental e emocional do docente?* e da obra *Educação e afeto: as linguagens do amor para uma aprendizagem significativa*, ambos lançados pela editora Literare Books International. Autora do jogo da memória *Eu sei o que é bullying* e coautora do livro *Inteligência emocional na prática*.

Era uma vez... uma garota tímida. Aos quatro anos foi diagnosticada com deficiência intelectual limítrofe, e, aos 10 anos, foi matriculada numa escola particular. Ela sempre gostou de leitura, animais e música, mas poucos que estudaram com ela souberam disso.

Não deu tempo!

Ela foi vítima de intensa e repetitiva discriminação, apelidos, gozações, intimidações no recreio e exclusão.

Bullying

A garotinha dizia que seu sonho era ter apenas uma amiga.

Não deu tempo! Ela não teve chance!

Devido a suas dificuldades em se defender contra os ataques, as piadas dos colegas de classe sobre suas limitações, as proibições de se sentar próxima a outros colegas e isolamento, acabou adoecendo.

Muitos espectadores viram, e outros, por medo, fingiram não ver. Alguns diziam: "Ah, isso é brincadeira de criança!".

Enquanto a "brincadeira de criança" corria solta na escola, ela se esgotou física e emocionalmente. Dores, vômitos, tristeza, automutilação, queda ainda maior no rendimento escolar, pesadelos e falta de empatia tiveram como desfecho a sua saída da escola.

A garotinha disse aos pais não aguentar mais ser chamada diariamente, dentro da escola, por apelidos pejorativos. Não queria mais escutar as "brincadeiras" dos colegas durante o recreio, que diziam que ela provavelmente havia sido encontrada no lixo.

Saiu da escola.

Não deu tempo para que conhecessem aquela garotinha tímida e sensível que gostava de ler, de música e de animais, que desejava ter apenas uma amiga. Ela também não teve tempo de descobrir do que seus colegas gostavam.

O *bullying* tirou isso de todos eles!

Bullying é um termo da língua inglesa (*bully* = "valentão") e se caracteriza como um conjunto de atitudes agressivas, realizadas a outro(s) de maneira consciente e repetitiva por uma ou mais pessoas, sem motivo concreto. Pode aparecer por meio de agressões verbais, físicas e psicológicas, insultos, apelidos, intimidações, acusações sem veracidade, exposição ao ridículo e ofensas, fazendo com que a vítima tenha danos psíquicos, físicos, morais, materiais e emocionais, levando-o a exclusão (FANTE, 2005; MARTINS, 2005).

O *bullying* causa dor e angústia e tem o objetivo de intimidar ou agredir outra pessoa que não tem a possibilidade ou capacidade de se defender, sendo realizado dentro de uma relação desigual de forças ou de poder.

O *bullying* pode ocorrer em qualquer ambiente onde existe o contato interpessoal, seja no clube, na igreja, na própria família ou na escola.

As vítimas de agressões físicas ou verbais ficam marcadas, e essa ferida pode se perpetuar por toda a vida. Em alguns casos, a ajuda psicológica é fundamental para amenizar a difícil convivência com memórias tão dolorosas.

Sabemos que conflitos entre crianças e adolescentes são comuns, pois trata-se de uma fase de insegurança e necessidade de autoafirmação. Porém, quando os desentendimentos são frequentes e partem para humilhações, o *bullying* se prolifera. Nesses casos, tanto os pais quanto a escola precisam intervir imediatamente.

O fenômeno *bullying* pode ocorrer de forma DIRETA ou INDIRETA.

A forma direta ocorre através de agressões verbais que buscam humilhar, zombar, fazer comentários racistas ou evidenciar qualquer característica ou deficiência de um colega de forma negativa. Também pode ocorrer através de agressões físicas, como bater, chutar, tomar pertences (LEÃO 2010, p. 127) ou, ainda, extorquir dinheiro ou ameaçar fazê-lo, forçar comportamentos sexuais ou ameaçar fazê-lo, obrigar ou ameaçar os colegas a realizar tarefas servis contra a sua vontade (ALMEIDA E SOUZA, 2011).

A forma indireta "caracteriza-se pela disseminação de rumores desagradáveis e desqualificantes, visando à discriminação e exclusão da vítima de seu grupo social" (LEÃO, 2010).

Muitos especialistas buscam classificar os personagens do *bullying* para identificá-los: vítima, agressor e espectador.

Acredito que não há características físicas, sociais, religiosas e deficiências que validam qualquer criança ou adolescente a se tornar vítima de *bullying*. O *bullying* é injustificável, inaceitável, deixa marcas dolorosas, afeta o aprendizado; e suas consequências negativas na vida de todos os envolvidos e suas famílias são imensuráveis. Quando um filho sofre *bullying*, toda a família sofre junto.

Ao identificar os personagens do *bullying*, geralmente a vítima está em desigualdade de poder com seu agressor. Ela não pede ajuda imediata por medo, vergonha ou por acreditar que a culpa é dela. Sim, a vítima muitas vezes acredita que a culpa é dela por ser alta demais, baixa demais, gorda, magra, ter dificuldade de aprendizagem, ser feia, bonita, rica, pobre etc. Mas nada disso é motivo para o *bullying*.

> O agressor é aquele indivíduo que sente necessidade de demonstrar que possui poder diante de outro, controlando e reprimindo, por isso, suas vítimas são os mais frágeis e que não representam ameaça, normalmente não se identifica com ninguém, e parece não ser suscetível às frustrações.
> (ALMEIDA e SOUZA,2011)

Já o espectador é aquele que presencia toda a violência sistemática, mas se cala por medo de ser a próxima vítima ou por total falta de empatia. Por exemplo, dentro das salas de aulas, as famosas risadinhas dos espectadores frente ao *bullying* validam, apoiam e incentivam o agressor a continuar com os comportamentos desrespeitosos.

O *cyberbully* é o assédio virtual (do inglês, *cyberbullying*), uma prática que envolve o uso de tecnologias de informação e comunicação para dar apoio a comportamentos deliberados, repetidos e hostis praticados por um indivíduo ou grupo com a intenção de prejudicar o outro. Atualmente, com a larga utilização das redes sociais, muitas crianças e jovens são expostos sem autorização e ridicularizados. Isso provoca forte dor e sentimento de não pertencimento.

O *bullying* acontece no mundo real e a vítima tem maiores chances de identificar seu agressor. Já no *cyberbullying*, muitos agressores utilizam perfis falsos para garantir o anonimato, dificultando sua identificação e gerando efeitos multiplicadores gigantescos. Segundo a Dra. Ana Beatriz Barbosa Silva, os *bullies* virtuais são os verdadeiros covardes mascarados de valentões, que se escondem nas redes de "esgoto" do universo fantástico dos grandes avanços tecnológicos da humanidade.

Como identificar as vítimas de *BULLYING*

Na escola

- Sozinhos no recreio e não possuem amigos
- Sempre perto de um adulto, buscando proteção
- Dificuldade em emitir sua opinião em sala de aula
- Faltas frequentes às aulas
- Aparência triste e deprimida
- Não possuem grupos e são os últimos a serem escolhidos nas atividades
- Apresentam hematomas ou roupas rasgadas e sujas
- Materal escolar ou pertences pessoais constantemente desaparecidos
- Queda do rendimento escolar

Em casa

- Queixas frequentes de dores diversas, próximas ao horário da aula
- Mudança no estado de humor
- Poucos amigos para brincar ou convites para festas
- Gastos frequentes e altos na cantina buscando presentear agressores
- Desculpas para faltar às aulas
- Comportamentos irritadiço, triste, sonolento e ansioso
- Redução de apetite
- Descuido com sua aparência física e higiene pessoal
- Descuido com os afazeres escolares

Fonte: Caixinha Antibullying

Não é fácil compreender se seu filho é uma vítima, um agressor ou um espectador de *bullying* ou *cyberbullying*. Por isso, quero ajudar você a iniciar e estabelecer um diálogo saudável e permanente sobre o *bullying*.

Compartilho agora algumas perguntas que ajudarão toda a família a identificar comportamentos e refletir sobre as ações necessárias para construirmos um mundo mais empático e pacífico.

Diálogo saudável entre pais e filhos

1. Como você acredita que são os sentimentos das famílias que têm um filho vítima de *bullying*?

____

2. Qual foi a última vez que algo deixou você triste na escola?

____

3. Qual seria sua atitude se presenciasse um aluno da sua sala de aula sendo excluído de alguma atividade escolar por *bullying*?

____

4. Diversas vezes no nosso dia a dia podemos nos deparar com posicionamentos diferentes do nosso. Qual é seu comportamento quando você e um colega têm opiniões diferentes?

____

5. Se você tivesse um filho, o que diria a ele se descobrisse que é autor de um ato de *bullying*?

____

6. Como você acha que se sentiu aquele colega que teve sua imagem exposta sem autorização nas redes sociais?

____

7. O que você poderia fazer se presenciasse, nos próximos dias, uma situação de *bullying*, sem nenhum adulto por perto?

____

8. Como você pode falar de forma respeitosa com um colega e ouvi-lo enquanto ele fala?

____

9. Como você se sentiria se fosse intimidado diariamente na escola?

---

10. O cuidado intencional com um colega promove a segurança de que ele precisa e merece. O que você poderia fazer para cuidar de um dos seus colegas amanhã ao chegar à escola?

Se você tem um filho ou deseja tê-lo no futuro, recomendo atenção na leitura e nos dados abaixo das pesquisas.

Acompanhando o desenvolvimento de um grupo de alunos entre doze e dezesseis anos que foram identificados como agressores no fenômeno *bullying*, o pesquisador Dr. Dan Olweus constatou que 60% deles havia recebido uma condenação legal antes que completassem 24 anos de idade (FANTE, 2005).

Outra pesquisa do Centro Berkman para Internet e Sociedade, da Universidade de Harvard, revela que dados coletados entre 162 estudantes franceses, com idades entre 12 e 17 anos, mostraram que os autores de *bullying* são mais propensos a sofrer de comportamentos de dependência, como usar drogas.

Acredito que essas pesquisas podem ajudar famílias e alertar pais sobre a grande relação entre *bullying*, criminalidade e dependência química dos jovens autores de *bullying*.

Promover o desenvolvimento da educação socioemocional de nossos filhos, dentro dos nossos lares, por meio de uma educação respeitosa, fará com que tenham mais consciência social. Com o diálogo familiar, nossos filhos terão mais chances de estarem melhor preparados para os desafios da vida. Assim, viveremos na prática uma parentalidade consciente.

Desejamos um mundo melhor para nossos filhos. Um mundo sem violência, sem desigualdades sociais, sem poluição ou guerra. Mas que tipo de filhos estamos deixando para o mundo?

Superdica: é no somatório de forças entre família, escola e sociedade que podemos minimizar o ***bullying*** no mundo.

Referências

FANTE, C. *Fenômeno bullying: como prevenir a violência nas escolas e educar para a paz.* Campinas: Verus, 2012.

FELIZARDO, A. R. *Bullying escolar: prevenção, intervenção e resolução com princípios da justiça restaurativa.* Curitiba: Intersaberes, 2017.

ROCHA, D. *Caixinha antibullying.* São Paulo: Matrix, 2019.

SILVA, A. B. B. *Bullying: mentes perigosas nas escolas.* São Paulo: Globo, 2015.

10

VOCÊ SE EXIGE DEMAIS?

PERFECCIONISMO

Quantas cobranças e exigências fazemos, impactando nossas vidas? Este capítulo aborda o perfeccionismo com o intuito de elucidar e orientar a respeito desse tópico, ajudando o leitor a identificar a influência do perfeccionismo em nosso desenvolvimento pessoal e em nossos relacionamentos.

ELAINE CORRÊA DE OLIVEIRA

Elaine Corrêa de Oliveira

Contatos
correaelaine2305@gmail.com
Instagram: @elainecorrea_psicologa
11 99779 8745

Mãe do amado Henrique, de 21 anos. Psicóloga clínica, atua, há mais de 10 anos, em atendimentos de crianças, adolescentes, adultos e orientação familiar. Especialização em Terapia Cognitivo-comportamental, formação em Practitioner em Programação Neurolinguística, e especialização em Orientação Familiar. Coautora do livro *Orientação familiar: teoria e prática*, capitulo "Autocriticismo", da editora Literare Books. Palestrante no Congresso de Orientação Familiar, coordenadora do projeto Ser Criança (programa de habilidades socioemocionais) e palestrante do projeto Construindo Identidade - ITK Treinamentos.

Quando pensamos em perfeccionismo, somos remetidos a um padrão de ações ou cobranças. Há uma necessidade de que tudo seja perfeito, somos detalhistas conosco e com nossos filhos ou pessoas com as quais nos relacionamos.

Há uma grande tendência em focarmos no que acreditamos ter um ganho com o nosso perfeccionismo. "Mais organização", "mais foco", "mais dedicação", "ser mais minuciosa", "se cobrar mais". Essas nos limitam e comprometem algumas relações. Irei desmistificar esse perfeccionismo e oferecer recursos para lidar com ele.

Perfeccionismo

Para a psicologia, o perfeccionismo é um traço de personalidade que se caracteriza por um padrão de desempenho irrealista, com um grau excessivo de senso crítico e exigências.

A origem da palavra "perfeição" advém do latim: "perfecto", "ação de deixar algo finalizado". O perfeccionismo surge quando a autoavaliação negativa se une a critérios estabelecidos (e que não são atingidos) para a finalização de um objetivo. Traz, ainda, a aplicação de altos e exigentes padrões ou critérios de desempenho.

Este é um traço de personalidade composto por vários aspectos:

- Alto nível de exigência.
- Preocupação excessiva em cometer erros.
- Alto nível de dúvidas sobre ações.
- Excesso de organização.
- Frustração com objetivos ou tarefas executadas.
- Preocupação excessiva com a opinião dos outros.
- Autossabotagem.

O perfeccionismo não é negativo ou positivo por si só; isso será determinado de acordo com suas nuances. Pode ter aspectos adaptativos ou desadaptativos, então sua "positividade" ou "negatividade" depende do grau em que se apresenta, do contexto e da interação com os outros traços da personalidade.

O perfeccionismo pode ser conceituado e apontado a partir de diversos pontos de vista. É uma característica que foi e continua sendo objeto de estudo em psicologia, devido à sua variedade de manifestações e complexibilidade.

Vou dividir o perfeccionismo em dois fatores: **preocupações perfeccionistas** e **esforços perfeccionistas.**

Preocupações perfeccionistas: a preocupação pode ser uma prevenção, ou uma ideia fixa que pode gerar sofrimento. Nesse aspecto, a preocupação perfeccionista segue a linha do perfeccionismo negativo ou disfuncional, associado diretamente com a preocupação em cometer erros. Associa-se também a uma exigência social que normalmente nos é imposta, pois temos uma autocritica elevada e uma discordância entre nossas exigências pessoais e o resultado ou padrões que alcançamos. Há um descontentamento com qualquer resultado alcançado, independentemente de ser positivo ou atender o que almejávamos.

É considerado perfeccionismo desadaptativo por conta de sua relação com o desencadeamento de ansiedade, transtornos alimentares, transtorno obsessivo-compulsivo, depressão e outros.

É desencadeador de pensamentos disfuncionais, que são uma forma de pensar que nos mostra uma realidade distorcida, um olhar negativo pessimista, autossabotador.

Chamados também de distorções cognitivas ou crenças disfuncionais, esses pensamentos estão tão inseridos em nossa compreensão, que são aceitos como uma regra, uma verdade, e por isso nos comportamos de acordo com esses pensamentos.

Para compreendermos e entendermos quando nossos pensamentos são disfuncionais, precisamos prestar atenção em suas características e identificar se são sabotadores. São sabotadores quando são negativos, repetitivos, exagerados e não nos ajudam a solucionar o problema, sendo provavelmente associados a emoções como culpa, vergonha e sensação de inferioridade. São desestimulantes quando tiram seu ânimo ou coragem de buscar novas oportunidades de agir.

Algumas características comuns desses pensamentos são:

Pensamento catastrófico "se eu cometer um erro, não vão se relacionar comigo".

Pensamento dicotômico (tudo ou nada): "tive um fracasso em algo simples, então, fracassei para tudo".

Aqui se enquadram as pessoas com uma personalidade perfeccionista com algumas características como baixa tolerância à frustração (algumas vezes com reações exageradas), tristeza excessiva por pensar que fracassou, raiva ao perceber que um resultado foi inferior ao esperado.

Apresentam um perfeccionismo obsessivo, controlando excessivamente seu desempenho na busca de um "excelente resultado". São demasiadamente sensíveis à críticas e possibilidades de erros, apresentam uma baixa autoestima e se julgam com pouca capacidade e habilidades em um contexto geral.

Esforços perfeccionistas: o esforço é uma intensificação e empenho de forças físicas e intelectuais com o objetivo de conseguir um melhor resultado.

O esforço perfeccionista vai nessa linha, caracterizado pelo aspecto positivo que pode ser saudável no perfeccionismo. Está diretamente ligado a realizações, objetivos, metas, melhorias, aprimoramento ou superações (pessoal, familiar, profissional etc).

Está associado à adaptabilidade, em que estabelece objetivos ou metas altas, porém alcançáveis, realizáveis e condizentes com o grau ou critérios de exigências, sem ser excessivo ou rígido. Tendem a uma ordem e organização. Essa pessoa tem consciência de seus limites, buscando assim uma superação pessoal e o alcance de uma "excelência".

Quando não atingem a meta, procuram manter-se motivadas com esforços e ambição, não se deixando tomar pela sensação de fracasso ou uma autoavaliação negativa. Afinal, quando há um perfeccionismo obsessivo, podem ser desencadeados problemas psicopatológicos que afetam a vida social, pois levam a comportamentos hostis, altas cobranças internas e opiniões divergentes de outros.

As pessoas com elevado grau de perfeccionismo apresentam um excesso de comportamentos de verificação e planejamentos, criando um vínculo entre perfeccionismo e ansiedade.

Transtorno de personalidade obsessiva

No Transtorno de Personalidade Obsessiva, a pessoa valoriza e foca em estilos de comportamentos que valorizam e favorecerem resultados de trabalhos altamente produtivos. São muito minuciosas e perfeccionistas, organizadas e competentes. Costumam ocupar cargos de liderança ou se destacar em funções especificas, sendo também muito capazes no trabalho. Fazem as tarefas da melhor maneira possível, tendem a não dedicar espaço e tempo para o lazer, porque, no seu esquema de pensamentos, folga ou lazer significam perda de um tempo que poderia ser produtivo.

Costumam medir o resultado e a satisfação do seu comportamento de acordo com seus valores e grau de exigência, procuram organizar ao máximo o que está ao seu alcance e planejam, tendem a não ser flexíveis ou correr risco. Podem guardar grande quantidade de objetivos que, embora sejam inúteis, são reforçados pelo pensamento "um dia pode ser útil". Dedicam pouco tempo a relações familiares e de amizade, porém, costumam cuidar para que as pessoas próximas tenham as necessidades básicas asseguradas.

Quando essas características da personalidade obsessiva são extremas, propiciam condutas desadaptativas que fazem os comportamentos e ações serem ineficientes e ineficazes, perturbando de uma forma intensa o funcionamento da pessoa e sua vida em geral.

O que diferencia o estilo da personalidade perfeccionista do transtorno de personalidade obsessiva é a gravidade dos sintomas que os caracterizam.

No caso do perfeccionismo interferir na vida cotidiana da pessoa, podemos falar de transtorno de personalidade obsessiva. O estilo de personalidade perfeccionista (inclusive valorizado por sociedades ocidentais) pode impulsionar a individualidade, estilos de liderança e competitividade. Lembre-se da diferença entre esse padrão seguir uma adaptabilidade ou não ser adaptativo, pois essa diferença é de suma importância na identificação do transtorno.

Causas e fatores desencadeadores do perfeccionismo

1. Meio ambiente: vive-se em um ambiente onde há muita cobrança e pressão para a "perfeição". Também há excesso de elogios, fazendo a pessoa adotar esse padrão de reconhecimento e criar uma dependência em ser elogiado ou reconhecido.
2. Ser humilhado ou ridicularizado na infância, desencadeia uma baixa autoestima, fazendo-nos buscar compensação por meio de um alto desempenho.
3. As comparações perduram até na fase adulta, em que a pessoa fica se comparando e buscando modelos de pessoas de sucesso, invalidando seus pontos fortes e virtudes.
4. Seguir modelos de pessoas perfeccionistas: pai, mãe, avô, avó, tios etc.
5. Escolas com padrões muito exigentes ou autoritários também podem contribuir para a potencialização do perfeccionismo.
6. Ter baixa tolerância à frustração pode colaborar para a não aceitação de um resultado, se não for o esperado.
7. Crescer em um ambiente com cultura de competitividade, onde as pessoas só são valorizadas ou reconhecidas através de resultados de "sucesso".

A influência do ambiente

Como pais, é importante sabermos que os comportamentos que temos com nossos filhos, interferem no desenvolvimento de um padrão de comportamento perfeccionista.

Ser carinhoso e emocionalmente disponível para com seus filhos contribui para que sejam capazes de administrar erros e a se tornarem seguros para aceitar, arriscar e agir. Quando ocorre o inverso, com distanciamento, frieza, rigidez, excesso de autocriticismo e falta de apoio e diálogo, contribuímos para o desenvolvimento de baixa autoestima, insegurança, medo de arriscar, baixa tolerância à frustração e perfeccionismo.

Porém, não são só os pais que podem favorecer o desenvolvimento de uma personalidade perfeccionista. Esse traço de personalidade pode ser estimulado e adotado por uma pessoa que se encontra em algum contexto que pode forçar a adoção desse perfil perfeccionista, como o ambiente profissional ou escolar liderado por perfeccionistas, relações estressantes e cobranças excessivas e desumanas.

Vale estar atento à relações e fatores ambientais.

Orientações aos pais e responsáveis

Verifique suas crenças: pessoas perfeccionistas se enganam ao acreditar que a perfeição trará consequências duradouras e benefícios eternos, e que abrir mão do perfeccionismo causará perda de motivação e adoção de padrões mais baixos (LEAHY, 2019).

Avalie sua autocobrança: ter um traço de personalidade perfeccionista significa querer fazer as coisas com um grau elevado de qualidade. Isso pode ser considerado positivo, porém, buscar excessivamente a perfeição é algo utópico e sofrido. Cuidado com as cobranças.

Observe seus pensamentos: se esses são negativos e sabotadores quando ocorrem, avalie se são exagerados, repetitivos, insistentes ou inúteis. Pratique a correção de pensamentos (disponível no QR code).

Orientações para pais

- Observe se você cobra demais, exigindo ou estabelecendo padrões de excelência para seu filho. Deixe claro que você o apoia e ama independentemente dos resultados.

- Oriente e participe de alguma atividade que seu filho não vá atingir o melhor resultado, mas incentive-o a validar e reconhecer o resultado alcançado.
- Suprima jargões como: "Você vai conseguir um 10", "Você é o melhor", "Você sempre consegue". Isso pode ser interpretado como pressão para manter um ótimo desempenho. Em vez dessas frases, incentive-o a colocar o esforço suficiente para aprender, não focando na nota, e sim no aprendizado.
- No caso de seu filho estar "obcecado" em estudo ou outras tarefas, oriente-o a ter pausas, balancear com outras atividades de lazer e relaxar.
- Mostre situações em que pessoas conseguem vencer através de algumas tentativas, superando falhas e fracassos.
- Mostre situações em que as pessoas fracassam e está tudo bem.

Dê exemplos seu, mostre como é possível ter uma vida com mais leveza e alcançar objetivos e bons resultados.

Se necessário, busque ajuda de um profissional de psicologia ou psiquiatria.

Enfim, o perfeccionismo precisa ser observado e cuidado. Pratique a compaixão.

Superdica: não precisa ser perfeito para ser bom.

Referências

ALABAU, I. *Perfeccionismo na psicologia*. Disponível em: <https://br.psicologia-online.com/perfeccionismo-na-psicologia-causas-e-como-supera-lo-657.html.> Acesso em: 10 nov. de 2022.

A MENTE É MARAVILHOSA. *A mente é maravilhosa - revista de opinião e entretenimento, sobre temas relacionados a psicologia, filosofia e arte*. c.2022. Página inicial. Disponível em: <https://amenteemaravilhosa.com.br/>. Acesso em: 16 nov. de 2022.

GARCÍA-FERNANDÉZ, J. M.; INGLÉS, C. J.; VICENT, M.; GONZÁLVEZ, C.; GÓMEZ-NÚNES, M. I.; POVEDA-SERRA, P. *Perfeccionismo durante a infancia e a adolescencia*. <https://www.sciencedirect.com/science/article/pii/S2171206916000028>. Acesso em: 10 nov. de 2022.

11

DESATENTOS? HIPERATIVOS? A IMPORTÂNCIA DO DIAGNÓSTICO DIFERENCIAL DO TDAH NA INFÂNCIA E ADOLESCÊNCIA

Neste capítulo, desejo abordar sobre a importância do diagnóstico diferencial do TDAH, analisando o filme *Impulsividade*. Relacionarei as características do TDAH com o personagem Justin Cobb, abrindo um espaço de reflexão e informação para os pais e cuidadores lidarem melhor com o transtorno.

ELIANE CALHEIROS CANSANÇÃO

Eliane Calheiros Cansanção

CRP 15/0067

Contatos

www.cdpec.com.br

ec.cansancao@hotmail.com

Instagram: @cdpec / @elianecansancao

Facebook: @eliane cansanção

82 99302 2886

Psicóloga Clínica (CESMAC/AL). Psicoterapeuta de crianças e adolescentes, realiza orientação familiar, atendimento de psicopedagogia clínica (E.Psi. BA/B.A e F. Pio X/SE) e orientação vocacional/profissional. Formação internacional em Pedagogia Sistêmica (ISPA/Alemanha e Conexão Sistêmica/SP). Especialista em Pedagogia Sistêmica (CUDEC/México e F. Innovare/SP). Realiza supervisão psicopedagógica, orientação em pedagogia sistêmica e formação de professores. Coordenadora do Centro de Desenvolvimento Pessoal Eliane Cansanção (www.cdpec.com.br) e cocoordenadora do Centro de Estudos de Psicopedagogia e Pedagogia Sistêmica de Maceió (www.cesppma.com.br). Coautora de capítulos nos livros: *Orientação Familiar vol. 1: teoria e prática* (Literare Books International) e *Um início de caminho: a inteligência aprisionada*, e artigos em revistas: *Um olhar da escola para os pais*, *Autonomia de pensamento e psicopedagogia* e o *Desenho infantil: um olhar psicopedagógico* (E.Psi.BA).

A capacidade de atenção é uma construção subjetiva própria da época e do contexto que se vive".
ALICIA FERNÁNDEZ

A falta de atenção (TDA) e a hiperatividade (TDAH) na infância e na adolescência impulsionadas pela pandemia da covid-19 (2020/2022), caminham, hoje, em ordem crescente. São frequentes as queixas nos consultórios psicológicos e psiquiátricos, sendo um dos maiores problemas enfrentados pela família e professores em sala de aula.

Na prática clínica, observo que os pais ou responsáveis chegam ao consultório trazendo os sintomas do TDAH que o filho apresenta e com a ideia que a medicação pode resolver. Precisam conhecer sobre o TDAH e a importância de um diagnóstico diferencial para que seu filho receba o tratamento integral mais adequado ao caso.

Diante desses desafios pergunto:

"O que é Transtorno de Déficit de Atenção e Hiperatividade (TDAH)?".

"O que os pais e responsáveis devem conhecer sobre o diagnóstico do TDAH?".

"Qual o papel da família no tratamento do TDAH?".

"O que mostra o filme Impulsividade sobre o TDAH?".

O diagnóstico do TDAH deve ser realizado por uma equipe multidisciplinar com neurologistas, psiquiatras, psicólogos, psicopedagogos e professores em conjunto com os pais. Segundo Mora (2022, p. 3), "o TDAH ou Transtorno de Déficit de Atenção e Hiperatividade é uma síndrome muito mal diagnosticada no sentido de que se confunde com outras síndromes", que são as comorbidades.

Este capítulo tem como objetivo refletir, informar aos pais e professores sobre a importância do diagnóstico diferencial do TDAH, junto à análise do filme *Impulsividade* (Mike Mills, 2005) e buscando relacionar as características do TDAH com o personagem Justin Cobb (Lou Tylor Pucci), que possui destaque na história do filme. Pretendo abrir um espaço de reflexão e informação para os pais e professores pensarem sobre os modos como estão lidando com os sintomas do TDAH, com um olhar para a família, a escola e a sociedade.

Análise do filme *Impulsividade*: características do TDAH com um olhar para a família, a escola e a sociedade

As transformações que há décadas ocorrem no mundo se refletem nos padrões de comportamento das pessoas.

A pandemia da Covid-19 (2020/2022) gerou um impacto no comportamento das pessoas devido à mudança brusca de hábitos, como o isolamento social, a iminência da morte e as perdas econômicas, aumentando os problemas de saúde mental.

Os problemas do TDAH podem fazer com que crianças com tendências biológicas para o transtorno, em um ambiente de excesso de estímulos, sem contenção e limites, desencadeiem processos que afetam o desenvolvimento emocional, cognitivo, social e a dinâmica familiar.

O Transtorno de Déficit de Atenção e Hiperatividade (TDAH) ou distúrbio de déficit de atenção (DDA) é considerado uma condição neurológica com sintomas disciplinares e comportamentais.

A angústia e o sofrimento dos pais de crianças e adolescentes com TDAH é visível em seus relatos. Eles precisam de mais informações sobre o assunto e orientação sobre o comportamento apresentado por seu filho para melhor conduzir o problema.

Realizo uma análise do filme *Impulsividade*, baseado no romance de Walter Kim, cujo título original é *Thumbsucker* ("chupar o dedo"). É um drama com direção e roteiro de Mike Mills (2005) que permite abrir um espaço de reflexão e perguntas para compreender algumas características do TDAH, por meio do cinema, uma arte que também é fonte de conhecimento com o olhar para saúde mental.

No filme, observa-se que Justin Cobb (17 anos) ainda chupa o dedo e tem ansiedade, medo, impulsividade, falta de atenção, insegurança, regressão, baixa tolerância a frustração, exclusão, dificuldade de aprendizagem, compulsividade, manias e diversos sintomas sociais.

O hábito de chupar o dedo causa um grande desconforto aos pais e, em especial, ao pai, que não consegue olhar o que realmente está acontecendo com o filho e não procura orientação especializada. Quando a ansiedade de J.C. aumenta, ele vai para o quarto, em casa; ou para o banheiro, na escola, para chupar o dedo. Um comportamento de regressão diante de suas angústias.

Suas dificuldades também são reflexos dos conflitos mal resolvidos dos pais, que mais parecem adolescentes. J.C. chama os pais pelo nome – porque eles não querem se sentir velhos – e procura ajuda do seu dentista para eliminar a mania por meio da hipnose; sem sucesso.

Na escola não consegue acompanhar os estudos, é criticado pelo professor que não o escuta e só fala em competitividade. O colégio convoca os pais para uma reunião e a diretora fala que ele é "diferente", mas também promissor. Pergunta aos pais se já haviam percebido as manias, e acrescenta que ele é hiperativo, desatento. Finaliza orientando os pais a iniciarem o tratamento medicamentoso com ritalina, sendo apoiada pelo professor.

Os pais não concordam com a medicação, então, a diretora repete a relação de características de J.C. e pergunta a ele: "J., você já suspeitou que é diferente dos outros adolescentes? Que não é tão paciente, não consegue terminar o que começou?". E ele responde: "um pouco". A diretora comenta que isso "é clássico de jovens hiperativos. Esse problema vai prejudicar sua entrada na universidade". J.C. decide tomar a medicação para ver se "melhora em tudo".

No filme, observa-se que não houve espaço para perguntar sobre o que acontecia a J.C. Ele não foi encaminhado a uma avaliação multidisciplinar para diagnosticar o problema e a melhor intervenção. O tratamento de TDAH deve incluir, além da medicação, o desenvolvimento das habilidades, das funções executivas e a orientação aos pais.

No decorrer do filme, J.C. começa a se sentir confuso, foge dos conflitos e sai procurando uma garota que usa drogas. Sempre que se sente angustiado, repete a conduta. Mostra-se agressivo, com dificuldade de relacionamento e inseguro.

Os resultados dos exames da universidade chegam com a aprovação de J.C., e seus pais ficam surpresos porque não acreditavam que ele poderia conseguir. Tinham-no orientado a não fazer a inscrição do curso. J.C resolve partir para a universidade, e no avião sonha e chupa o dedo levando consigo sua história, seus conflitos e dificuldades. (Veja as atividades no QR code).

Diagnóstico diferencial e as comorbidades

A Associação Brasileira de Déficit de Atenção (ABDA, 2021) define o TDAH como um "transtorno neurobiológico, de causas genéticas, que aparece na infância e frequentemente acompanha o indivíduo por toda a vida". Pode apresentar sintomas como déficit de atenção, hiperatividade, impulsividade e desregulação emocional, sendo o tratamento feito com medicamentos antidepressivos e psicoestimulantes, além do acompanhamento psicológico, psiquiátrico, psicopedagógico e orientação aos pais e professores.

O diagnóstico do TDAH é realizado a partir de exames clínicos, para analisar as características comportamentais que podem indicar vários transtornos ao mesmo tempo, as denominadas comorbidades. Essas são frequentes e podem acompanhar os sintomas de distúrbios do sono, linguagem, transtorno desafiador de oposição (TDO), transtorno de conduta (TC), depressão, ansiedade, problemas de aprendizagem, tiques, uso de álcool, cigarro e outras substâncias.

Estanislau e Mattos (2014) também afirmam que as comorbidades interferem no diagnóstico "porque transtornos diferentes podem ter sintomas parecidos" (2014, p. 159).

No filme Impulsividade, fica claro que J.C. não passou por um diagnóstico multidisciplinar, não teve um espaço de escuta, nem um diálogo com os pais. Fez uso da medicação por decisão própria com a ideia de que resolveria o problema, o que o levou ao uso de outras substâncias como o álcool e drogas; sem um enquadramento do tratamento a ser seguido; e os pais ficaram sem uma orientação sobre como conduzir o problema (confira o QR code).

Em 2021 foi aprovada a Lei 14.254 para atender à demanda de pessoas com TDAH, dislexia e outros transtornos de aprendizagem na escola.

TDAH – olhando além dos sintomas

O mundo em que vivemos é repleto de desafios, estresses e incertezas, com mudanças em diversas áreas: pandemia da covid-19, guerras, violências, e até a revolução tecnocientífica. Esses novos paradigmas nos levam a pensar, a olhar o TDAH para além dos sintomas.

Segundo Fernández (2012), psicopedagoga, a criança pode estar inquieta por diversos motivos: por uma inteligência ativa e questionadora, falta de resposta no meio familiar e/ou escolar, problemas de ordem emocional ou psicopedagógica e até por patologias orgânicas que requerem medicação como complemento da abordagem psicoterapêutica. A profissional coordenou um projeto de pesquisa SPPA: Situação Pessoa Prestando Atenção (EPisiBA), com o objetivo de explorar as modalidades atencionais e suas alterações no contexto familiar e escolar (confira no QR code).

Franzin (2016) destaca a atuação da pedagoga sistêmica, Angelica Olvera (CUDEC), que indica que um dos problemas encontrados nas escolas, hoje, se refere à atenção das crianças. Então, pergunta: "Onde está a atenção da criança que não pode se concentrar na escola? Para onde olha? O que a preocupa?" Pais e professores precisam fazer essas reflexões.

Delboni (2022) percebe que existe um agravante que corresponde às manifestações da covid-19, as quais se confundem com sintomas de déficit de atenção e hiperatividade. Crianças e adolescentes podem persistir com fadiga, distúrbio do sono, dificuldade de memória e déficit de atenção e cognitivo. Assim, é preciso ampliar o olhar na hora de diagnosticar o TDAH, questionar e orientar a família.

Orientações aos pais

Devido à complexidade do diagnóstico do TDAH e à importância da família na participação do tratamento do filho, os pais precisam tomar consciência da importância de um diagnóstico multidisciplinar, para confirmar os sintomas e conhecer as qualidades e os talentos do seu filho.

Com o diagnóstico confirmado, é preciso acolher, orientar os pais e familiares diante da angústia e dificuldade em lidar com o comportamento inquieto e inconstante do seu filho (confira QR code).

Orientações para as escolas

Crianças e adolescentes com TDAH desafiam os professores e educadores a implementarem mudanças de postura em sala de aula. O professor deve ficar no seu lugar de professor e acolher, escutar o aluno com sua demanda. Deve se valer de estratégias específicas, afetividade e tolerância, estabelecendo uma melhor relação com seu aluno. Sendo o professor muito importante nesse processo, devido às dificuldades de aprendizagem que surgem, seu papel é também evitar os altos índices de evasão escolar (confira o QR code)

Ser professor já é um grande desafio, e ensinar uma criança com TDAH impõe ainda mais desafios, porque é um transtorno de diagnóstico complexo. O professor precisa estar fortalecido em sua subjetividade para exercer seu papel e seguir com mais leveza na caminhada.

Superdica: conheça, acolha, confie e escute seu filho. Olhe para a vida, tudo vai fluir com mais leveza.

Referências

ABDA – Associação Brasileira de Déficit de Atenção. Disponível em: <https://tdah.org.br>. Acesso em: 21 set. de 2022.

BRASIL. Lei n.14.254, de 30 de novembro de 2021. Dispõe sobre o acompanhamento integral para educandos com dislexia ou Transtorno do Deficit de Atenção com Hiperatividade (TDAH) ou outro transtorno de aprendizagem. Disponível em: <https://www.in.gov.br/web/dou/-/lei-n-14.254-de-30-de-novembro-de-2021-363377461>. Acesso em: 25 out. de 2022.

DELBONI, C. Diagnóstico de TDAH nas escolas é controverso. *Estadão*, 29 ago. de 2022. Disponível em: <https://emais.estadao.com.br/blogs/kids/diagnostico-de-tdah-nas-escolas-e-controverso/>. Acesso em: 26 set. de 2022.

ESTANISLAU, G. M.; MATTOS, P. Transtorno de déficit de atenção/hiperatividade. In: ESTANISLAU, G. M., BRESSAN, R. A. (Org.). *Saúde mental na escola: o que os educadores devem saber*. Porto Alegre: Artmed, 2014.

FERNANDÉZ, A. *A atenção aprisionada: psicopedagogia da capacidade atencional*. Porto Alegre: Penso, 2012.

FRANZIN, A. *Pedagogia sistêmica aponta o afeto como uma das causas do TDAH infantil*. Disponível em: <https://memoria.ebc.com.br/infantil/para-pais/2016/04/amor-aos-pais-pode-ser-causa-de-tdah-segundo-pedagogia-sistemica>. Acesso em: 03 out. de 2022.

GIROTTO, P. *Como ajudar meu filho com TDAH?* Disponível em: <https://drapaulagirotto.com.br/tdah-da-infancia-ate-a-vida-adulta/>. Acesso em: 01 fev. de 2023.

IMPULSIVIDADE. Direção: Mike Mills. Estados Unidos: Sony Pictures Classics, 2005. 1 DVD.

MORA, F. *Precisamos usar todo o nosso cérebro (entrevista concedida a Ana Soteras)*. EFE: Salud. Madrid, 6 de nov. de 2018. Disponível em: <https:// efesalud.com/francisco-mora-cerebro-neurociencia/>. Acesso em: 3 de out. de 2022.

SALINE, S. *TDAH – tudo o que seu filho com Transtorno de Déficit de Atenção e Hiperatividade quer que você saiba*. São Paulo: Buzz, 2021.

12

PARA ESTAR BEM, O QUE PRECISAMOS PARA APRENDER?

As crianças trazem consigo um enorme desejo de crescer, que faz parte de um sistema cerebral complexo no campo químico e emocional. Cabe a nós, pais e profissionais, o dever de ajudá-las a caminhar. Acredito ser de suma importância conhecermos como as crianças aprendem e quais possibilidades existem tanto no aprendizado escolar quanto em um contexto geral da vida.

FERNANDA LIMA LUGGERI

Fernanda Lima Luggeri

Contatos
flimaluggeri@gmail.com
Instagram: @psi_limaluggeri
11 99258 2909
11 5084 3568

Psicanalista e neuropsicopedagoga, trago de forma lúdica, construtiva e interativa o entendimento das emoções. Minha clínica analítica atua com os fundamentos da psicanalista e artista Melanie Klein, portanto, utilizo cores, livros, atividades, jogos e brinquedos. Graduada em Pedagogia pela Universidade Anhembi Morumbi, estou na área infantil desde 1990. Atuei como professora e, hoje, sou também consultora escolar. Pós-graduada em Gestão de Pessoas pela Universidade de Santo Amaro, em Neuropsicopedagogia pela Unimax e em Psicanálise pela Escola Paulista. Fiz, também, alguns cursos de aperfeiçoamento, como o *Teen Coaching*. Sou especialista em DISC para jovens e em diversas avaliações neuropsicopedagógicas. Participo da comunidade Livroterapia e sou voluntária do HSP e Seara Bendita.

Precisamos compreender, mesmo que resumidamente, como o cérebro funciona. O encéfalo consiste no cérebro, no tronco cerebral e no cerebelo, órgão que controla a maioria das atividades do corpo ao mesmo tempo em que processa, integra e coordena as informações que recebe do sistema sensorial, tomando soluções quanto às instruções transmitidas pelo resto do corpo. A massa cinzenta, localizada e protegida pela caixa craniana, apresenta dois hemisférios, esquerdo e direito, e ambos "conversam" por meio do corpo caloso. Embora os hemisférios esquerdo e direito sejam bastante semelhantes em formas e funções, algumas diferenças estão associadas especificamente a um lado: a linguagem à esquerda, a habilidade viso-espacial à direita. Cada hemisfério é dividido em quatro lóbulos cerebrais (frontal, temporal, occipital e parietal), e o lóbulo temporal faz o gerenciamento da memória juntamente com o hipocampo, responsável pela memória, emoções e aprendizado.

Para aprendermos, precisamos de atenção, concentração e fixação em determinada informação. A atenção é a habilidade de escolher e se concentrar em um estímulo relevante, um processo cognitivo que permite escolhermos e reagirmos. É na concentração que a pessoa tem a capacidade de manter seu pensamento num único assunto com disciplina, sem permitir que esse se desvie para outras coisas.

A atenção pode ser seletiva, alternada, sustentada e concentrada:

- A atenção seletiva nos mantém focados durante uma atividade contínua e repetitiva, quando a mente está focada em uma mesma tarefa por um longo período, sem distração.
- A atenção alternada é a alternação entre diferentes tarefas que exigem diferentes níveis de concentração e compreensão.
- A atenção sustentada nos ajuda a manter o foco atencional em determinado estímulo.
- Por fim, a atenção concentrada é caracterizada pela concentração do cérebro em apenas uma atividade, excluindo todos os estímulos ao redor. E é na concentração que a pessoa tem a capacidade de manter seu pensamento num único assunto.

Essas habilidades são importantíssimas para fixarmos na memória imagens, conteúdos e fatos e falarmos o que foi interiorizado, assimilado e aprendido. A atenção e a concentração nos levarão para o caminho da fixação e memorização das informações quando necessário. Então, podemos aprender sem a memória? Não, não há possibilidade de efetuar o aprendizado sem memórias, pois precisamos delas para manter as informações em nossa consciência por algum tempo e criar condições para seu arquivamento permanente.

Utilizamos a memória de curto prazo apenas durante a execução de determinada tarefa, e a memória de longo prazo retém nos neurônios, de forma definitiva, a informação, permitindo sua recuperação ou evocação do nosso conhecimento. Porém, não temos somente essas duas memórias. Temos também a memória semântica, responsável por consolidar o conhecimento do mundo à nossa volta por meio de palavras, permitindo a comunicação pela linguagem verbal. A memória episódica refere-se a nossa experiência de vida, cronológica, localizados na memorização de eventos autobiográficos, associados com o tempo, e emoções, associadas com pessoas e lugares.

Por fim, tão importante quanto às demais memórias no processo do aprendizado, a memória sensorial é aquela que nos permite reter as informações que chegam nos nossos seis sentidos: visual, auditivo, gustativo, olfativo, tátil e proprioceptivo. Para ilustrar melhor, o ato de brincar ou cantar seria uma forma de exercitar as memórias das crianças, pois consolida a memória de longo prazo e gera aprendizado. O aprendizado somente acontece quando repetimos a ação, elaboramos e, então, a consolidamos em nossa memória. É por isso que as crianças veem o mesmo filme inúmeras vezes, e é por isso que nós, adultos, repetimos as ações até aprendermos, como em uma coreografia ou aulas de direção.

Nesse caminho do aprender, a emoção é muito relevante. O cérebro possui a amígdala, que é o centro nervoso regulador dos processos emocionais. As emoções positivas nos proporcionam um circuito recheado de dopamina (os neurocientistas chamam de dopaminérgicos). Esse circuito está envolvido no fenômeno da motivação, fundamental para o aprendizado. Você já ouviu falar que quanto mais motivado, mais você aprende? É a mais pura verdade!

A partir desse ponto, percebemos a relevância do reforço positivo familiar e escolar no processo do aprendizado das crianças, mas o oposto é também verdadeiro: o reforço negativo atrapalha o aprendizado, fazendo com que o aluno perca o interesse por aprender.

O problema é que o cérebro tem medo da dificuldade do aprendizado, e o medo é um fator extremamente estressante que libera no corpo adrenalina e cortisol. O cortisol bloqueia o hipocampo, prejudicando a memória ou o recordar da memória, alertando a resposta de fuga. O hipocampo está nos lóbulos temporais, tanto do lado direito quanto do lado esquerdo, abaixo da superfície cortical, e é considerado o principal local de armazenamento temporário da memória, principalmente a memória a longo prazo. Faz parte do sistema límbico, que é o conjunto de estruturas responsáveis pelas emoções. Ou seja, dificilmente há processo de aprendizado quando estamos com medo. Lembra do famoso apagão no dia da prova? É o bloqueio do sistema límbico e do hipocampo. Medo, estresse e pânico fazem a memória falhar, então, você não se lembra do conteúdo programático, o que gera mais nervosismo e torna o "apagão" ainda pior. É como um ácido corrosivo que rompe toda a transmissão dos neurônios.

Você lembra da professora que elogiava você? Essa profissional, talvez sem saber do sistema límbico, conduzia da melhor forma o reforço positivo, provavelmente com amor, dedicação e empatia. Ela percebia que o reforço positivo e a afetividade traziam grandes evoluções para seu aprendizado.

Orientações às famílias

Uma criança por volta dos seus cinco anos pode ler um letreiro na rua, comparar a letra de seu nome com algum objeto, escrever as primeiras letras. Podemos observar sua emoção ao ler uma sílaba. O processo inicial da alfabetização ou pré-alfabetização está contido no processo do aprendizado, que somente acontece efetivamente com a participação da família afetiva. O primeiro núcleo familiar é extremamente fundamental em todos os passos do desenvolvimento humano, incluindo o fluxo da aprendizagem. Com toda minha experiência no campo humano, posso ressaltar que o lindo caminho do aprendizado acontece muito mais facilmente quando conta com o afeto e a participação da família.

Na clínica, escuto relatos de crianças e adolescentes que sentem medo das avaliações/provas e se queixam de não possuir apoio nesses momentos. O apoio familiar precisa acontecer positivamente para o desenvolvimento da autoconfiança, gerando motivação para aprendizagem, mesmo que a nota não seja "tão boa". É evidente a melhora dos pacientes nos atendimentos clínicos quando há efetivo reforço positivo, tanto no contexto familiar quanto no escolar. Queridos pais, suas crianças e adolescentes gostam e precisam da presença e do apoio afetivo de vocês.

Tenho um paciente diagnosticado com dislexia e TDAH, o que exigiu uma abordagem diferente. Para ele, utilizei o livro *Autoestima de A a Z*, buscando incentivar a leitura contínua e fortalecer sua autoestima. Criamos um miniprojeto, desenhando, pintando e bordando o boneco contido no livro, o simpático duende. Aproveitei também a excelente coordenação motora fina (práxia fina) do paciente; ele era ótimo em desenhar e pintar, construindo formas e desenhos geométricos com muita facilidade, mesmo ainda tendo pouca idade.

O paciente ficou muito satisfeito com todo projeto, nomeou o duende como Zacarias. O miniprojeto tem o intuito de motivar a criança a ler, um pouco a cada dia, e completar suas metas; apesar das dificuldades da escrita e leitura que a dislexia traz e apesar da baixa dopamina típica do TDAH, que faz o paciente ter pouca motivação para terminar suas atividades. O desenho e a pintura foram os facilitadores motivadores da execução do projeto, e a apresentação do trabalho para os pais na presença da criança também fez toda a diferença, pois o paciente recebeu elogios por todas as metas alcançadas.

Valorizar as conquistas de seus filhos traz resultados surpreendentes no desenvolvimento emocional e cognitivo, estimulando mais e mais a criança a superar seus obstáculos e, consequentemente, enfrentar a vida escolar. Os maiores incentivadores estão em casa, no núcleo familiar. Receber elogios dos pais e/ou cuidadores é alterar e ampliar conexões neurais, mas não podemos nos esquecer de que a escola também é outro motivador e facilitador do aprendizado, por isso é fundamental escolher e entender a melhor metodologia escolar e pedagógica para a criança e para os valores da família. Estar presente em reuniões escolares, participar ativamente de grupos e dos acontecimentos escolares, entender quais habilidades e qualidades estão boas e quais precisam ser melhoradas, são peças fundamentais para o desenvolvimento escolar. As viagens em família, passeios temáticos, idas a museus e até a parques são também incentivadores do aprendizado.

Queridos pais e profissionais: nossos estados emocionais também são fontes reguladoras no aprendizado das crianças. Quando estamos cansados, estressados e com pouca paciência, podemos prejudicar esse fluxo. Nos conhecermos para agir da melhor maneira com os pequenos é importante, inclusive para nos respeitarmos melhor. Do mesmo modo, devemos entender as necessidades das crianças e o tempo de aprendizado de cada uma, ensiná-las a organização dos estudos, a regulação das emoções, as rotinas escolares e de casa, e também que o equilíbrio do sono é a fonte de limpeza de nossa memória.

Conclusão

Ao ser convidada pela psicóloga Cristiane Rayes para ser coautora deste belíssimo livro, surgiram em minha memória vários aprendizados dessa minha longa jornada pelo mundo das humanidades, mas eu queria falar algo para ajudar crianças, adolescentes, famílias e profissionais. Algo que valorizasse essas pessoas primordiais no crescimento e desenvolvimento das crianças. Escrevo, então, para vocês um pouco sobre o entendimento técnico de como o cérebro aprende, as partes do cérebro e seu fluxo, como as emoções (principalmente o medo) influenciam em nosso cérebro e como o reforço positivo constrói o processo do aprendizado. Acredito que alcancei minha meta com vocês. Hoje, vocês podem ter em mente que o aprendizado passa pela evocação da atenção, concentração, fixação, memória e emoção; e que vocês estão aptos para verificar essas passagens em nossas crianças.

A criança é um ser sensível e muito capaz de aprender. Elas possuem uma sede incrível de viver, se alegram com ações simples e possuem uma gratidão imensa aos pais e profissionais, e por isso escuto todos os dias na clínica muitas palavras de amor e consideração. Aproveitem cada minuto com seus pequenos, eles irão crescer antes que vocês percebam!

Aprendizagem exige presença e afeto. É segurar na mão do seu filho e caminhar com ele nesse processo, trazendo-lhe amor e firmeza para que ele perceba sua presença e interesse nesse caminho tão complexo.

Superdica: estar presente na aprendizagem de seu filho, com certeza, fará a diferença. Cada momento é único, valorize cada passo dessa caminhada.

Referências

COSENZA, R. M.; GUERRA, L. B. *Neurociência e educação: como o cérebro aprende*. Porto Alegre: Artmed, 2011.

PINKER, S. *Como a mente funciona.* São Paulo: Companhia das Letras, 1998.

RAYES, C.; MASTINE, I. L. *Autoestima de A a Z.* São Paulo: Literare Books International, 2020.

SILVESTRINI, P. Slides da Universidade Max Planck, 2021

13

CONDIÇÕES ESPECIAIS DEIXAM PAIS ANSIOSOS E SUPERPROTETORES?

Neste registro conto como as condições da prematuridade extrema do meu filho, no seu nascimento, contribuíram para a ansiedade e superproteção no conduzir da sua criação. Desvincular-se da condição especial e apegar-se aos ganhos e superações do seu filho podem ser boas estratégias para minimizar esses sentimentos e prover uma criação mais leve e saudável.

FLÁVIA CUNHA MORAES RIBEIRO

Flávia Cunha Moraes Ribeiro

Contatos
flaviacmoraes@hotmail.com
Instagram: @_maesdepequenos
11 98335 1524

Flávia C. M. Ribeiro é casada, mãe do João Pedro, advogada e sócia do escritório Moraes Riccelli Advogados. Cofundadora do perfil Mães de Pequenos, rede de ajuda para pais e familiares de bebês prematuros.

Dedico este registro especialmente a Deus; à Santa Rita de Cássia e à Nossa Senhora Aparecida; ao João Pedro, meu bem maior, ao Guilherme, meu amor e incentivador, aos meus queridos pais e aos meus avós, a quem atribuo as mais doces recordações.

O nascimento de um bebê prematuro extremo exige muito dos pais, emocionalmente, e quebra expectativas desenvolvidas ao longo da gestação sobre o nascimento e seu desenvolvimento ao longo da vida. Frente a isso, a pergunta que fica é: controlar a ansiedade e a superproteção durante a criação e o desenvolvimento do filho é possível?

Responder a essa pergunta não é tarefa tão simples assim. A meu ver, esse desafio é bem complexo, o sentimento de ansiedade e a superproteção se modulam ao longo da vida e de acordo com o desenvolvimento da criança. Não é uma equação fácil de se resolver.

Tornar-se pai atravessado pela prematuridade tem seus reflexos, tais como desenvolver estados de alerta frequentes, com grandes cargas de estresse e preocupação. Isso nos torna mais receosos em relação ao que está por vir.

É comum a chegada de um filho gerar ansiedade aos pais. Em condições adversas, a ansiedade naturalmente se multiplica. No meu caso, meu filho nasceu prematuro extremo, com apenas 27 semanas de gestação, e baixo peso. Em razão disso, ficou internado durante os primeiros seis meses de vida na UTI neonatal.

Nos primeiros meses dentro da UTI, devido à instabilidade do bebê, a ansiedade que sentimos parece incontrolável. Na medida em que o tempo vai passando e o bebê vai evoluindo, a ansiedade vai dando lugar à expectativa da alta hospitalar. Porém, no momento em que a alta de fato passa a ser uma realidade, a ansiedade parece tomar conta novamente.

Aquela sensação de "ufa, vamos para casa" traz um outro lado nada agradável, pois dá espaço a diversos questionamentos. Como será cuidar de um bebê em casa, sem os marcadores de batimento e saturação? Será que daremos conta?

Será que terão intercorrências? Imediatamente, você faz um casamento com a patologia e com a situação inicial do seu filho e não consegue enxergar de forma mais tranquila as condições atuais dele, que aliás já são mais favoráveis que antes. Os riscos de intercorrências (já superadas) estão minimizados. Porém, devido ao histórico vivido no contexto de UTI, formamos um laço, que parece ser indissociável, com aquela situação primeira e que dificulta avançar para outra realidade, em que o grau de alerta e ansiedade deveriam ser menores.

Pois bem. Alta do João. Ele está em casa adaptando-se muito bem ao aconchego do lar, aos cuidados da mamãe, papai e avós. Nesse momento, o nível de estresse, insegurança e ansiedade parecem minimizados. Entretanto, com o passar dos dias e dos meses, novos desafios surgem.

Crianças que sobrevivem à prematuridade extrema têm um maior risco de desenvolver condições crônicas, como diabetes tipo II, doenças respiratórias e cardiovasculares, além de alterações nos padrões de crescimento, atrasos no desenvolvimento sensorial, motor e cognitivo. Sendo assim, a cada nova fase do João um ponto mais acentuado de ansiedade ia surgindo.

Os primeiros desafios que nos deixavam com a ansiedade muito latente era a respeito de quando o João iria desmamar dos remédios que tomava. Um era para o coração, outro para o pulmão, outro para auxiliar o desenvolvimento motor e por aí vai. Como seria o João sem os medicamentos? Tudo funcionaria bem?

Os questionamentos só aumentavam com o passar do tempo. Será que ele vai rolar, vai sentar, vai engatinhar, vai andar? Considerando que com sete ou oito meses ele não rolava de um lado para o outro, nosso nível de ansiedade só aumentava. Por outro lado, quando havia evoluções e ganhos nesses aspectos, sentíamos um alívio sobre essa tensão diária e constante. Cada ganho do João era como um bálsamo para nós.

No processo de desenvolvimento do João, muitas questões foram superadas, mas outras novas logo surgiram. Nosso nível de ansiedade, alerta e estresse acabava nos consumindo.

A todo momento você se questiona qual será o impacto na vida do seu filho se essa ou aquela condição de fato se confirmar. Será que daremos conta como pais? Será que financeiramente teremos como prover todas as necessidades para o seu pleno desenvolvimento? Como será o seu futuro? Ele será independente, autônomo? Vai sofrer algum tipo de discriminação? São perguntas que ninguém poderia responder e, sem uma resposta para todos esses questionamentos, o grau de ansiedade vai se multiplicando.

Todo esse contexto acabou também reverberando para outros sentimentos e atitudes que, invariavelmente, impactavam diretamente na criação do João. Como a questão da superproteção.

No meu contexto familiar, há uma superproteção vinda dos meus avós e meus pais. A família já tem essa característica, porém, com todo esse cenário, isso se intensificou.

Perdemos de vista o João como um ser único, que venceu muitas batalhas em tão pouco tempo de vida, que teve grandes conquistas e deu conta do recado. Prendemo-nos ao começo da história e, de certa forma, limitamos o João e sua capacidade de continuar superando desafios. Assim, também havia um contrassenso, já que o que mais queríamos era estimular o João com coisas novas, ambientes novos, sensações novas, mas havia um exagero no cuidado que acabava por limitar tudo o que queríamos oferecer de novidade, impactando também nos seus ganhos.

Uma equação nada fácil de ser resolvida. Como deveria controlar meu sentimento de ansiedade? Como modular a minha superproteção para deixar João viver a vida de forma mais plena, sem tanta preocupação em volta, com mais experiências? Não estou me referindo a experiências complexas, e sim questões do dia a dia que me paralisavam e impactavam diretamente nas experiências e ganhos do João.

Levá-lo para passear em ambientes fechados, iniciar a vida escolar (entrar em contato com milhões de vírus) e até mesmo dar uma bronca eram coisas que eu tinha medo de fazer, de causar um trauma na criança. Tinha consciência de que toda essa ansiedade, associada a comportamentos de superproteção, poderia impactar negativamente a vida do João, sobretudo com relação a sua autonomia, ao seu desenvolvimento pessoal, intelectual e capacidade de enfrentar desafios. Havia uma autopercepção nossa, minha e do meu esposo, quanto a isso, porém sem uma ação para enfrentar a questão. Foi nesse momento que paramos para refletir sobre quais seriam os impactos dessa simbiose (nossa ansiedade + superproteção) na vida do João.

O que nós mais queriamos para o João era seu pleno desenvolvimento, sua autonomia, seu crescimento pessoal, e tudo isso seria muito mais limitado da forma como estavamos conduzindo sua criação naquele momento. A partir de então, encaramos a questão de frente. Entendemos que, ao minimizar essa questão para nós, impactaríamos positivamente a vida do João. Buscamos ajuda e, sob uma nova perspectiva, tentamos melhorar isso, sem perder o zelo, o cuidado e a atenção com João.

Procuramos orientação parental, que aos poucos foi nos trazendo à realidade e nos mostrando o caminho.

A princípio, houve a necessidade de uma mudança estrutural. Como era a estrutura da nossa família, qual era o nosso papel de pais na estrutura familiar, qual era o nosso lugar com relação ao João e suas necessidades? Onde estava João nessa estrutura toda?

Desse ponto de partida, alinhando o papel e a figura de cada um na nossa estrutura familiar, conseguimos enxergar o João, quem ele era, de onde saiu e onde estava no momento atual, e para onde deveríamos direcioná-lo para seguir sua vida. Ressignificamos nosso conceito familiar de superproteção.

Refletimos muito e entendemos que o mais importante era registrar em nossa memória que o João tem a história dele, que ele desde sempre enfrentou desafios e se superava a cada um. Ele nos mostra dia após dia o quanto é capaz de seguir com autonomia, saúde, alegria e um desejo enorme de desbravar o mundo.

Nós tínhamos todos os motivos para colocar o João em uma redoma de vidro, porém prepará-lo para o mundo é a nossa missão de vida. É um desafio enorme, mas talvez seja o melhor legado que podemos deixar para o nosso filho.

Superdica: olhe ao redor, faça sempre uma autoanalise para saber se está na melhor direção, entender qual será o impacto da sua escolha na vida do seu filho. Refazer a rota faz parte do caminho.

14

TRANSTORNO DO ESPECTRO AUTISTA (TEA)

O aumento significativo na identificação do TEA nas últimas décadas implica na necessidade de divulgarmos o conhecimento científico acerca desse transtorno. Neste capítulo, você terá a oportunidade de conhecer mais sobre o tema, contribuindo tanto para a atuação dos profissionais quanto para a orientação dos pais, ajudando-os a compreender e lidar melhor com os seus filhos.

FLORENCE PIMENTA

Florence Pimenta

CRP-MG 04/24129

Contatos
florencepimenta@hotmail.com
Instagram: @florencepimenta
31 98879 9441

Mãe do Betinho e do João Emílio, graduada em Psicologia, pós-graduada em Terapia Cognitivo-comportamental, com diversas formações na área da infância e adolescência, entre elas a Terapia de Regulação Infantil - TRI Clínico e Preventivo, pelo Instituto TRI. Formação em Orientação Parental e Psicopatologia Infantil. Atualmente, cursando pós-graduação em Análise do Comportamento Aplicada (ABA) ao Transtorno do Espectro Autista pela Universidade Federal de São Carlos - UFSCar - SP. Atua, na clínica, com crianças e adolescentes com diversos transtornos, incluindo transtornos do neurodesenvolvimento, como TDAH e TEA.

O que é?

O Transtorno do Espectro Autista (TEA) é um transtorno do neurodesenvolvimento. As causas são predominantemente genéticas, mas pode apresentar fatores de risco ambientais. Apresenta como características essenciais os prejuízos persistentes na comunicação e na interação social (Eixo A) e padrões restritos e repetitivos de comportamento, interesses ou atividades (Eixo B). Esses sintomas estão presentes desde o início da infância e limitam ou prejudicam o funcionamento diário. O estágio em que o prejuízo funcional fica evidente irá variar de acordo com as características do indivíduo e do seu ambiente.

As características diagnósticas nucleares estão evidentes no período do desenvolvimento, mas intervenções e compensações podem mascarar as dificuldades, pelo menos em alguns contextos. As manifestações do transtorno variam muito, dependendo da gravidade da condição do autista, do nível de desenvolvimento e da idade cronológica; por isso o uso do termo espectro. (American Psychiatric Association – APA, 2014). A descrição completa dos critérios de diagnóstico do TEA, baseados no Manual Diagnóstico e Estatístico de Transtornos Mentais – DSM-5, está no QR code.

O diagnóstico é clínico, baseado em relatos e observação dos padrões de comportamento, considerando que diferentes fontes de informação (como dos pais ou cuidadores e pessoas próximas) são importantes para se fazer um bom diagnóstico. A utilização de instrumentos como escalas e testes podem servir como apoio. De acordo com Kerches (2022), em casos mais funcionais, as características podem ser sutis ou mascaradas, especialmente em meninas, por estratégias sociais aprendidas. Porém, essas características tornam-se mais evidentes com o aumento das demandas sociais, o que pode ocorrer na adolescência ou idade adulta. Ainda que o diagnóstico seja tardio, as características devem estar presentes na primeira infância, antes dos três anos. O diagnóstico estável do TEA pode ser realizado a partir dos 14 meses.

Os níveis de gravidade se estabelecem dependendo da necessidade de suporte, a saber: nível 1 de suporte, caracterizado pelo bom funcionamento na presença de apoio; o nível 2 de suporte exige apoio substancial; e o nível 3 de suporte exige apoio muito substancial, associado frequentemente com deficiência intelectual. Indivíduos com TEA podem transitar entre os níveis a depender da idade do diagnóstico, suporte/intervenções recebidas, resposta individual e condições associadas (KERCHES, 2022).

Desenvolvimento e curso segundo o Manual Diagnóstico e Estatístico de Transtornos Mentais - DSM5:

- O TEA não é um transtorno degenerativo, sendo comum que a aprendizagem e a compensação continuem ao longo da vida. Os sintomas são frequentemente mais acentuados na primeira infância e nos primeiros anos de vida escolar, com ganhos no desenvolvimento sendo mais frequentes no fim da infância (pelo menos em certas áreas, como o aumento no interesse por interações sociais).
- Os sintomas do TEA costumam ser reconhecidos durante o segundo ano de vida (12 a 24 meses), embora possam ser vistos antes dos 12 meses de idade, se os atrasos do desenvolvimento forem graves, ou após os 24 meses, caso os sintomas sejam mais sutis. Há casos em que ocorre perda de habilidades gradual ou relativamente rápida em comportamentos sociais ou linguísticos, geralmente ocorrendo entre os 12 e 24 meses de idade. Essas perdas são raras em outros transtornos, podendo ser um sinal de alerta útil para o TEA.
- Os primeiros sintomas frequentemente envolvem atrasos no desenvolvimento da linguagem, em geral acompanhado por ausência de interesse social ou interações sociais incomuns, como puxar as pessoas pela mão sem nenhuma tentativa de olhar para elas; padrões estranhos de brincadeiras, como carregar brinquedos e nunca brincar com eles; e padrões incomuns de comunicação, como conhecer o alfabeto, mas não responder ao próprio nome. Durante o segundo ano de vida, comportamentos estranhos e repetitivos e ausência de brincadeiras típicas tornam-se mais evidentes.
- Na idade pré-escolar pode ser difícil distinguir padrões restritos e repetitivos de comportamento, uma vez que muitas crianças pequenas com desenvolvimento normal têm fortes preferências e gostam de repetição, como ingerir os mesmos alimentos e assistir ao mesmo filme muitas vezes. A distinção clínica baseia-se no tipo, na intensidade e na frequência do comportamento.

Características associadas

Muitos indivíduos com TEA podem apresentar comprometimento intelectual e/ou da linguagem; déficits motores, como marcha atípica, falta de coordenação e caminhar na ponta dos pés. Pode ocorrer autolesão como bater a cabeça, morder os punhos e outros; além de comportamentos disruptivos/desafiadores. Observamos também problemas gastrointestinais e seletividade alimentar, além de importantes alterações sensoriais. Adolescentes e adultos são mais propensos a desenvolver ansiedade e depressão, além de outros transtornos (APA, 2014).

Intervenções

Principalmente na primeira infância, quando precisamos desenvolver habilidades básicas, a abordagem cientificamente comprovada, com maior eficácia, é a análise do comportamento aplicada (Applied Behavior Analysis - ABA). Schwaartz e Azeredo (2023) salientam que os princípios dessa abordagem são utilizados para aumentar o repertório de comportamentos funcionais, assim como para reduzir a frequência de comportamentos pouco adaptativos.

Em momentos posteriores do desenvolvimento – após a primeira infância, em que a criança já tenha adquirido maiores habilidades cognitivas e desenvolvido as habilidades básicas – crianças, adolescentes e adultos se beneficiarão enormemente da Terapia Cognitivo-comportamental (TCC). Segundo Schwartz e Azeredo (2023) alguns dos objetivos da TCC será desenvolver ou aperfeiçoar o repertório de habilidades sociais, reconhecer e identificar as próprias emoções e as dos outros, trabalhar com a regulação emocional e lidar com a ansiedade.

Em crianças e adolescentes que apresentem algum grau de deficiência intelectual, serão necessárias algumas adaptações, como foco nas técnicas comportamentais em detrimento das cognitivas. Em crianças e adolescentes com TEA nível 1 de suporte (sem deficiência intelectual associada), a TCC pode ser usada em seu formato original, com técnicas cognitivas e comportamentais (SCHWARTZ & AZEREDO, 2023).

O TEA não tem cura, estamos falando da condição da pessoa! Sendo assim, as intervenções não devem ter como objetivo normalizar o indivíduo tentando enquadrá-lo em padrões sociais de comportamento, que o desconsideram em sua essencialidade. Uma boa intervenção deverá ter como objetivo diminuir o sofrimento e aumentar a qualidade de vida, respeitando o indivíduo com suas características e seu jeito de ser.

Entender uma pessoa que está no espectro é compreender todas as suas características, incluindo dificuldades e potencialidades. Devemos aprender a lidar e conviver com elas com respeito e cuidado.

Receber o diagnóstico não é fácil para a família. É natural e compreensível a família se sentir perdida e preocupada, mas será também um momento de ressignificar e dar sentido às experiências vividas, responder a muitas perguntas que antes estavam sem respostas e diminuir a culpa dos pais sobre a possibilidade de estarem errando na criação dos filhos.

Como pais, temos responsabilidades sobre o desenvolvimento e qualidade de vida dos nossos filhos, mas não devemos nos sentir culpados quando as coisas acontecem de uma maneira diferente do que havíamos planejado ou esperado, como se tudo o que fizéssemos fosse inadequado ou insuficiente. A culpa não ajuda no desenvolvimento e autonomia dos filhos, pois gera em nós uma necessidade de hipercompensação e superproteção, desencadeando comportamentos de urgência e excesso que podem comprometer a nossa qualidade de vida e da nossa família.

As crianças precisam de proteção e apoio dos pais e cuidadores para entender suas emoções, lidar com os desafios, enfrentar dificuldades e compreender regras e limites. Quando somos superprotetores, impedimos também o desenvolvimento de sua independência e autonomia.

Rigidez cognitiva

Uma característica central do TEA é a rigidez cognitiva, observada em qualquer nível do espectro em maior ou menor grau, e se traduz em uma baixa flexibilidade cognitiva, gerando maior dificuldade para se adaptar a novas situações, resolver problemas e tomar decisões. O pensamento rígido causa respostas mais intensas às mais variadas situações de estresse e frustração, desencadeando comportamentos mais disruptivos e desafiadores. Há maior dificuldade em encontrar pensamentos alternativos, o que pode gerar um grande sofrimento. Os comportamentos disruptivos e intensos são muito diferentes de birra ou pirraça. Nos casos de desregulação emocional intensa, em que a criança não consegue de fato compreender a situação e ter pensamentos e comportamentos mais funcionais, a criança ou adolescente precisará de mais apoio, mais tempo e compreensão.

Nas horas de crise, espere-a passar, ofereça apoio ou simplesmente esteja por perto. Valide as emoções, demonstrando compreensão pelos sentimentos dela, por exemplo: "Eu entendo que você esteja com raiva". Evite ter respostas de enfrentamento e/ou agressivas para não intensificá-las.

Estabeleça regras

O cérebro de uma pessoa com autismo funciona de uma maneira muito lógica e literal, apresentando, portanto, dificuldade de interpretar falas, situações e fazer inferências. Por isso, é comum que não consigam ou demorem para entender piadas, charges e ironias.

A dica é: sejam diretos nas falas e comandos. Deem instruções claras, sem deixar dúvidas.

Hiperfoco

O hiperfoco ou interesse restrito, causados pelo padrão rígido, faz com que foquem apenas em temas de interesse. Parecem, em alguns casos, apresentar baixa capacidade atencional, quando, na verdade, mostram-se desinteressados do mundo externo, já que não parece motivador e interessante.

A dica é aproveitar os temas de interesse para criar oportunidades de aprendizado. Estabelecer limites e combinados é importante, pois o hiperfoco acaba diminuindo as oportunidades de vivenciar novas experiências e também o desenvolvimento de novas habilidades. O hiperfoco, em muitos casos, será um fator de incentivo determinante, que facilitará na escolha da profissão e inserção no mercado de trabalho.

Não sobrecarregue seu filho

A primeira infância é um momento muito propício para a aquisição de novas habilidades, devido a uma maior plasticidade cerebral nessa fase do desenvolvimento. Isso facilita os processos de aprendizagem. É muito indicado e recomendado que, nessa fase, a criança seja exposta a estímulos e vivencie experiências que promovam aprendizados e aquisição de habilidades.

Ao observar sinais de atraso no desenvolvimento da criança, deve-se buscar uma avaliação com profissionais especializados, como neuropediatras, psiquiatras ou psicólogos da infância. Quanto mais cedo se iniciar a intervenção, melhores serão os prognósticos. Em casos mais graves, serão necessárias muitas horas de estimulação (intervenção precoce intensiva), com intervenção multidisciplinar (fonoaudiólogo, terapeuta ocupacional, terapia comportamental e neuropediatra ou psiquiatra da infância, entre outros) para que a criança alcance as habilidades básicas necessárias para o seu desenvolvimento (tabela com sinais de alerta para o TEA no QR code).

Orientações aos pais e cuidadores

Cuidado para não sobrecarregar seus filhos, fazendo tudo ao mesmo tempo! Converse sempre com o profissional que estiver acompanhando o caso e estabeleça com ele prioridades. Nem sempre eficiência é sinônimo de ganho de habilidades, mas aumento na qualidade de vida.

Além das intervenções com os profissionais, é importante destacar a importância do Treino de Pais para o ensino de habilidades e intensividade das intervenções, pois os pais poderão estimular seus filhos em ambientes naturais (intervenção naturalista) dentro do contexto e atividades diárias da criança. Nesse modelo de intervenção, os pais são treinados pelo terapeuta sobre o que fazer com a criança, visando fortalecer os pontos fortes e trabalhar os desafiadores. O terapeuta será o modelo de interação e deverá ensinar aos pais como criar oportunidades de aprendizagem para os filhos de acordo com as dificuldades apresentadas pela criança.

Cada criança é única e, por isso, o plano de intervenção deverá ser individualizado e construído em conjunto, considerando o que será melhor para a criança e para a família. O terapeuta deverá sair do lugar de "especialista", de "dono do conhecimento", e estar junto com a família, sendo mais acolhedor e acessível.

Superdica: aproveite as oportunidades do dia a dia da criança e seus próprios interesses para estimular e ensinar habilidades! Durante o banho, nas refeições, nos passeios, na hora de brincar!

Referências

AMERICAN PSYCHIATRIC ASSOCIATION. *Manual Diagnóstico e Estatístico de Transtornos Mentais* - DSM-5 - 5. ed. Porto Alegre: Artmed, 2014.

BERNIER, R. A.; DAWSON, G.; NIGG, J. T. *O que a ciência nos diz sobre o transtorno do espectro autista: fazendo as escolhas certas para o seu filho*. Porto Alegre: Artmed, 2021.

CARDOSO, A. A.; NOGUEIRA, M. L. M. *Atenção Interdisciplinar ao autismo.* Belo Horizonte: Editora Ampla, 2021.

JOSEPH, L.; SOORYA, L.; THURM, A. *Transtorno do Espectro Autista*. São Paulo: Hogrefe, 2016.

JULIO COSTA, A.; ANTUNES, A. M. *Transtorno do Espectro Autista na prática clínica.* São Paulo: Pearson Clinical Brasil, 2018.

KERCHES, D. *Autismo ao longo da vida*. São Paulo: Literare Books International, 2022.

OLIVEIRA, J. B. A. *Desenvolvimento infantil: o que desenvolve?* Brasília: Instituto Alfa e Beto, 2017.

SCHWARTZ, F. T.; AZEREDO, M. Transtorno do Espectro Autista In: GOMES, J. B. *Guia prático da terapia cognitivo-comportamental para terapeutas de crianças e adolescentes.* Novo Hamburgo: Sinopsys Editora, 2023.

15

ADOLESCER

SEU ADOLESCENTE TEM "FOME" DE QUÊ?

Neste capítulo, vou falar sobre o desenvolvimento físico, neurológico e emocional, a saciedade na adolescência e como os pais podem lidar com as mudanças e desafios, trazendo informações para que as famílias possam compreender e atravessar essa fase com harmonia.

GISELE DOMENICI

Gisele Domenici

Contatos
www.espacodomenici.com.
Instagram: @giseledomenici
Youtube: giseledomenici
11 4022 6946 (Consultório)
11 99986 8525 (WhatsApp)

Apaixonada pelo desenvolvimento humano. Casada há 32 anos e com dois filhos (Ananda e Leonardo), três netas de quatro patas (Luly, Pandora e Luna). Psicóloga e neuropsicóloga, faz atendimento clínico infantojuvenil, adulto e orientação familiar. Especialista em Neuropsicologia pelo Instituto de Ensino Albert Einstein, Orientação Familiar e Parentalidade Consciente pelo INTCC-RJ, Terapia Corporal Reichiana pela ECOS, Arteterapia, *Self Coach* pelo IBC-SP. Capacitação em Fundamentos em Mindfulness pelo IPQ-SP. Autora de dez livros: best-seller *Diário de uma garota que não gostava de legumes* (edições 1 e 2); *Coleção A Fadinha Gigi e suas emoções*, coautora do livro *Mapeamento Comportamental II*. (cap.11: "Mais qualidade ou mais quantidade") e do livro *Orientação familiar* vol. 1, (cap. "Alimento físico e alimento emocional"). Fundadora e criadora do projeto Turma da Nola.

O que é adolescer e adolescência?

Adolescer é entrar na adolescência; crescer, desenvolver-se. Adolescência é o período do desenvolvimento humano definido pela transição entre a juventude e a idade adulta, fase que se inicia após a puberdade. A Organização Mundial de Saúde (OMS) define adolescência como sendo o período da vida que começa aos 10 anos e termina aos 19 anos completos.

O que ocorre nesse processo?

Esse período pode ser o mais crítico para a saúde, com a ocorrência de doenças físicas e emocionais. Nessa fase em que não se é mais criança, mas não se é considerado um adulto, os adolescentes ficam no meio do caminho, confusos em suas atitudes e pensamentos, com mudanças de comportamentos e hormonais. Nesse período há um aumento da necessidade de experimentar coisas novas. Eles se distanciam da família e dos pais, preferem estar com os amigos. Apresentam instabilidade emocional, muitas vezes chegando a colocar em risco a própria saúde. Comportamentos como privação de sono, consumo de álcool e tabaco e aumento do uso de mídias são atitudes comuns na adolescência.

Mudanças neurológicas, biológicas e emocionais na adolescência

O cérebro atinge sua maturidade total por volta dos 30-40 anos. É importante lembrar que o cérebro de um adolescente está em formação. À medida que o adolescente vai se aproximando da vida adulta, por volta dos 25 anos, ocorre um amadurecimento do córtex pré-frontal, área responsável pela capacidade de planejamento, concentração, inibição de impulsos e empatia. Essa área também é responsável pelo pensamento crítico, controle de emoções, tomada de decisões, atenção, organização, autocontrole, planejamento de riscos, resolução de problemas, comportamento autorreflexivo e autorregulação, trazendo maior consciência crítica de si e dos outros.

O sistema límbico é a estrutura mais importante para a memória (hipocampo) e está próximo à amígdala, uma estrutura que ajuda a produzir emoções. Com tantas mudanças, é normal que o adolescente tenha oscilações emocionais. Para completar esse quebra-cabeças de maturação e emoções, o cérebro adolescente contém níveis mais baixos de serotonina e dopamina, neurotransmissores que proporcionam a sensação de prazer e bem-estar, e níveis mais altos de testosterona. Isso pode ser o motivo do aumento da agressividade, da explosão e da raiva.

Além de todas essas mudanças, há as alterações hormonais e mudança corporal. O corpo feminino vai se tornando mais arredondado com o aumento das mamas. O corpo masculino passa pelo aumento dos pelos pubianos, faciais e corporais, alteração do tom de voz, que se torna mais grave. No geral, há aumento rápido da altura e do peso, amadurecimento e interesse sexual, aparecem as espinhas na pele. Todas essas mudanças geram expectativas, angústias, conflitos em relação a si, necessidade de estar em um padrão social, além da necessidade de pertencer a grupos.

Crescimento e saciedade dos adolescentes

Os adultos se espantam com a voracidade dos comportamentos dos adolescentes, nunca estando satisfeitos totalmente. Já expliquei anteriormente as mudanças neurológicas que ocorrem no cérebro, mostrando as estruturas responsáveis pelas sensações de prazer e bem-estar. Sabemos que a dopamina está ligada ao sistema de recompensa, um circuito neuronal no cérebro que influencia diretamente as emoções. Esse sistema garante a motivação para desempenhar algumas atividades em busca da sensação de prazer. Quando os neurônios são ativados, liberam dopamina em regiões exclusivas do cérebro, causando o aumento da sensação de prazer. Experiências mais intensas estimulam maior liberação de dopamina. Quando temos um comportamento considerado bom, automaticamente nosso cérebro nos recompensa com o bem-estar, e essa necessidade é mais intensa nos jovens que precisam de respostas mais vivas e rápidas.

Vamos pensar na alimentação? Quando um adulto vai a uma hamburgueria, ele pensa qual pão vai escolher, qual tipo de carne foi usado naquele hambúrguer e o que mais faz parte daquela refeição que vai degustar. Já o adolescente vai pensar na quantidade de hambúrgueres que ele quer comer.

Ele necessita de mais alimentos, pois seu metabolismo é mais rápido (ressaltando que estamos falando de um jovem que não tenha nenhuma questão mais séria de saúde). Outro ponto a se pensar é que pode haver uma disputa com o amigo, por exemplo, quem consegue comer mais? Sim, "que bobeira!", pensaria um adulto, mas lembre-se de que você também já foi um adolescente e passou pelas mesmas experiências.

A partir desses, os adolescentes se deparam com algumas questões, como a preocupação com sua imagem corporal, chegando a experimentar maneiras de melhorar sua imagem de forma rápida com excesso de exercícios e ou dietas mirabolantes. Essa imagem corporal está ligada ao amadurecimento intelectual e emocional, que traz incômodos com todas as alterações sofridas pelo corpo, por estarem ou não em concordância com padrões estabelecidos pela sociedade ou pelo grupo em que convive. Por isso é uma fase propensa a transtornos alimentares.

O impulso dos adolescentes faz com que eles não pensem nos seus hábitos alimentares. Com a maturidade e melhor consciência corporal, o jovem começa a fazer planos futuros, criando relações mais permanentes e se preocupando com sua saúde geral. Vale observar e orientar os hábitos alimentares dos adolescentes, observando se há a necessidade de acompanhamento de profissionais especializados.

Um olhar para a nutrição física e emocional do adolescente

Como podemos nutrir esse adolescente, física e emocionalmente, diante de tantas questões e mudanças neurais intensas e inevitáveis?

Sabemos da importância dos adolescentes se tornarem independentes, mas nos tempos de hoje eles enfrentam um mundo complexo, com informações diferentes a todo momento, dividindo opiniões, questionando a maneira de se viver, impondo o que se deve ou não fazer; e o mais preocupante, o quanto ter, impedindo-os de ter um olhar do *Ser*. É importante que pais, educadores e profissionais da área da saúde estejam conectados, atualizados sobre esse mundo tão diferenciado e tão cheio de informações.

O adolescente é curioso por natureza. Quando um jovem não tem uma rede de apoio, fica vulnerável. A sociedade impõe para nossos adolescentes formas de se vestir e de se comportar, algumas vezes nada recomendáveis e com potencial para gerar conflitos impactantes. Um jovem que tem essa experiência inserido na sociedade se compara ao "modelo" apresentado e começa a questionar seu corpo, sua alimentação, o que vestir, como pentear o cabelo, qual celular ter, qual escola é a mais legal, qual *point* oferece mais visualizações. Uma enxurrada de dúvidas difíceis de responder, fazendo com que fiquem muitas vezes confusos.

O corpo de um adolescente está em fase de transformação e precisa se adequar às mudanças, porém, eles acreditam que precisam estar magros – e isso pode implicar em doenças alimentares como bulimia, anorexia e tantas outras – não reconhecendo sua aparência corporal e não estando satisfeito com nada que é proposto. Sempre é bom lembrar que, em casos mais complexos, é importante a atuação de um profissional ou de uma equipe multidisciplinar para ajudar o adolescente e a família a lidar com essas questões. Influências de famosos e mídias terão relevância e poderão impactar um jovem a mudar seu comportamento quando ele estiver desprovido de uma base familiar e educacional que o ajude a compreender e escolher, saber que os valores apresentados não serão somente a questão do ter, e sim *ser*. Saber lidar com conflitos e dúvidas. Olhar aquilo que para ele é belo, sem necessitar que aquele belo esteja nele. Aprender a admirar sem a necessidade de ter isso em sua vida, valorizar-se como é, melhorar para ter uma vida saudável e não por uma imposição, seja ela de quem for.

Todos sabemos que devemos cuidar da nossa saúde alimentar, ingerindo alimentos saudáveis e praticando exercícios físicos, mas essas questões se tornam problemas gigantescos para um jovem em desenvolvimento. A questão alimentar deveria ser cuidada desde cedo, desde a barriga da mãe, pois quando a criança cresce com uma experiência saudável alimentar, ela consegue levar isso para a vida adulta; seu cérebro, suas células fazem um registro.

Devido à necessidade da intensidade na fase da adolescência, é preciso tomar cuidado com açúcares e alimentos que podem causar dependências e que de alguma forma podem ser prejudiciais à saúde. Nutrir o corpo pode trazer muitos conflitos que acabam afetando a vida emocional dos jovens, com as preocupações geradas por esse *ter*: ter um corpo belo, sem marcas, magro e que caiba em roupas desenhadas para modelos específicas e magérrimas, conforme dita o mundo da moda, ou até mesmo impor que um jovem, que não tenha condições de se apropriar de roupas de marcas conhecidas, só vai ser considerado bonito ou pertencente se estiver trajando tais acessórios. Essas questões podem acarretar, além da busca desenfreada pelo corpo perfeito, problemas emocionais sérios, como ansiedade, depressão e, em alguns casos mais graves, levar ao suicídio.

Um ponto importante a se observar é que o adolescente não se torna resultado das decisões e atitudes que ele toma em sua vida; ele é fruto dessa fase de mudanças neurais e sociais que o abarcam nesse momento.

Orientações aos adolescentes e às famílias

Agora que sabemos como funciona o cérebro adolescente, é importante ajudá-lo. Esses valores, ideais e desenvolvimento cerebral podem ser construídos pelo ambiente em que ele está inserido de maneira eficiente e saudável.

- É necessário oferecer atividades, vivências e experiências que ajudem no desenvolvimento de suas habilidades, na forma de pensarem e agirem, sugerindo reflexões acerca das questões vividas no meio que está inserido e o quanto isso vai impactar no seu futuro.
- Sugerir, aos filhos, momentos em família, como almoços, visita a restaurantes, descobertas de novos sabores, compartilhando essas experiências.
- Trazer amigos para casa e oferecer possibilidades de estarem juntos, incluindo boa companhia e boa alimentação, melhorando as relações em volta da mesa.
- Oferecer possibilidades de encontros diferentes e descobertas acerca da experimentação de novos paladares.
- Uma escuta verdadeira de suas dúvidas, medos e indecisões para que ele possa se expressar, dando a oportunidade de compreender seus sentimentos. Isso gera confiança na relação e em si.
- Se você quer um comportamento positivo de seu filho, dê o exemplo, demonstrando a importância da maturidade na tomada de decisões.
- Estimular e acompanhar um ritmo de atividades físicas, aumentando os níveis de dopamina e serotonina, para evitar quadros depressivos, estar mais próximo de seu filho e acompanhar o seu desenvolvimento.
- Adolescentes precisam de regras e limites com flexibilidade. Pensem juntos no que é melhor para ele e para a família.
- Elogie seu filho, ajude-o a se sentir amado e admirado nas coisas boas que ele apresenta. Faça-o se sentir compreendido e ajudado naquilo que não é bom para ele.
- Estimule rotinas que ajudem os jovens a terem organização e estrutura. Comece com compromissos simples, como estudos, alimentação, diversão e, principalmente, o momento de descanso.
- Ajude-o a compreender as consequências das escolhas que eles fazem, como a decisão de qual carreira seguir.
- Estimule a autonomia e a independência nas escolhas sobre o futuro, entendendo que a escolha feita pode mudar quando quiserem, sem receio das tentativas de mudanças.

• Promover as habilidades de pensamento com jogos, encontros e trabalhos em grupo que ofereçam possibilidades de reflexão.
• Ajudá-lo na prática das habilidades socioemocionais, encontrando formas de lidar com as emoções e expressá-las de forma criativa.

Superdica: quando precisar ser ouvido, ouça também o que o outro quer dizer. Compartilhar ideias e sentimentos aproxima as pessoas!

Referências

BLAKEMORE, J. S. *Inventing Ourselves: The Secret Life Of The Teenager.* Londres: Public Affairs, 2018.

CAMBRAIA, P. B. R. Aspectos psicobiológicos do comportamento alimentar. Scielo. *Revista de nutrição.* 2004. Disponível em: <https://www.scielo.br/j/rn/a/LC3SprCbxTcQkVgzD8Ygrdp/>. Acesso em: 10 ago. de 2022.

GALANTI, R. *Ansiedade não é frescura: principalmente em adolescentes.* São Paulo: Astral Cultural, 2022.

JARRET, C. Como a adolescência molda nossa personalidade. *BBC News Brasil,* 2022. Disponível em: <https://www.bbc.com/portuguese/vert-fut-45090342>. Acesso em 12 nov. de 2022.

MARQUES, A. *et al. Estilo de vida saudável dos adolescentes.* Disponível em: <https://pubmed.ncbi.nlm.nih.gov/30393010/>. Acesso em: 12 nov. de 2022.

SIEGEL, D. J.; BRYSON, T. P. *Cérebro adolescente: o grande potencial, a coragem e a criatividade da mente dos 12 aos 24 anos.* São Paulo: NVersus, 2016.

SIEGEL, D. J.; BRYSON, T. P. Cérebro adolescente. *Revista Veja,* 2022. Disponivel em: <https://veja.abril.com.br/ciencia/o-cerebro-adolescente/>. Acesso em: 17 out. de 2022.

SIEGEL, D. J.; BRYSON, T. P. *O cérebro da criança: 12 estratégias revolucionárias para nutrir a mente em desenvolvimento do seu filho e ajudar sua familia a prosperar.* São Paulo: nVersus, 2015.

16

DEPRESSÃO PÓS-PARTO

COMO CONDUZIR

Depressão pós-parto é um dos transtornos mentais mais comuns enfrentados no puerpério. Não atinge somente a mãe, mas também o pai e toda a família. Assim, este capítulo visa trazer informações sobre como reconhecer os sinais e sintomas desse distúrbio, como a dinâmica familiar é envolvida e afetada por essa situação e, principalmente, como fazer a prevenção.

HELENA DIAS MEZIARA NOGUEIRA

Helena Dias Meziara Nogueira

CRM: 83371

Contatos

helenameziaranogueira@hotmail.com

Instagram:@pediatriadodiaadia

11 2597 2331

11 96440 5597

Médica pediatra, nefrologista pediátrica, homeopata com formação na Escola Paulista de Medicina - UNIFESP. Mãe e esposa. Como muitas outras mulheres, atuo em várias frentes de trabalho: consultório (onde exerço a especialidade de pediatria geral), nefrologia pediátrica e homeopatia e faço parte da equipe de neonatologia do Hospital Estadual do Ipiranga, o que me habilita a atender os recém-nascidos em sala de parto em maternidades particulares da cidade de São Paulo. Trabalhei, por alguns anos, na administração hospitalar, quando enriqueci meus conhecimentos sobre gestão de negócios, gestão da qualidade e gestão de pessoas; mas o prazer em estar em contato com o paciente na prática clínica do dia a dia, bem como o amor pelo exercício da medicina integrativa e humanizada, foram mais fortes. Hoje dedico 80% do meu tempo ao consultório, contando com uma equipe multidisciplinar para prover atendimento humanizado às crianças e seus familiares. Tive o prazer de ser coautora do livro *Orientação familiar* vol.1, da Literare Books International, contribuindo com o capítulo “O sono na infância: aspectos práticos”. Também fui palestrante sobre o mesmo tema no Congresso de Orientação Familiar.

O que é depressão pós-parto?

Depressão pós-parto (DPP) é um transtorno mental cujos sintomas podem começar já nos primeiros dias até quatro semanas após o nascimento do bebê, sendo que alguns autores consideram que a depressão até um ano depois do parto ainda é considerada DPP. Manifesta-se, na mãe ou no pai, como um sentimento de profunda tristeza, desespero, falta de esperança, melancolia, desmotivação, angústia, ansiedade e medo de lidar com o novo estilo de vida.

Ela diferencia das outras alterações psicológicas, que são:

- A disforia puerperal (Baby Blues), que começa três dias após o parto e dura somente duas a três semanas. Os sintomas, embora semelhantes à depressão, são mais leves;
- A psicose puerperal é rara e envolve sintomas psicóticos e afetivos com risco de suicídio e infanticídio
- Os transtornos ansiosos podem ser exacerbados ou precipitados no pós-parto, especialmente o transtorno de ansiedade generalizada, o transtorno de estresse pós-traumático e o transtorno obsessivo-compulsivo.

Estatística

No Brasil, cerca de 15,5% dos brasileiros são afetados pela depressão em algum momento da vida. As mulheres têm de 1,5 a 3 vezes mais transtornos depressivos, e no puerpério esse índice pode subir para 30 a 40%. A estática mundial está em torno de 23,6%.

Diagnóstico

O diagnóstico da depressão pós-parto é basicamente clínico, feito com base na observação de sintomas e de cada situação. Esses sintomas podem ser detectados durante a avaliação clínica por qualquer profissional da área de saúde, mas o psiquiatra e/ou psicólogo são os mais indicados para diagnosticar a DPP e diferenciar dos outros transtornos mentais que tenham sintomas semelhantes.

Além do quadro clínico, existem outras ferramentas que ajudam no arsenal de detecção, como os questionários de triagem, escalas de depressão e exames laboratoriais de sangue com intuito de pesquisar alguma disfunção da tireoide ou de outros tipos de hormônios.

Segue abaixo a Escala de Edimburgo, um questionário simples tido como uma das escalas mais utilizadas:

Você teve um bebê há pouco tempo e gostaríamos de saber como você está se sentindo nos últimos sete dias e não apenas hoje:

1. Eu tenho sido capaz de rir e achar graça das coisas.

[ ] Como eu sempre fiz
[ ] Não tanto quanto antes
[ ] Sem dúvida, menos que antes
[ ] De jeito nenhum

2. Eu sinto prazer quando penso no que está por acontecer em meu dia-a-dia.

[ ] Como sempre senti
[ ] Talvez, menos que antes
[ ] Com certeza menos
[ ] De jeito nenhum

3. Eu tenho me culpado sem necessidade quando as coisas saem erradas.

[ ] Sim, na maioria das vezes
[ ] Sim, algumas vezes
[ ] Não muitas vezes
[ ] Não, nenhuma vez

4. Eu tenho me sentido ansiosa ou preocupada sem uma boa razão.

[ ] Não, de maneira alguma
[ ] Pouquíssimas vezes
[ ] Sim, algumas vezes
[ ] Sim, muitas vezes

5. Eu tenho me sentido assustada ou em pânico sem um bom motivo.

[ ] Sim, muitas vezes
[ ] Sim, algumas vezes
[ ] Não muitas vezes
[ ] Não, nenhuma vez

6. Eu tenho me sentido esmagada pelas tarefas e acontecimentos do meu dia-a-dia.

[ ] Sim. Na maioria das vezes eu não consigo lidar bem com eles
[ ] Sim. Algumas vezes não consigo lidar bem como antes
[ ] Não. Na maioria das vezes consigo lidar bem com eles
[ ] Não. Eu consigo lidar com eles tão bem quanto antes

7. Eu tenho me sentido tão infeliz que tenho tido dificuldade de dormir.

[ ] Sim, na maioria das vezes
[ ] Sim, algumas vezes
[ ] Não muitas vezes
[ ] Não, nenhuma vez

8. Eu tenho me sentido triste ou arrasada.

[ ] Sim, na maioria das vezes
[ ] Sim, muitas vezes
[ ] Não muitas vezes
[ ] Não, de jeito nenhum

9. Eu tenho me sentido tão infeliz que tenho chorado.

[ ] Sim, quase todo o tempo
[ ] Sim, muitas vezes
[ ] De vez em quando
[ ] Não, nenhuma vcz

10. A ideia de fazer mal a mim mesma passou por minha cabeça.

[ ] Sim, muitas vezes, ultimamente
[ ] Algumas vezes nos últimos dias
[ ] Pouquíssimas vezes ultimamente
[ ] Nenhuma vez

Como fazer a pontuação

Questões 1, 2, e 4

- Se você marcou a primeira resposta, não conte pontos.
- Se você marcou a segunda resposta, marque um ponto.
- Se você marcou a terceira resposta, marque dois pontos.
- Se você marcou a quarta resposta, marque três pontos.

Questões 3, 5, 6, 7, 8, 9 e 10

- Se você marcou a primeira resposta, marque três pontos.
- Se você marcou a segunda resposta, marque dois pontos.
- Se você marcou a terceira resposta, marque um ponto.
- Se você marcou a quarta resposta, não conte pontos

Causas

A gestação e o puerpério são momentos de fragilidade que propiciam o surgimento da DPP, pois envolvem uma série de mudanças fisiológicas, hormonais, psicológicas e sociais na genitora, bem como preocupações financeiras, alteração na rotina familiar e incertezas sobre as mudanças de vida. Quanto aos homens, a depressão pós-parto também pode ocorrer, em geral decorrente da insegurança em relação ao novo estilo de vida, da preocupação com sua própria capacidade de educar e sustentar um recém-nascido, do aumento das responsabilidades e do suporte que se deve dar ao parceiro(a) nesse momento de vida.

Os fatores causais já detectados são:

- Variações súbitas nos níveis de hormônios sexuais circulantes nas mulheres (estrogênio e progesterona) e a alteração no metabolismo das catecolaminas, que ocorrem no pós-parto.
- Fatores genético-hereditários, como histórico de depressão prévia ou na família e passado obstétrico ruim.
- Fatores relacionados à diversidade da saúde do bebê, como prematuridade, malformação, distúrbios respiratórios.
- Fatores psicossociais e demográficos desfavoráveis (há uma ocorrência maior em países em desenvolvimento).
- Falta de parceria entre o casal.
- Falta de apoio da família, dos amigos e dos profissionais da saúde.
- Preocupações e estresse com a educação do recém-nascido.
- Privação de sono.
- Isolamento social no puerpério.
- Alimentação inadequada.

- Sedentarismo.
- Vícios em drogas e outras substâncias.

Os fatores de risco que devemos ficar atentos são:

- Perfil socioeconômico desfavorecido.
- Gravidez em jovens (14 a 24 anos).
- Gravidez não desejada, principalmente quanto não há apoio familiar.
- Complicações obstétricas na gestação atual ou nas anteriores.
- Ausência de parceiro.
- Conflitos conjugais.
- Uso de tabaco, bebidas alcoólicas, drogas ilícitas.
- Histórico de aborto, violência na gestação e violência obstétrica.
- Histórico de depressão, DPP e ansiedade.
- Idealização da maternidade e do filho.
- Desmame precoce.
- Estresse no cuidado com o bebê.

Consequências

As mulheres com depressão pós-parto têm propensão a comorbidades psiquiátricas, como transtorno obsessivo-compulsivo, ideação suicida e pensamentos de prejudicar o bebê. Para os filhos, há maior risco para ocorrer atraso no desenvolvimento neuropsicomotor, distúrbios cognitivos, emocionais, psicossociais e comportamentais a longo prazo, todos decorrentes do prejuízo na interação socioafetiva mãe-filho. Para a família, observa-se uma interferência negativa e direta no microssistema familiar que pode acarretar conflitos conjugais, afastamento das pessoas, grande sofrimento psíquico para a mãe (inclusive com risco aumentado de suicídio) e falta de autoconfiança materna (podendo gerar efeito negativo no processo de aleitamento materno). A família se envolve em duas frentes: a preocupação com o ente com depressão e a mobilização para cuidar do bebê.

É importante destacar que, quanto antes a DPP for identificada, maiores as chances de prevenir os danos.

Fatores de prevenção

É importante ter uma rede de apoio social afetivo (incluindo um parceiro com boa relação conjugal), apoio emocional dos amigos e familiares e acesso a bons profissionais de saúde. Também é essencial um olhar, desses profissionais e da rede de apoio, para a saúde mental das gestantes desde o pré-natal até os primeiros meses pós-parto, sendo o período do puerpério o mais crítico. Assim, detectando o quanto antes os fatores de risco para DPP e encaminhando os casos elegíveis para a equipe multiprofissional (principalmente psicólogo e psiquiatra), é possível iniciar o tratamento o mais precoce possível e minimizar ao máximo os fatores de risco.

Ademais, amamentar está relacionado à liberação de neurotransmissores importantes para regulação do estresse materno e fortalece o vínculo socioafetivo mãe-filho. Promover o aleitamento materno, respeitando os limites da mãe, pode ser um fator de prevenção, desde que seja um ato desejado e não imposto. Caso contrário, torna-se um fator causal e não preventivo. Junto a tudo isso, é valido também fazer uso da medicina integrativa como, acupuntura, homeopatia, florais e meditação. Devem ser aplicada desde o pré-natal, preparando o emocional da paciente para o parto e pós-parto.

Tratamento

- Psicoterapia: a terapia indicada é a terapia cognitivo-comportamental, pois facilita a identificação e interpretação de pensamentos e emoções disfuncionais. Ela também ajuda na mudança de percepção da vida e do futuro, em relação a si e ao mundo. A psicoterapia já deve ser aplicada no pré-natal para o grupo de risco.
- Medicamentoso: usa-se sertralina, paroxetina, duloxetina, nortriptilina ou imipramina por no mínimo 6 meses quando há depressão instalada, mas não há evidências do uso desses medicamentos como preventivo. Quando são associados à psicoterapia, o resultado é melhor.
- Medicina integrativa: dentro da medicina integrativa tem-se acupuntura e homeopatia, que podem ser usadas de forma preventiva no pré-natal e no pós-parto imediato, além de *mainfulness*, florais e meditação.

Orientação às famílias

A sintomatologia depressiva interfere diretamente no microssistema familiar (quase sempre de forma negativa), gerando conflitos e afastamento das pessoas. Em raras exceções influencia positivamente, uma vez que pode trazer aproximação dos entes envolvidos. Assim, o apoio familiar efetivo ajuda a superar as adversidades e gera efeitos positivos e sensações de pertencimento, carinho e bem-estar, fortalecendo o processo recíproco de cuidado entre os membros da família. Quem recebe e quem oferece o apoio é favorecido.

Superdica: prevenir os fatores de risco e detectar, o quanto antes, os sinais de depressão são fundamentais para o início precoce do tratamento, minimizando o risco da depressão e suas consequências.

Referências

ARRAIS, A. R.; ARAUJO, T. C. C. F. Depression Postpartum: A Review About Risk Factors And Protection. *Psicologia, Saúde & Doença,* 2017.

CAMPOS, P. A.; FÉRES-CARNEIRO, T. *Sou mãe: e agora? Vivências do puerpério.* Psicologia USP, 2021. Disponível em: <https://www.scielo.br/j/pusp/a/gRDZZ9sPmPNXKBBJnRtrxkQ/?lang=pt&format=pdf>. Acesso em: 24 abr. de 2022.

CANTILINO, A.; ZAMBALDI, C. F.; SOUGEY, E B. *et al.* Transtornos psiquiátricos no pós-parto. *Archives of Clinical Psychiatry* (São Paulo), 2010.

CRISTO, A.; NEVES, D.; SOBRINHO, W. *et al. Depressão pós-parto: prevenção e tratamentos.* Disponível em: <http://dx.doi.org/10.33448/rsd--v11i7.28618>. Acesso em: 15 maio de 2023.

DA-SILVA, T. G.; VASCONCELOS, P. F.; MOURA, I. G. S. Uma abordagem atual da utilização de antidepressivos no manejo da depressão pós-parto. SMAD – *Revista Eletrônica Saúde Mental Álcool e Drogas* (edição em português), 2021. Disponível em: <http://pepsic.bvsalud.org/pdf/smad/v17n1/en_v17n1a14.pdf>. Acesso em: 02 mar. de 2023

DA SILVA, Y. L. R. Escala de Depressão Pós-Parto de Edimburgo (EPDS). *A percepção de puérperas da Atenção Básica.* Universidade Estadual da Paraíba, Campina Grande, 2013. Disponível em: <http://dspace.bc.uepb.edu.br/jspui/bitstream/123456789/4182/1/PDF%20-%20Yris%20Luana%20Rodrigues%20da%20Silva.pdf>. Acesso em: 15 maio de 2023.

MINISTÉRIO DA SAÚDE. *Depressão pós-parto.* Disponível em: <https://www.gov.br/saude/pt-br/assuntos/saude-de-a-a-z/d/depressao-pos-parto>. Acesso em: 19 dez. 2022.

SANTOS, M. L. C.; REIS, J. F.; SILVA, R. P. *et al. Sintomas de depressão pós-parto e sua associação com as características socieconômicas e de apoio social.* Escola Anna Nery, 2022. Disponível em: <https://www.scielo.br/j/ean/a/wvn5x49ZqbgzhKGs4pqPnqb/?lang=pt>. Acesso em: 16 dez. de 2022.

SOARES MELO, W.; CALDERON, C.; PAULA, F. *et al. Relacionamento familiar, necessidades e convívio social da mulher com depressão pós-parto*. 2015.

SUNDE, R. M.; GONÇALVES, F. G. Eficácia da terapia cognitivo-comportamental no tratamento da depressão pós-parto em adolescentes. *Revise – Revista Integrativa em Inovações Tecnológicas nas Ciências da Saúde*, 2022. Disponível em: <https://www3.ufrb.edu.br/seer/index.php/revise/article/view/2206>. Acesso em: 16 dez. de 2022.

WESTPHALEN, F. O impacto da depressão pós-parto materna na relação mãe-bebê e os efeitos na interação da díade: uma revisão integrativa. *Revista Piscicologia em Foco*, 2020.

17

INDEPENDÊNCIA E AUTONOMIA

A missão que temos ao educar uma criança não consiste simplesmente em alimentar, dar carinho, proteger, ensinar letras, números e formas. Precisamos ensiná-la a se tornar um adulto independente e autoconfiante, capaz de tomar decisões com segurança em suas ações. Pequenas mudanças podem contribuir e potencializar sua independência e autonomia. Neste capítulo, você terá oportunidade de entender a diferença entre independência e autonomia e conhecer formas de incentivá-las.

HELYANE GUIMARÃES

Helyane Guimarães

Contatos
www.helyaneguimaraes.com.br
helyaneguimaraes@gmail.com
Instagram: @helyane.guimaraes
11 99938 5903

Mãe do Adriano, presente e promessa de Deus na minha vida. Pedagoga com especialização em Educação Infantil e Neuropsicopedagogia Clínica. Atua como coordenadora pedagógica há 14 anos, instruindo professores e orientando famílias. Educadora parental em Disciplina Positiva; membro e certificada pela Positive Discipline Association. Criação compassiva (como trabalhar compaixão e autocompaixão na orientação parental e inteligência emocional) pela PUC. Idealizadora do programa Conecta Educa Afetivo, entusiasta da educação positiva na escola, pesquisadora do desenvolvimento infantil, desenvolvedora de métodos encorajadores para pais e educadores. Acredita que levar mais consciência para famílias, escolas e comunidade é o caminho para tornar as crianças mais felizes, capazes e emocionalmente mais saudáveis.

Com amor, gratidão, estima e admiração, dedico este capítulo a minha família. Ao meu filho, Adriano, o qual é a razão para eu buscar ser uma melhor mãe todos os dias. Ao meu querido esposo e companheiro de vida, Thiago, por juntos formarmos uma família feliz e unida, onde encontro a verdadeira felicidade e sentido ao que considero a tarefa mais importante do mundo: orientar famílias.

Ninguém pode ser livre a menos que seja independente.
MARIA MONTESSORI

Pais, responsáveis e professores assumem um papel que não consiste simplesmente em alimentar, proteger ou ensinar a ler e a escrever. Também ensinam as crianças a se tornarem adultos independentes, autoconfiantes, bem-sucedidos, felizes e realizados em suas vidas. Educam para independência e autonomia.

Não é raro que categorizem independência e autonomia com significados semelhantes, mas suas definições são bem diferentes. Em casa e na escola, ouvem-se pais e professores empregando os termos de independência e autonomia como sinônimos. A independência pode ser definida como a capacidade de realizar certas tarefas sozinho (ação física e motora); já a autonomia está relacionada à capacidade de tomar decisões (fazer escolhas e raciocinar de forma lógica). Ambas dependem do que fornecemos e da etapa de desenvolvimento, isto é, o período em que estão preparadas para aprender.

A autonomia vai sendo adquirida no caminho entre a dependência e a independência. Como um bebê que inicia seus primeiros passos, para tomar a decisão de soltar as mãos de seus pais ele precisa, antes, do apoio e segurança deles. Seus pais vão preparando o ambiente e criando oportunidades para que isso aconteça. Ser independente e ter autonomia não significam não depender de nada. O bebê que já aprendeu a andar poderá caminhar pela casa, mas não sairá caminhando pelas ruas sozinho. Ele é autônomo para andar, mas ainda depende do apoio e segurança de seus pais até que se torne independente. Segundo Paulo Freire, "a autonomia vai se constituindo na experiência de várias, inúmeras decisões que vão sendo tomadas".

De fato, todos nascem completamente dependentes. Com o decorrer do tempo, é importante que todos os envolvidos com a criança tenham consciência de como é saudável para o desenvolvimento vivenciar experiências que contribuirão para a independência e a autonomia. Para isso, é preciso que os adultos busquem o equilíbrio entre a liberdade e a proteção.

Estudos científicos realizados no campo da psicologia e da pedagogia do aprendizado apontam que crianças aprendem mais quando percebem a diferença das ações feitas *com* elas e *para* elas. É evidente que pequenas ações contribuem para potencializar a independência e autonomia das crianças, porém ajudá-las em algo que já conseguem realizar sozinhas acaba por limitar seu desenvolvimento. Como dizia Maria Montessori, "qualquer ajuda desnecessária é um obstáculo na aprendizagem".

É no núcleo familiar que descobrimos o mundo, onde temos a oportunidade de nos arriscar sob a supervisão e motivação dos pais. Segundo Piaget, o desenvolvimento afetivo e cognitivo da criança dependerá sempre dos estímulos e vivências de relações familiares, sociais e culturais perante à formação biológica. Para o autor, o desenvolvimento é uma marcha para o equilíbrio da vida intelectual, afetiva e social. Esse equilíbrio se traduz numa autonomia crescente e essencial para o desenvolvimento integral da criança. A independência permite que a criança coloque em prática a autonomia.

Os principais conceitos relacionados à conquista de autonomia pessoal são:

Rotina	Hábito	Atitude	Aprendizagem	Autonomia

Rotina: ações cotidianas de grande significado para a criança, que marcam seus ritmos e tempos. O acompanhamento do adulto é necessário, pois proporciona previsibilidade, organização e segurança.

Hábito: conduta ou comportamento constante após um processo de aprendizagem marcado pelo cotidiano, que atua de forma autônoma e voluntária.

Atitude: ação adquirida graças à experiência e diferentes situações que ocorrem no dia-a-dia.

Aprendizagem: processo ativo, contínuo e somativo que nos acompanha ao longo da vida e ajuda no desenvolvimento, resolvendo os múltiplos conflitos que surgem. A aprendizagem é um processo linear que pode sofrer saltos.

Autonomia: desenvolvimento integral da criança em suas capacidades físicas, afetivas, sociais e intelectuais. Está presente ao longo da vida para intervir livremente, consciente e consistentemente no meio que a cerca.

Essa aprendizagem na conquista da tão almejada independência e autonomia se inicia pelos pequenos passos que os pais promovem pelo caminho da dependência e da independência. Mas será que os adultos estão preparados para colocar a criança em situações que promovam sua autonomia, como situações desafiadoras, frustrações, tomada de decisões e escolhas? Será que damos permissão para as crianças e adolescentes?

Um estudo, divulgado em 2015 e realizado pela Universidade de Montreal, no Canadá, acompanhou 78 mães e seus respectivos filhos. Os participantes foram visitados em suas casas duas vezes pela equipe de pesquisa. A primeira vez quando a criança tinha 15 meses, e a outra aos três anos. Cada visita durou entre 60 e 90 minutos. Durante esse período, cada mãe foi solicitada a ajudar seu filho a realizar atividades que eram difíceis para realizar sozinho, como construir uma torre e resolver quebra-cabeças, na primeira visita, e separar blocos na segunda. Eles avaliaram se as mães encorajaram os bebês, se tinham uma postura flexível e se respeitavam o ritmo e as dificuldades de cada um. As atividades foram registradas em vídeo para que os pesquisadores pudessem avaliar os comportamentos de apoio à autonomia da mãe. Depois de um tempo, os cientistas idealizaram jogos adaptados para poderem mensurar a memória e a capacidade infantil de trabalhar vários conceitos cognitivos de uma só vez. Os que se deram melhor foram aqueles cujas mães incentivaram e preferiram instruir em vez de completar os desafios para eles.

Pode-se ver que o papel dos pais e educadores no desenvolvimento da independência e autonomia é tão importante que determina como as crianças chegam na vida adulta. Oportunizar à criança uma dose certa de independência permite que ela se sinta capaz de realizar algumas tarefas sozinha e se torne autônoma (isso é: saber planejar uma ação, resolver problemas e fazer escolhas). Refletir para considerar que a autonomia e a independência só são desenvolvidas quando há liberdade e permissão para a criança, tanto no ambiente familiar quanto escolar, é a principal ajuda direta que podemos dar a uma criança.

Educar promovendo a independência liberta a criança física e mentalmente, fazendo com que respeite seus próprios limites e busque alternativas para superar suas dificuldades. Crianças privadas de independência nos primeiros anos de vida não desenvolvem autonomia para tarefas simples como trocar a própria roupa ou comer sozinhas, o que resulta em adolescentes dependentes e emocionalmente frágeis.

Maria Montessori dizia que "ninguém pode ser livre a menos que seja independente". O que devemos considerar é que não só os pais, mas também os educadores precisam saber que não se pode limitar as crianças achando que não são capazes. Para isso, é preciso um adulto preparado. Segundo Montessori, a criança quer aprender o tempo todo e o adulto deve ser um observador que confia na criança, buscando nos atos dela as indicações de suas necessidades. A observação e uma escuta ativa possibilitam melhor compreensão do que a criança quer aprender. Devemos deixar a criança experimentar e tentar sem ajuda e sem ser interrompida, pois apenas assim ela aprenderá e perceberá seus próprios erros, que serão oportunidades de aprendizado para superar dificuldades futuras e respeitar seus próprios limites.

Vale ressaltar que o adulto precisa ser a referência e apoio para as crianças. Deve prepará-las para a vida adulta, para que se tornem protagonistas do próprio aprendizado e tenham o controle da sua vida e consciência do seu poder de decisão. Pais que não propiciam o desenvolvimento da independência e autonomia não desenvolvem na criança habilidades e competências para desafios futuros, tornando-as despreparadas para a vida e sem consciência de seu papel na sociedade. Podem se tornar adultos com dificuldades por suas inabilidades, com falta de aprimoramento motor, de inteligência emocional, de proatividade, de autoconfiança e de senso de responsabilidade. Se desejamos que as crianças se tornem mais independentes e autônomas, precisamos caminhar lado a lado, trilhando um caminho permeado de encorajamento, acompanhamento, apoio, paciência e comunicação assertiva.

As contribuições de Montessori e Piaget nos revelam a importância das interações ambientais, pois despertam a curiosidade da criança em aprender e a construir valores com estímulos afetivos e cognitivos com os pares, genitores e educadores. É preciso acreditar que as crianças são mais capazes do que imaginamos e eliminar a crença equivocada de que com o "tempo" a criança aprende. Precisamos preparar a base que será o alicerce para sua independência e autonomia, e isso acontece nos seis primeiros anos de vida. A educação para independência e autonomia é necessidade. Somente sendo independente e autônomo nos tornamos preparados para a vida. Desenvolvemos a capacidade de lidar com a frustração, autoconhecimento, autoconfiança e a capacidade de fazer escolhas e tomar decisões.

Orientações para pais e profissionais

Educação para a independência e autonomia não se trata apenas da educação da criança. Para educar uma criança a ser autônoma e independente, o adulto precisa ser educado para conduzir a criança por esse caminho. Todos devem ter informações e orientações para não se tornar um obstáculo ao desenvolvimento da criança ou adolescente.

Estejam atentos para:

- Não impedir a criança de se movimentar livremente com medo dela cair.
- Supervisioná-la e encorajá-la ao subir em um brinquedo.
- Não tirar as coisas das mãos da criança sem orientar e permitir que toquem com supervisão.
- Não considerar a maturidade das crianças e forçá-las a permanecerem sentadas na escola por muito tempo.
- Rever limite de espaço e tempo.
- Não fazer tudo por elas e não duvidar de suas capacidades de realizarem certas tarefas sozinhas, como se vestir, guardar os brinquedos, escovar os dentes e tomar banho.
- Acreditar na capacidade e responsabilidade do adolescente. Ele é capaz de colocar alarme no celular para acordar, servir seu almoço no prato, praticar a higiene do seu banheiro ou limpeza e organização do seu quarto, pegar ônibus e comprar algo na padaria.
- Dar voz e oportunidade para o adolescente praticar e discutir a tomada de uma decisão.
- Demonstrar ao adolescente a diferença entre escolhas reativas e conscientes por meio de situações rotineiras.
- Ensinar ensinando e não apenas corrigindo.
- Não fazer pela criança ou adolescente e, sim, com eles.

Vamos treinar? Veja as atividades *filhos independentes e autônomos* no QR code ao final do livro.

Algumas reflexões para pais e educadores:

- Será que tenho paciência de não interromper a minha criança que acredita que consegue fazer sozinha?
- Tenho apoiado e fornecido assistência nos momentos em que a criança precisa ou tenho feito por ela?
- Viso aprender minimamente sobre as etapas de desenvolvimento?
- Incentivo o interesse natural da independência e autonomia da criança ou adolescente?
- Tenho paciência para esperar o tempo da criança e persistência para ensinar, repetindo várias vezes o processo?
- Ofereço escolhas limitadas ou direcionadas?
- Apoio os interesses do adolescente, ajudando-o a encontrar maneiras de contribuir para as causas em que acredita?
- Quando vejo uma criança com dificuldade para montar um brinquedo, ou meu adolescente com dificuldade em preparar a mala de viagem, eu espero, ensino e encorajo ou completo por ele?
- Confio quando meu filho ou meu aluno dá indícios de conseguir realizar algumas tarefas, encorajando-o para desenvolver não só a autonomia como também autoconfiança e autoestima?
- Sou claro e afetivo na comunicação, olho no olho, toco para chamar atenção, demonstro que estou ali para ajudar, se precisar?
- Preocupo-me em não ter proporcionado para meu filho o estímulo para ter as tão sonhadas independência e autonomia?

Se queremos que nossos filhos e alunos se tornem crianças mais independentes, precisamos acreditar que fazemos parte desse processo, acompanhando-os como guias e observando. Sempre é tempo de começar! Basta permissão, ensino e incentivo.

Superdica: plantar a autonomia na infância é o caminho para colher um adulto seguro de si e preparado para a vida!

Referências

BERNIER, A; LALONDE, G; MATTE-GAGNÉ, C. Stability in maternal autonomy support and child executive functioning. *Journal of Child and Family Studies*, 2015. Disponível em <https://neurosciencenews.com/cognition-child-autonomy-psychology-1704/>. Acesso em: 3 mar. de 2023.

FREIRE, P. *Pedagogia da autonomia: saberes necessários a prática educativa.* São Paulo: Paz e Terra, 1996.

MARGARITA F. Z; RODRÍGUEZ, A. J. *Autonomía Personal Y Salud Infantil.* Madrid: Editex, 2009.

MONTESSORI, M. *O segredo da infância*. São Paulo: Kírion, 2019.

MONTESSORI, M. *Spontaneous Activity in Education – Advanced Montessori Method.* Frederick A. Nova Iorque: Stokes Co., 1917.

SELDIN, T. *Método Montessori na educação dos filhos*. Barueri: Manole, 2021

18

ADAPTAÇÃO ESCOLAR

UM DESAFIO PARA PAIS, CRIANÇAS E EDUCADORES

O grande dia chegou! Uniforme, mochila e, junto, muitas expectativas, medos, sonhos. Que mistura de sentimentos é ver aquela pequena parte de nós ali atravessando a porta da escola, muitas vezes sem nem se despedir. Enquanto nossos filhos ganham o mundo, sentimos como se estivéssemos dividindo, com outras pessoas, uma parte do nosso. Mas viver é ser livre e não existe liberdade se você não se permite conhecer o novo. E é na primeira adaptação que essa nossa história começa...

JULIANA CRISTINA FADEL

Juliana Cristina Fadel

Contatos
LinkedIn: juliana-fadel
Instagram: @julifadel

Advogada, pedagoga, especialista em Gestão Escolar com formação em Metodologias Ativas, Educação Positiva, Brincar Heurístico, Contação de Histórias, Alfabetização e EJA, Inclusão, Musicalização na Educação Infantil, entre outras. CEO da Rede Fadelito de Educação Infantil, lugar onde faz questão de receber, diariamente, as famílias, desde o primeiro dia de abertura da escola, em 1999. Responsável pela criação do Sistema de Ensino Fadelito, Projeto *Baby Learning* (em parceria com especialistas), responsável pelo desenvolvimento de toda a Metodologia Pedagógica e inovação da escola, criação e implantação, junto com a equipe pedagógica, da Pedagogia Socioafetiva e do projeto socioemocional Fadelito Transformar.

Queridos leitores,

a vida é uma grande estreia, já pensaram nisso?

Tudo começa no primeiro dia de escola, depois vem o primeiro dia na nova turma, no novo horário, na outra cidade, na faculdade, a primeira entrevista de emprego, o primeiro estágio, o primeiro dia na casa da sogra (que medo!), o primeiro dia na nossa casa (com a nossa família), o primeiro dia na maternidade, quando um choro rompe o silêncio e, assim, estreamos em um dos papeis mais importantes das nossas vidas, como pais, pela primeira vez.

Espero que você tenha se lembrado de algumas dessas situações e revivido o friozinho na barriga, mas também a alegria, a euforia e a sensação de vitória no final de todos esses "primeiros dias".

A vida é repleta de estreias e que bom, porque é isso que a torna interessante, divertida e dinâmica. São essas pequenas-grandes conquistas que nos fazem sonhar e achar que o futuro vai ser sempre melhor e vai, mas, para isso, ele precisa ser diferente.

Agora que eu já te fiz acreditar que não há como fugir das mudanças, vamos então falar sobre adaptação e como lidar da melhor forma com esses primeiros dias.

Começo dizendo, como em todos os meus livros, que não tenho a menor intenção de trazer teoria para esta nossa conversa, não que ela não seja importante, ela é, e muito, inclusive é a base de tudo que vamos tratar aqui. Mas a ideia deste capítulo não é construir um texto acadêmico, e sim compartilhar experiências e dividir com você que é pai, educador, boas práticas, para que possamos nos apoiar com as nossas experiências mais bem-sucedidas e, assim, apoiar também as nossas crianças nesse primeiro desafio da vida delas.

Para você que não tem nenhum conhecimento técnico sobre o assunto, mas gostaria de se aprofundar, veja, no QR code, algumas dicas de teóricos importantes que me inspiram e que certamente vão ajudar você a trazer um outro olhar sobre o tema.

E já que estamos falando sobre teóricos, devo dizer que hoje ser capaz de se adaptar é considerado uma virtude tão importante para o mundo moderno, para a vida social e para o trabalho, que decidi começar essa nossa conversa trazendo uma reflexão de um dos mais importantes cientistas do nosso século:

Inteligência é a capacidade de se adaptar à mudança.
STEPHEN HAWKING

É impossível tentar controlar ou evitar as mudanças que acontecem a nossa volta, e nem devemos, porque elas são necessárias e fazem parte da nossa evolução. Sendo assim, só nos cabe sermos capazes de controlar como nos sentimos e como nos autorregulamos, principalmente quando as mudanças são difíceis. Essa é a tal da "resiliência", palavra tão importante e que caminha junto com a adaptação.

Assim é a entrada na escola, ela pode demorar mais ou menos, mas um dia ela vai acontecer e nos cabe transformar esse momento em uma experiência capaz de empoderar as crianças com autoestima, confiança e a segurança de que elas são capazes de vencer e superar todos os seus medos e desafios, tendo para isso o apoio das pessoas que as querem bem.

Uma boa notícia para você: não existe criança que não se adapte na escola! Infelizmente, o que existe são famílias que desistem no meio do processo.

E essa mensagem que se passa para a criança, de que quando ela encontra um desafio, quando algo é difícil ou quando dá medo, ela não precisa superar, é só desistir, é, na minha opinião, uma das coisas mais tristes e perigosas que se pode ensinar a ela. Todos nós sabemos da importância da primeira infância para a formação emocional, então você pode imaginar a repercussão dessa mensagem no futuro dessa criança?

Sabe aquele jovem que não termina nenhum curso que começa, que não para em nenhum trabalho, que não consegue estabelecer relacionamentos duradouros, porque sempre que encontra qualquer desafio desiste, muda ou tira da frente?

Por isso eu sempre gosto de dizer para as famílias que, leve o tempo que for, nós não desistimos de tentar fazer a criança se sentir segura e confiante de que ela jamais será abandonada; que ela não precisa trocar a família pela escola; e que se relacionar é um desafio, mas é também um dos maiores prazeres da vida!

O que é preciso saber antes de iniciar qualquer adaptação?

A adaptação é um momento importante na vida da criança, ficar bem na escola envolve muitos fatores e, basicamente, os sentimentos de toda a família.

Os pequeninos, com muito mais facilidade que os adultos, são capazes de se adaptar às situações, é inclusive assim que eles constroem o aprendizado: é o desejo de pegar algum objeto que os faz desenvolver as habilidades para engatinhar, ficar de pé e, com o passar do tempo, arriscar os primeiros passos. Mas, para que essa integração com o novo aconteça de forma harmoniosa, é preciso levar em conta algumas premissas fundamentais:

1. **Respeito:** Que se deve à família, à criança e às outras crianças que estão na escola.
2. **Organização:** Todos os adultos envolvidos devem saber exatamente o que vai acontecer e o papel de cada um nesse processo. O único cenário imprevisto aceitável em uma adaptação são as reações da criança, e, mesmo assim, temos que ter planejadas estratégias diferentes, pensando em cada uma delas.
3. **Afetividade:** A aprendizagem, as relações e a confiança só se constroem em um ambiente onde existe carinho, vontade de fazer o certo e muito amor.

Lembre-se: Você nunca mais terá uma segunda chance de causar uma primeira boa impressão, então, vamos conversar sobre cada um dos envolvidos nesse processo de adaptação.

Orientações a famílias, crianças e educadores

Família

A adaptação é, para a família, a concretização de que a escolha da escola foi certa e, como pais, esse é um momento angustiante, pois sentimos que não podemos (e não queremos) errar.

Para auxiliar nessa decisão, quero empoderar vocês de todos os motivos que fazem da escola o melhor e mais seguro lugar para a criança crescer e se desenvolver:

- A escola é um espaço destinado aos pequenos, cada cantinho nela foi construído e pensado considerando as oportunidades de descobertas e o cuidado com a segurança das crianças. Digo que, ainda que a sua casa seja um ambiente controlado, nem todos os móveis deixam de ter quinas, há risco de quedas, há janelas e varandas, nem tudo que há em casa a criança pode mexer ou explorar em segurança, e é justamente por isso que, há muitos anos, infelizmente, o maior número de acidentes com as crianças pequenas ainda acontece em casa.

- Mas não é só dentro de casa, no parque do prédio ou na brinquedoteca, quem está acompanhando e direcionando as crianças de todas as idades ali misturadas? Com que frequência esses ambientes são limpos? Será que crianças doentes, que deixam de ir para a escola, não frequentam esses lugares?
- As pessoas que trabalham na escola estudaram e estudam permanentemente as melhores práticas para acompanhar, mediar e orientar as relações, as descobertas e as aprendizagens das crianças. São pessoas vocacionadas, que têm nesse trabalho um objetivo de vida. Não se trata de algo temporário, para fazer de uma forma precária, os profissionais da escola veem o seu trabalho como uma missão e por isso se dedicam para se tornar cada dia mais competentes naquilo.
- Na escola há sempre muitas pessoas, se uma se ausenta, ou se atrasa, outra estará lá; se uma hoje está cansada, pode pedir ajuda de uma colega, e assim se constrói uma rede de apoio para a criança que nunca, nunca estará sozinha, ou com alguém que está em um dia ruim, irritada, sem dormir ou com inúmeros problemas pessoais para resolver.
- Embora haja cuidadores maravilhosos, a verdade é que não podemos descartar o fato de que eles trabalham sozinhos e que, como qualquer ser humano, têm dias e dias... o problema é que sempre estão sozinhos.
- E a questão não é só o cuidado, ou pelo menos não deveria ser, porque a primeira infância é a época mais importante do desenvolvimento humano, o período em que mais precisamos de estímulos adequados, já que 90% das conexões cerebrais são estabelecidas até os seis anos. Na prática, apresentar o mundo para a criança de uma forma rasa ou inadequada traz consequências que impactarão o seu desenvolvimento social, emocional e cognitivo pelo resto da vida.

E por que eu fiz questão de começar dando aos pais argumentos que falam da importância da escola e da adaptação? Porque de uma coisa eu tenho certeza: *quando os pais estão seguros*, a criança se sente confiante e o processo de adaptação é infinitamente mais tranquilo e natural. Isso tem uma razão de ser: Freud fala bastante sobre o "primeiro objeto amoroso", sobre o "apego muito forte", mas esse é um assunto que merece um outro capítulo inteiro. Aqui, vamos tratar apenas de como construir essa relação de confiança e segurança com a família.

Comece deixando claro todo o processo de adaptação: quem vai receber a criança, quantas horas ela vai ficar, como a família pode ajudar nesse momento, etc. Tire todas as dúvidas antes do grande dia, porque, na adaptação, todas as atenções devem estar voltadas à criança e cada um dos adultos ali deve saber o seu papel para garantir a melhor experiência para ela.

Converse com a família que esse não é o momento para mudanças: adaptação não é o momento de mudar rotinas, então não a marque no horário em que a criança costuma dormir, comer – escolha o horário em que ela geralmente está mais disposta.

Outro erro bastante comum é colocar a criança na escola quando o irmãozinho nasce – a adaptação é justamente o momento em que a criança precisa ter e sentir o apoio incondicional da família. Também não é uma boa hora para desfraldar ou tirar a chupeta.

Lembre-se: facilite o processo, uma coisa de cada vez!

Dicas para auxiliar a família na adaptação

1. Antes de ir para a escola, vá criando uma expectativa positiva, converse sobre o assunto, deixe a criança escolher e participar da arrumação da mochila, mostre o que têm dentro.
2. Ao chegar na escola, se a criança já anda, coloque-a no chão ou sentada próximo de você. Lembre-se de que ela não vai conseguir se apropriar do ambiente enquanto estiver no colo.
3. Converse com ela, explique que vocês vieram para passar algum tempo ali e que você vai ficar esperando enquanto ela estiver brincando, se divertindo e fazendo amigos.
4. Leve um livro para ler ou alguma atividade para passar o tempo. Muitas vezes, com a intenção de ajudar, os pais começam a interagir ou brincar junto com a criança durante a adaptação, o que acaba não auxiliando no processo, pois, enquanto a família estiver dando atenção, dificilmente a criança vai dar alguma oportunidade a outra pessoa. Precisamos poder conversar, brincar e criar, aos poucos, vínculos de afetividade e confiança!
5. Respeite o horário combinado de saída, seja pontual para ajudar a transmitir a segurança e a tranquilidade necessárias para que a criança retorne sem receio no dia seguinte.
6. O choro na hora da separação pode não ser incomum, mas não significa que a criança não queira ficar na escola, significa, muitas vezes, que ela quer ir brincar, mas não quer perder você; então lembre-a de que você vai estar sempre esperando por ela.

É importante perceber também quando o choro é usado pela criança como forma de tentar impor sua vontade de não sair da zona de conforto – se relacionar, aprender a dividir – esse é o momento de encorajar a criança. Já a ausência de choro, diferente do que se imagina, não significa que a criança não sinta saudade dos pais; muito pelo contrário, os pais são e sempre serão as pessoas mais importantes na vida dela! Esse "ficar bem" significa apenas que ela confia na família e está segura o suficiente para aproveitar parte do dia com outras crianças, compartilhando situações e descobertas que só são possíveis entre elas e no mundo delas.

Criança

Ao receber a criança na escola, devemos ter em mente que a integração dela acontece em três cenários diferentes e que se completam:

1. **Integração ao espaço:** é importante que a criança conheça e se sinta confiante em transitar pelos espaços da escola, sabendo onde fica a sua sala referência, banheiro, bebedouro, parque e demais ambientes.

2. **Integração com o educador:** o mundo da criança, antes de entrar na escola, corresponde, basicamente, à família (pessoas em que ela confia). Ao chegar na escola, ela vai conhecer outros adultos com os quais vai aprender a conviver, se relacionar e confiar.

3. **Integração ao grupo:** hoje, em lares onde cada vez é mais comum a opção de se ter apenas um filho, é normal que o universo da criança não englobe rotineiramente outras crianças. Assim, é fundamental inseri-la nessa nova comunidade, auxiliando-a a se relacionar e brincar com outras crianças da mesma idade.

Se você quer sugestões de como fazer essas integrações, acesse o QR code ao final do livro.

Escola e educadores

Quem faz a adaptação?

Falamos logo no início em respeitar a família, a criança e as outras crianças. Escolas de educação infantil têm adaptações todos os meses, em algumas delas, inclusive, todos os dias, então, para que a rotina das demais crianças seja preservada durante as adaptações (lembrando que é uma via de duas mãos – hoje eu estou adaptando o meu filho, amanhã outra criança estará se adaptando), é importante que outra educadora da turma (não a professora), preparada e treinada para isso, faça a adaptação.

Eu sempre gosto de sugerir alguma auxiliar da sala, que vai receber a criança e ficar junto com o grupo, mas vai ter a condição de dar uma atenção individual e exclusiva, caso a criança queira ficar no parque, por exemplo, o primeiro dia inteiro.

Marque uma adaptação por vez

Se você tem uma especialista na turma para realizar esse processo, é importante que ela consiga atender com a máxima atenção cada criança individualmente (cada criança é um ser único e especial), então, marque um horário para cada uma delas.

Além da exclusividade de atenção, vale considerar que o choro contagia: uma criança adaptada vendo outra chorar acaba chorando também.

Objeto transicional

Há inúmeros elementos constituídos pela criança (naninhas, ursinhos, brinquedos, paninhos) que servem a ela como suporte e ajudam a lidar com a ansiedade e a frustração, fazendo-a se autorregular, sentir-se segura ou confortável. Essa relação com esses "recursos" que oferecem apoio e acolhimento foi estudada pelo pediatra e psicanalista inglês Donald Winnicott, que lhes atribuiu o nome de Objetos Transicionais ou Objetos de Transição.

Se a criança não tem nenhum, podemos utilizar elementos na adaptação que servirão como eles, por exemplo, uma peça de roupa com o cheiro da mãe, para um bebê; a mochila ou a lancheira (quantas crianças andam pela escola carregando a lancheira nos primeiros dias?); e até mesmo a chave do carro, que garante que a mãe não vai embora e vai aguardar a criança brincar ali na escola.

No QR code você encontra dicas de brincadeiras para as crianças, divididas por idade, para auxiliar na adaptação.

Habilidade ou necessidade? Uma nova forma de olhar para o mundo

Adaptabilidade é uma das mais importantes *soft skills* da atualidade e ninguém tem dúvidas disso, no mundo corporativo, inclusive, ela é vista como uma das aptidões essenciais para os cargos de liderança. Por isso, a valorização de experiências como morar fora, ter transitado por diversos ecossistemas dentro de uma empresa, ou ter convivido com grupos de pessoas diferentes.

Vale também dizer que a adaptabilidade está intimamente ligada à resiliência, outra *soft skill* importante, pois, quanto mais facilmente somos capazes de nos adaptar, mais rápido somos também capazes de nos recuperar dos revezes da vida.

Espero que essa nossa conversa tenha lhe trazido esse olhar da adaptação como uma oportunidade, tal qual ela é retratada, com toda doçura, no filme *Enrolados*. Você se lembra daquela cena em que Rapunzel sai da torre, o lugar onde ela viveu a vida toda, pela primeira vez? Ela nunca havia sentido antes a grama sob seus pés descalços, nem visto de perto o colorido das flores. Quando ela afunda o pé no riacho e sente a água, ela a joga para cima e faz festa; o vento sopra um dente de leão, ela sente a brisa e, pela primeira vez, o cheiro da liberdade!

Nada a prendia de fato, além dela mesma!

E é com a coragem e a alegria de quem se permitiu viver o novo, que Rapunzel, correndo eufórica em meio ao mundo que agora surge diante de seus olhos, termina dizendo: "Estou finalmente sentindo que é aqui que a minha vida começa!".

Espero ter lhe encorajado a viver a vida com muito mais incríveis estreias!

Foi um prazer enorme e uma honra ter a sua companhia nessa leitura!

Referência

ENROLADOS. Direção de Nathan Greno e Byron Howard. Estados Unidos: Walt Disney, 2010.

19

CRIANÇAS HIPER-REATIVAS

O QUE VOCÊ PRECISA SABER

Você conhece alguma criança que parece demandar mais do que as outras? Se sim, aqui você vai entender o motivo disso e aprender estratégias para lidar com ela e ajudá-la da melhor maneira possível.

JULIANA SCHIO

Juliana Schio

CRP: 06/90754

Contatos
Instagram: @juliana.schio.psico
11 97304 1466

Casada, mãe, apaixonada pela família, psicóloga desde 2007, pós-graduada em Psicopedagogia (Unisal) e em TCC (CBI of Miami). Leitora de livros infantis. Facilitadora em Disciplina Positiva, Comunicação Não Violenta e Parentalidade Consciente. Cursos: Formação em Terapia Cognitivo-comportamental (FLNC), Psicopatologia (FLNC), Obesidade e Emagrecimento na TCC (FLNC), Terapia Comportamental Dialética e Treinamento de Habilidades Sociais (FLNC), Psicologia do Puerpério (Aripe), Estratégia e Manejo Parental da Criança Hiper-reativa (NC SP), Teoria do Apego (Aripe) e Psicofarmacologia (Aripe).

Você já ouviu alguma vez que todas as crianças faziam birra, mas o filho daquela amiga fazia bem mais? Ou pensou que não é possível que só seu filho fosse "terrível" assim? Ou que aquele coleguinha da classe do seu filho tem um comportamento "intenso demais"?

Eu ouvia com frequência relatos como esses no atendimento clínico de pais e nas redes sociais, além de atender famílias que buscavam psicoterapia infantil, então, decidi me aprofundar e encontrei termos diversos, a depender do autor, como "crianças orquídeas", "crianças hiper-reativas", "crianças *high need*" e "crianças com emocionalidade intensa" (também me surpreendi com a quantidade de nomes diferentes). Ao me aprofundar, encontrei estudos que estão sendo feitos há bastante tempo e concluem que existem crianças que reagem mais ao meio ambiente em que vivem e têm uma sensibilidade maior ao estresse. Elas são consideradas mais difíceis de criar, com nível de atividade mais alto e dificuldade de sono, alimentação, adaptabilidade, intensidade das emoções. São crianças que se opõem sempre, divergem com facilidade, discutem facilmente, batem, xingam. Crianças muitas vezes não compreendidas, frequentemente cercadas por profissionais ou mesmo familiares que tentam entender e "consertar" seu comportamento com diversas terapias, livros que dizem como fazer seu filho ouvir (porque a criança não obedece) e por aí vai. São diversas receitas mágicas de como ser mais severo para conseguir obediência.

Essas crianças possuem alta sensibilidade emocional, desproporcionais, e demoram para retornar ao estado basal. Ficam facilmente entediadas, resistem ou temem mudanças, possuindo baixa tolerância a frustração. Podem ter baixa autoestima e dificuldade de buscar objetivos de curto e longo prazo. Ela mesma (ou seus pais) define seus comportamentos como tsunamis, vulcões em erupção, que são difíceis e demorados de superar. Outra fala comum dos pais é que o comportamento da criança "vai de zero a dez", e que perdem o interesse rapidamente até por atividades divertidas. Elas também, geralmente, têm um excesso de energia física e são vistas como hiperativas. Importante ressaltar que uma criança hiperativa pode ou não ser hiper-reativa, não é obrigatório.

Além disso, essas crianças podem apresentar ataques de ansiedade, agressões físicas, explosões verbais e risco aumentado de suicídio e autolesão. Assim, minha principal pergunta era: como ajudar essas crianças e suas famílias? Entendo que é desafiador conviver com uma criança com essa personalidade, mas em vez de reprimi-la, e se pudéssemos ampliar suas potencialidades?

O principal teórico sobre o tema é Thomas Boyce. Ele pesquisa há 25 anos crianças em diversas situações, países e culturas, e, então, escreveu um livro chamado *A criança orquídea* para explicar que algumas crianças são fisiologicamente mais reativas do que seus pares de baixa reatividade, sendo mais suscetíveis às influências ambientais. Além disso, há uma revolução em andamento na ciência do desenvolvimento da interação gene-ambiente. Hoje sabemos que o ambiente pode produzir diferenças individuais de comportamento, cognição, personalidade e saúde mental, para melhor e para pior.

Como essas crianças são mais vulneráveis ao estresse, seu comportamento reativo tente a aumentar caso estejam em um ambiente punitivo – com agressões físicas, castigos, violência física ou verbal – desorganizado, sem regras e previsibilidade, pois o meio acaba contribuindo para elevados níveis de estresse, desconexão, raiva, medo etc.

Em contrapartida, ambientes calmos, organizados e previsíveis (vide QR code) colaboram com a extinção desses comportamentos, ou ao menos oferecem uma redução significativa, dando espaço para a criança ser ela mesma e aprender suas potencialidades.

Visto dessa forma, podemos pensar que a culpa é exclusivamente dos pais, que são autoritários demais e abusam da punição, certo? De forma nenhuma. Isso é muito importante ressaltar pois, como vimos anteriormente, a neurociência afirma que se trata de uma condição biológica e não de falta ou excesso de controle dos pais. O fator ambiental pode ajudar essa criança ou não, mas a condição dela não poderia ser evitada.

Uma parentalidade positiva, baseada no caminho do meio (nem autoritarismo, nem permissividade), contribui muito para o desenvolvimento das potencialidades de todas as crianças, em especial daquelas hiperativas, pois valoriza gentileza e firmeza, liberdade com ordem, escolhas limitadas, soluções em vez de punições, e coloca as necessidades de pais e filhos como importantes, e não um ou outro.

Estudando a DBT e a teoria biossocial, encontrei respaldo científico também, pois aprendemos que a vulnerabilidade emocional e a impulsividade são biológicas, ou seja, algumas pessoas simplesmente nascem assim. Elas são mais sensíveis aos estímulos emocionais, capazes de detectar informações emocionais sutis no ambiente que outras pessoas sequer percebem. Elas sentem emoções com muito mais frequência do que os outros; emoções que surgem sem nenhum motivo, inesperadamente e de forma mais intensa, duradoura e com uma força descomunal.

Devido à vulnerabilidade e a impulsividade, regular a ação é mais difícil para essas pessoas. Elas sentem grande dificuldade para conter impulsos agressivos e, muitas vezes, sem pensar, fazem coisas que as colocam em encrencas, pois esse comportamento parece surgir do nada. Elas sentem muita dificuldade para ser efetivas, seu humor atrapalha sua organização e seus objetivos, tornando-as incapazes de controlar comportamentos ligados aos seus estados de humor.

Marsha Linehan explica que um ambiente pode reforçar emoções e ações descontroladas. Se as pessoas cedem quando você se descontrola, será difícil recuperar o controle. Se os outros ordenam que você mude, mas não lhe orientam sobre como fazer isso, será difícil continuar tentando mudar. Assim, o melhor caminho para os pais é conhecer o funcionamento de seu filho e saber quais mudanças podem ser feitas no ambiente e na sua parentalidade, contribuindo para minimizar as hiper-reações do seu filho.

O cérebro da criança

Siegel aponta que as crianças pequenas têm o lado direito do cérebro mais desenvolvido e por isso usam mais ele no seu dia a dia. Em uma situação em que a criança está inundada por emoções, como em uma birra, precisamos nos conectar primeiramente com o lado direito do cérebro, através de toque físico, abraço, um tom de voz carinhoso, palavras de compreensão sobre o que a criança está sentindo e nomear/validar suas emoções. Após a criança ter se acalmado, iremos ajudá-la a fazer uma ponte para o lado esquerdo do seu cérebro por meio de conversas e explicações, relembrando e pensando juntos nas soluções.

Mentira: "Vou inventar uma mentira para não ser punido". Baixa autoestima: "Sou o pior filho do mundo. Ninguém gosta de mim".

"Eles conseguiram dessa vez, mas na próxima não me pegam".

"Isso não é justo".

"Eu vou fazer o contrário para mostrar que é do meu jeito".

Muitos acreditam que crianças precisam ser punidas ou castigadas para aprender algo, ou não seria possível educá-las. Porém, a punição funciona apenas em curto prazo; em longo prazo, cria revolta, resistência e não gera um aprendizado real para a criança

Esquerdo

Verbal
Lógico
Pensamento
Ordem

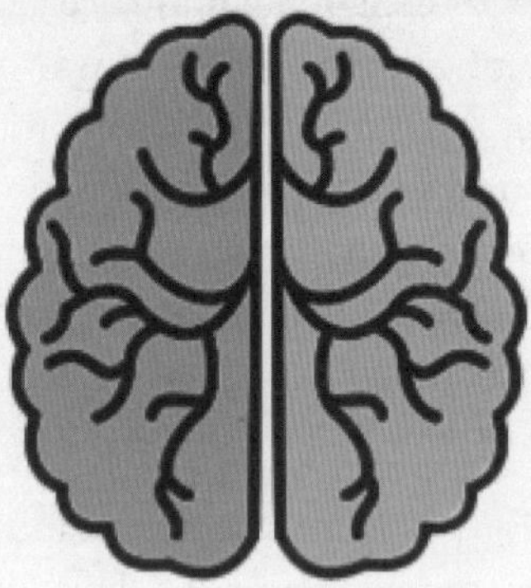

Direito

Emocional
Não verbal
Percepção
Toque
Voz

Uma criança que vive em um ambiente de ameaças, gritos ou punições está sempre em situação de estresse. Nesse contexto, o corpo aciona os hormônios (cortisol e adrenalina) responsáveis pela sobrevivência, ou seja, mecanismos de luta e de fuga. Em excesso, o cortisol vem como um alerta ao corpo e o organismo entende que precisa parar tudo para cuidar do que é emergente. Dessa forma, a criança tende a ficar mais doente ou apresentar mais dificuldades para se restabelecer de uma doença. Já a adrenalina em excesso coloca no organismo uma necessidade de resposta para a ameaça, preparando o corpo para um grande esforço físico, estimulando o coração e aumentando o fluxo sanguíneo para os braços e pernas. Assim, a criança fica mais agitada, seu corpo entende que precisa fugir de um perigo. Ela pode dormir pior, o que é ruim para todas as crianças, mas especialmente para criança hiper-reativa, desencadeando o comportamento hiperintenso.

É comum que crianças hiper-reativas tenham mais dificuldade com atividades de higiene, como escovar os dentes e tomar banho, pois consideram atividades chatas, desagradáveis ou trabalhosas. Situações novas podem ser enfrentadas com relutância, portanto, antecipe frustrações oferecendo validação, acolhimento e estratégias de regulação emocional, se preciso for. Amparar as desregulações e abusar do lúdico tendem a aumentar a tolerabilidade do desconforto emocional.

Nem sempre essas crianças vivem em um ambiente invalidante. Pelo contrário, na maioria das vezes, os pais são atenciosos e apoiadores, tentam lidar com as situações da melhor forma que podem. Para a maioria das crianças, esse apoio pode ser suficiente, mas não é bem assim para crianças hiper-reativas.

Talvez você tenha se identificado como adulto hiper-reativo (sim, crianças hiper-reativas serão adultos hiper-reativos), ou identificado sua criança. Talvez você ou seu filho tenham vivido em um ambiente que não favorecia a hiper-reatividade, (mesmo em um bom ambiente). Você talvez sinta que gostaria de facilitar e aprender uma forma de lidar melhor com isso, já que deu tudo de si e, mesmo assim, não conseguiu suprir a necessidade da sua criança. Você se sente frustrado, pois não possui ferramentas para lidar com essa desregulação? Então vamos lá!

Orientação aos cuidadores

- Ter alguém de referência para conversar sobre o desenvolvimento infantil e emoções, pensamentos e sentimentos é muito importante. Só assim vocês saberão o que é esperado para cada idade e quando buscar ajuda.
- Evite castigos e ameaças, pelos motivos descritos ao longo do capítulo, pois a criança acolhida se sente ouvida e considerada, e isso diminui a oposição.
- Tente não levar para o lado pessoal. As birras são apenas uma forma da criança lidar com as suas emoções, mostram uma inabilidade emocional. Lembrem-se de que seu filho pode estar em constante estado de sobrecarga emocional.
- Quando a criança estiver em crise, não fale de maneira ameaçadora. Fique em silêncio e tenha um espaço de segurança para que ela possa expressar sua raiva sem machucar-se ou machucar alguém. Pode ser que você sinta

necessidade de se afastar e se aclamar primeiro, antes de ajudar a criança. Faça isso sempre que preciso (veja a dica no QR code).

- Crianças aprendem por imitação e modelos, o que significa que o fato de os pais estarem calmos contribui para a criança se acalmar. Aqui, ressalto a importância da habilidade *mindfulness*, sair do piloto automático (veja mais no QR code).
- Perceba, na sua rede de apoio, quem tem habilidade para lidar com cada tarefa específica. Por exemplo, o pai pode ter mais habilidade para dar comida e banho, enquanto a mãe é melhor para brincar, vestir e medicar. Percebendo isso e observando os limites de cada um, sejam parceiros de forma a antecipar esses momentos e tomar a iniciativa de fazê-los.

Ambos os lados, família e crianças, precisam de acolhimento e validação. É importante ter rede de apoio e suporte, saber dos seus limites, conhecer e tentar ter, na medida do possível, suas necessidades atendidas.

Orientação aos profissionais

Com relação ao atendimento clínico dessas crianças ou da família, o treinamento de habilidades da TCC (terapia cognitivo-comportamental) e da DBT (terapia comportamental dialética) seria o foco, pois ensinam a observar e experimentar a realidade como ela é, a ser menos julgador e a viver o momento com efetividade interpessoal. Isso ajuda a manejar conflitos interpessoais e manter/aperfeiçoar as relações com outras pessoas (tanto pessoas próximas quanto estranhos).

Antecipar a programação, ressaltar a importância da criança para o grupo, não estimular competição, não rotular, criar um vínculo de confiança e reforçar o comportamento positivo são atitudes importantes para lidar com qualquer criança, mas em especial com a criança hiper-reativa.

Regulação emocional ajuda no manejo das emoções, ainda que um controle emocional completo não possa ser alcançado. Até certo ponto, todos nós somos quem somos e a emotividade faz parte da gente; contudo, podemos aprender a ter mais controle e tolerância ao mal-estar, aprender a tolerar e sobreviver a situações de crise sem piorar as coisas (veja a dica no QR code).

Conclusão

Muitos pais imaginam como será a rotina após a chegada de um filho, como será o seu temperamento e o que esperar para os próximos dias, meses e anos. No entanto, as coisas podem não acontecer da forma como imaginavam. Alguns bebês apresentam comportamentos mais agitados, outros mais calmos; alguns demandam mais atenção, outros são mais independentes. Alguns podem apresentar intercorrências com relação à saúde, enquanto outros só visitarão o pediatra nas consultas de rotina.

Assim, para educar de maneira positiva, um dos principais pontos é conhecer bem a sua criança. Cada filho tem o seu temperamento, as suas necessidades e a sua forma de expressão.

Superdica: todas as crianças têm sensibilidade e forças especiais e, por isso, precisam ser educadas e ensinadas de maneiras igualmente especiais.

Referências

BOYCE, W. T. *A criança orquídea: porque algumas crianças têm dificuldade e o que fazer para que todas floresçam.* São Paulo: Objetiva, 2020.

LINEHAN, M. *Treinamento de habilidades em DBT: manual de terapia comportamental dialética para o paciente.* Porto Alegre: Artmed, 2018.

SIEGEL, D. J.; BRYSON, T. P. *O cérebro da criança.* São Paulo: Casa das Letras, 2011.

TOSIN, M. *Estratégia e manejo parental da criança hiper-reativa* – Curso online de 20hs em 02/2022.

20

SUICÍDIO

MANEJOS, CUIDADOS E ACOLHIMENTO

O suicídio tem sido muito presente na minha prática clínica junto a adolescentes. O acompanhamento de diversos casos me impulsionou a aprimorar os conhecimentos sobre o fenômeno e seu manejo. Trago, neste capítulo, informações e orientações gerais úteis para tomarmos atitudes preventivas e avaliarmos as decisões que tomamos quanto ao risco de suicídio, ou mesmo para nos atentar aos fatores de riscos.

KAROL MAIA

Karol Maia

CRP 03/10701

Contatos
karolleal86@gmail.com
Instagram: @karolmaia.psi
75 99184 2394

Psicóloga clínica de adolescentes e adultos há nove anos, especialista em Terapia Cognitivo-comportamental, psicoterapeuta corporal pela Biossíntese e orientadora familiar.

Agradeço e dedico este capítulo aos meus pacientes, ao meu esposo Fernando, a Cris Rayes, a Day Santos, a minha família e amigos que tanto me incentivaram a escrever e ser a minha melhor versão todos os dias.

O que é suicídio?

A Associação Brasileira de Psiquiatria (ABP) define o suicídio como um ato deliberado executado pelo próprio indivíduo com a intenção de morte, usando um meio que ele acredita ser letal. Assim, podemos entender o suicídio como uma ação intencional e, em alguns casos, impulsiva, consciente ou inconsciente. Pensamentos suicidas podem ocorrer com qualquer pessoa, em qualquer idade. Crianças e idosos também podem apresentar os sinais de alerta e necessitam de atenção imediata.

Conforme os dados atualizados sobre o suicídio no mundo, divulgados pela OMS em 2022, a cada 45 segundos uma pessoa tira a própria vida. Isso significa que 108 milhões de pessoas são anualmente afetadas pela morte autoprovocada. Para cada suicídio consumado, 25 pessoas chegaram a tentar e muitas outras apresentam sérios problemas de ideação.

Apesar dos altos índices acima expostos, o suicídio ainda é um tabu. Esse fenômeno, que já teve significados diversos ao longo da história da humanidade, hoje é, na maioria das vezes, interpretado por concepções religiosas que culpabilizam e condenam a pessoa que idealiza ou mesmo realiza o ato. Além disso, ideias sobre fraqueza mental, frescura, covardia ou a interpretação de que a pessoa está querendo "chamar a atenção" também estão circulando socialmente. Assim, as pessoas se sentem envergonhadas, constrangidas e culpadas, evitando falar que pensam em suicídio, por medo de serem apontadas. Por isso, se informar corretamente é urgente.

É preciso cautela ao se falar sobre o suicídio, sobretudo nos meios de comunicação. O chamado Efeito Werther (suicídio copiado ou efeito contágio) justifica esse alerta. O nome é baseado no personagem principal do livro *Os sofrimentos do jovem Werther*, de Goethe, que ao final da história tira a própria vida. Na época, foi constatado que muitos leitores, ao se identificarem com a situação do personagem, acabaram se suicidando, alguns com o livro nas mãos, usando o mesmo método. Por esse motivo, atualmente existem recomendações sobre os limites das informações e os modos de serem divulgadas para a sociedade, pois sabe-se que, a depender de como a ocorrência de um suicídio foi relatada, isso pode servir de gatilho para pessoas que já estão em processo de intenso sofrimento, desesperança e passando por situações semelhantes a do caso publicado.

Em contrapartida, o chamado Efeito Papageno diz respeito ao modo como uma abordagem correta pode contribuir para prevenir o suicídio. O nome é inspirado no personagem homônimo da ópera *A flauta mágica*, de Mozart, que desiste da ideia de tirar a própria vida após conversar com três amigos que conseguiram ajudá-lo a construir novas possibilidades diante do sofrimento que o afligia. Nesse caso, verificamos que se a informação divulgada for sensível e abordar o problema de forma responsável, sinalizando as possibilidades de cuidado, isso poderá encorajar as pessoas que pensam em suicídio a procurarem suporte e ajuda adequados.

Fatores de risco

Ao contrário da afirmação do senso comum que diz "quem quer se suicidar não avisa", hoje se reconhece que as pessoas que morreram por suicídio deram sinais diretos ou indiretos sobre seu estado emocional e sobre a tendência de querer deixar de viver. É imprescindível aprender a reconhecer esses sinais para redução dos riscos a partir da percepção, acompanhamento e entendimento dos sinais emitidos por indivíduos potencialmente inclinados ao ato.

Pontuando de forma geral, os fatores de risco mais aparentes são: tentativa prévia de suicídio (fator preponderante de risco) e transtornos mentais, com agravante para os não tratados ou tratados de forma inadequada. Sabemos que quase todas as pessoas que tentaram suicídio tinham algum transtorno mental, diagnosticado ou não. Os transtornos psiquiátricos mais comuns incluem depressão, transtorno bipolar, abuso/dependência de álcool e outras drogas, transtornos de personalidade, esquizofrenias e múltiplas comorbidades psiquiátricas. Além desses, podemos elencar fatores relacionados a idade, gênero, doenças clínicas não psiquiátricas, eventos traumáticos na infância e adolescência, histórico familiar e genético, questões sociais e a ausência de fatores protetores. O conceito de suicídio indireto diz respeito ao processo de se colocar em situações ou adotar hábitos que coloquem em risco a própria saúde e integridade, de maneira consciente, como usar drogas em grande quantidade, se envolver em situações de violência e adotar hábitos sabendo que vão prejudicar ou agravar a condição de saúde.

A vivência de pessoas com ideação suicida ou que realizaram o ato costuma ter traços em comum: perda geral do sentido de viver, sensação profunda de desamparo e de desesperança, desânimo e falta de prazer nas atividades, autodepreciação, descuido com a higiene pessoal, mudança de padrão alimentar, irritabilidade, afastamento dos amigos/família/trabalho, abuso de substâncias e realização de rituais de despedida. Importante destacar que a autolesão é fator de risco para suicídio, portanto, apesar de nem sempre indicar ideação suicida, é muito importante avaliar e direcionar para o tratamento.

Precisamos ficar atentos a frases como: "queria acabar com tudo", "perdi a vontade de viver", "o mundo seria melhor sem mim", "sou inútil" e "ninguém sente minha falta". Algumas situações da vida podem deixar as pessoas mais vulneráveis e contribuir para pensamentos sobre suicídio. A situação se mostra mais urgente se a pessoa recentemente comprou ou teve acesso a meios letais como armas de fogo, medicação, substâncias tóxicas; se tem visitado ou falado sobre lugares propícios para suicídio, como viadutos e prédios altos; se está falando sobre doar ou dividir seus pertences sem razão aparente; ou se diante desses fatores apresenta tendência a comportamento impulsivo ou agressivo. Pessoas impulsivas podem se suicidar acidentalmente, por exemplo, acelerando o carro ou tomando vários comprimidos de uma vez.

Alguns comportamentos indicadores de sofrimento profundo não são tão evidentes, como postar sempre imagens de incentivo emocional, estar sempre sorridente e motivando as pessoas a ficarem bem, sempre ajudar os outros (mas nunca procuram ajuda ou que têm dificuldades de pedir ajuda). Esses casos podem indicar que a pessoa está fazendo um grande esforço para não demonstrar que está sofrendo.

Ademais, ressalto que nem sempre conseguimos discernir os fatores de risco aqui abordados, especialmente em se tratando de pessoas próximas, familiares e amigos. O contato constante, a emoção e o próprio tabu do suicídio podem fazer com que os sinais, caso tenham se mostrado, passem despercebidos. Portanto, por mais que sejamos cuidadosos com as pessoas que amamos, nossa intervenção é limitada e compreender essa realidade é fundamental para não carregarmos a culpa pelo suicídio.

Orientações familiares e profissionais

Manejos, cuidados, acolhimento

Percebendo os fatores de risco, é importante nos atentarmos para as maneiras de abordar as pessoas com intenso sofrimento emocional. Trago algumas orientações de acordo com referências que uso e com a minha experiência na clínica. São recomendações que considero pertinentes tanto para profissionais quanto para pessoas próximas, que podem ser resumidas em acolher sabendo escutar e sem julgar, e tarefas nada simples ou fáceis, mas que podem ser norteadas por algumas posturas.

Primeiramente, antes de se propor a ajudar ou acompanhar uma pessoa em crise, é importante perceber se terá condições emocionais de ouvir histórias traumáticas ou ouvir uma pessoa dizendo que vai se matar sem julgá-la, sem cair no erro de oferecer seu ponto de vista ou defender o que você acredita. Isso serve tanto para profissionais quanto para pessoas próximas que se mobilizem a apoiar.

Percebendo que você poderá dar conta de estabelecer esse diálogo, escolha o momento oportuno e propício, quando tiver disponibilidade suficiente para não encerrar a conversa abruptamente. Ouça sem ficar elaborando respostas ou soluções. Dê espaço para que a pessoa alivie sua dor através da fala, isso também vai ajudar a entender melhor o que se passa.

Para amigos e familiares, é importante não se culpar pelo sofrimento da pessoa (ao menos diante dela) e evitar também perguntar coisas como "você não pensa em mim?". Ficar tentando provar que a vida é boa, que a pessoa não tem motivos para se sentir assim, não ajuda. Tais atitudes invalidam o sentimento do outro, fazendo com que se sintam mais culpados e inadequados. Existem dores que não conseguiremos compreender, mas a experiência do outro é dele, não é sobre nós. Reconhecer o relato do sofrimento como legítimo não significa que você concorda com o suicídio, mas que você está se dispondo a compreender o sofrimento sem julgar a decisão.

Pergunte! Lembre-se, a pessoa já está pensando em suicídio e, muitas vezes, por medo ou vergonha, guarda para si. Se você notar algum comportamento de risco, pergunte sem julgamento: "Você pensa em morrer/em suicídio/em se matar?". Se a pessoa responder que sim, tente verificar mais sobre o pensamento; se a pessoa disser que não e você não estiver convencido, continue monitorando. Importante também lançar perguntas diretas sobre o tema, mostrando-se disponível e interessado em escutar. Uso muitas perguntas como "gostaria de compartilhar sobre o que está pensando?", "o que os pensamentos estão te dizendo?", "quer me contar um pouco sobre o que te dói?".

Considero importante também orientar a família sobre como acolher a dor da pessoa que está em sofrimento psíquico, além de oferecer outras orientações úteis, como evitar deixá-la sozinha e não deixar remédios à vista, nos períodos de crise. Também escuto as pessoas da rede de apoio, indicando sobre atitudes potencialmente protetivas.

Devido ao risco iminente e à oscilação emocional próprios da experiência de sofrimento intenso, é importante o psicólogo disponibilizar horários extras para pacientes com ideação suicida. Além disso, é necessário disponibilizar à pessoa seu telefone e pactuar que ela entre em contato sempre que necessário, elaborando com ela uma estratégia a ser adotada caso você não responda rapidamente, como falar com alguém de confiança. Em alguns casos, pode ser necessário dizer ao paciente que na situação em que ela está, não poderá retornar para casa sozinha. Nessas situações, ligamos para alguém indicado pela pessoa.

Sempre é necessário direcionar, encorajar e auxiliar o tratamento, indo junto marcar o atendimento, acompanhando nos dias da consulta, ajudando a construir outros caminhos. A sua presença é fundamental nesse momento. Em casos de tentativa de suicídio, é fundamental acionar o corpo de bombeiros, a polícia ou o Serviço Móvel de Urgência (SAMU). Indico ainda o Centro de Valorização da Vida (CVV-188), que presta escuta pelo telefone, gratuita, 24h por dia.

Aos profissionais, é necessário encaminhar, orientar e informar sobre a ampliação do tratamento. O suporte medicamentoso e a atuação multiprofissional são fundamentais na maioria dos casos. Psiquiatra, terapeuta ocupacional, profissional de Educação Física, psicólogo e nutricionista são profissionais que podem ampliar o cuidado com estratégias que melhorem a qualidade de vida e aumentem os hábitos de autocuidado. A saúde mental deve ser abordada na integralidade, pois a pessoa sofre em totalidade, independentemente de a origem da dor ser física ou subjetiva.

No QR code, ao final deste livro, descrevo um relato de caso fatal, mostrando meus sentimentos como terapeuta, e dou também outras orientações. Lembre-se, porém, de que elas não se esgotam; ainda há muito a ser estudado e dito.

Finalizo elucidando alguns cuidados necessários ao se falar sobre suicídio, conforme explicação inicial sobre o efeito Werther, e, portanto, muito pertinentes para quem profere palestras e ações informativas, sobretudo nas redes sociais. Segundo a OMS, as principais recomendações são:

- Não publicar fotografias do falecido ou cartas de despedida.
- Não informar detalhes específicos do método utilizado.
- Não fornecer explicações simplistas.
- Não glorificar o suicídio ou fazer sensacionalismo sobre o caso.
- Não usar estereótipos religiosos ou culturais.
- Não atribuir culpas.

Como fazer tudo isso? O ideal é trabalhar em conjunto com autoridades de saúde na apresentação dos fatos, referir-se ao suicídio como suicídio "consumado" (não como suicídio "bem-sucedido"), apresentar somente dados relevantes em páginas internas de veículos impressos, ressaltar as alternativas ao suicídio e fornecer informações sobre números de telefone e endereços de serviços de saúde mental, grupos de apoio e instituições onde se possa obter suporte aos enlutados.

Espero que possamos disseminar a cultura de proteção, que começa sempre na escuta, no cuidado e no acolhimento sensível ao sofrimento do outro.

Superdica: um dia ruim não torna a sua vida sempre ruim. Viva um dia de cada vez.

Referências

CARVALHO, O. *Principais questões sobre comportamento suicida na infância: por que devemos pensar sobre isso?* Disponível em: <https://portaldeboaspraticas.iff.fiocruz.br/atencao-crianca/principais-questoes-sobre-comportamento-suicida-na-infancia-por-que-devemos-pensar-sobre-isso/>. Acesso em: 10 nov. de 2022.

MAPA DA SAÚDE MENTAL. c.2023. Disponível em: <https://mapasaudemental.com.br/>. Acesso em: 3 jan. de 2023.

LIMA, R. *Como falar sobre o suicídio? Psicologia e setembro amarelo.* Espaço Amarelo, 2022.

MARTINS, F. *Anualmente, mais de 700 mil pessoas cometem suicídio, segundo OMS*. Disponível em: <https://www.gov.br/saude/pt-br/assuntos/noticias/2022/setembro/anualmente-mais-de-700-mil-pessoas-cometem-suicidio-segundo-oms>. Acesso em: 3 jan. de 2023.

21

APEGO SEGURO
A IMPORTÂNCIA DA CRIAÇÃO DOS VÍNCULOS

Existem muitas evidências de que os seres humanos, de todas as idades, serão mais felizes e mais capazes de desenvolver seus talentos quando estiverem seguros de que, por trás deles, existe uma ou mais pessoas que virão em sua ajuda caso surjam dificuldades.
JOHN BOWLBY

Este capítulo aborda a importância dos vínculos, da conexão e da formação de laços afetivos seguros. As relações de apego seguro tornam os indivíduos mais confiantes.

LARISSA SANTOS AMARAL RODRIGUES

Larissa Santos Amaral Rodrigues

CRP 04/38211

Contatos

larissa.amaralpsi@hotmail.com

Instagram: @psicologalarissaamaral

37 98828 5420

Casada, mamãe da princesa Lívia (sete anos) e do Arthur (ainda em meu ventre). Apaixonada pela vida e pela maternidade. Acredito em uma parentalidade mais leve, no qual o olhar para si se faz necessário. Psicóloga clínica atuando com crianças, adolescentes, adultos, orientação parental e pré-natal psicológico. Especialista em TCC (Terapia Cognitivo-comportamental), tem formação em TCC na Infância e Adolescência. Educadora parental pela PDA(EUA) em Disciplina Positiva e atuação em parentalidade consciente. Orientadora familiar. Pós-graduanda em Orientação Familiar e Educação Parental. Atua em grupos de pais e crianças. Sócia e diretora do Laços com Afeto, criação de grupo de recursos terapêuticos para profissionais da psicologia, pedagogia e áreas afins (@lacoscomafetos). Coautora dos livros *Orientação familiar vol. 1* e *Box intenção de mãe*, pela Literare Books International. Palestrante no I Congresso de Orientação Familiar pela Literare Books International (2022).

Dedico este capítulo a minha família, ao meu companheiro de vida, aos nossos filhos. Buscamos, juntos, colocar essa parentalidade em prática.

A infância é o chão sobre o qual caminhamos o resto de nossas vidas.
LYA LUFT

Inicio com essa frase para refletirmos sobre a importância do cuidado com essa fase da vida. Cuidar das nossas crianças é cuidar também do adulto que gostaríamos que elas se tornassem.

Na idade média, a infância era vista como simplista e minúscula. Foi necessário aguardar até o século XVIII para ela ser vista de uma maneira mais especial. Antes disso, as necessidades primárias que deveriam ser atendidas eram as mais básicas possíveis: fome, sede e eliminação da dor. O afeto tornou-se importante só posteriormente.

John Bowlby, criador da Teoria do Apego, trouxe um novo olhar para a relação dos bebês com seus cuidadores. Os bebês passaram a ser vistos de maneira ativa, um ser que busca atenção e precisa mais do que ser atendido em suas necessidades primárias.

A teoria do apego nasce da percepção que a relação mãe-bebê impactará a sua vida adulta e suas relações.

O amor nasce de pequenas coisas, vive delas e por elas às vezes morre.
Lord Byron

Laços afetivos são necessários ao longo de toda nossa vida. É a partir deles que estabelecemos nossas relações futuras.

O que se acredita ser essencial à saúde mental é que o bebê e a criança pequena tenham a vivência de uma relação calorosa, íntima e contínua com a mãe (ou mãe substituta permanente – uma pessoa que desempenha, regular e constantemente, o papel de mãe para ele), na qual ambos encontrem satisfação e prazer. É essa relação complexa, rica e compensadora com a mãe, nos primeiros anos, enriquecida de inúmeras maneiras pelas relações com o pai e com os irmãos e irmãs, que os psiquiatras infantis e muitos outros julgam, atualmente, estar na base do desenvolvimento da personalidade e da saúde mental.

JOHN BOWLBY

A criação de vínculo e a qualidade dele com uma figura que nos remete segurança é determinante para a saúde mental e emocional equilibrada e para o desenvolvimento de habilidades. Esse tipo de relação, quando estabelecida com sucesso, deixa marcas que perpetuarão por toda a vida de maneira positiva.

Bowlby (1950) definiu o comportamento de Vinculação como:

> um conjunto integrado de sistemas comportamentais, que visam à obtenção da segurança pessoal e que tem suas origens na interação do bebê com seu meio ambiente, no qual a mãe e o cuidador são as figuras mais importantes. Assim, toda relação entre o bebê e sua mãe ou cuidador será sentida como equilibrada e tranquila ou, ao contrário, se desagradável e dolorosa provocará comportamentos de distanciamento ou afastamento.

Observa-se efeitos positivos ou negativos dessas interações já na infância e, posteriormente, seu impacto na vida adulta.

Adultos que estabeleceram vinculação segura sabem lidar com conflitos quando surgem, pois são autoconfiantes, sabem expressar suas emoções. Já os adultos no qual a vinculação foi insegura, evitante ou desorganizada têm necessidade de ter alguém por perto sempre. Do contrário, sofrem com ansiedade de separação ou podem apresentar também ansiedade intensa, comportamentos disfuncionais e rigidez em suas ações, sem respostas a estímulos. Essas são algumas consequências, podendo também ter outras. Fato é que a vinculação segura traz consequências muito mais positivas e faz com que as ações sejam organizadas e funcionais. Por esse motivo, falar de apego ou vinculação é fundamental e necessário.

Nossos padrões de relacionamento com os cuidadores, para Bowlby, são integrados em nossa estrutura de personalidade, como modelos internos e gerais de funcionamento que irão determinar as características de nosso *self* frente às situações da vida.

Tendo em vista as informações citadas acima, percebe-se que a figura do cuidador e o formato das relações desempenhará um papel central na vida do indivíduo, sendo responsável pela construção da visão do EU, do MUNDO e do FUTURO de acordo com a terapia cognitivo-comportamental, impactando na forma de pensar, sentir e agir frente aos eventos ao longo da vida.

Outro conceito citado por BOWLBY (1990) é o de "base segura", estabelecendo que o padrão das relações familiares experimentados por uma pessoa durante a sua infância terá uma importância decisiva para o desenvolvimento de sua personalidade final. Pessoas que tiveram apoio e presença significativa se tornarão adultos seguros, autoconfiantes e conseguirão enfrentar os desafios mais habilmente.

Ainda de acordo com Bowlby existem três características que diferenciam o apego de outros vínculos relacionais:

- **Busca de proximidade:** diante de algo ameaçador, a criança tende a permanecer sob a proteção de seus pais.
- **Efeito de base segura:** a presença da figura de vinculação dá segurança à criança.
- **Protesto de separação:** a possibilidade de se separar da figura de apego faz surgir o protesto e tentativas de evitar essa separação.

Ainda de acordo com ele, a partir dessas acima, outras condições são ativadas:

- **Elicitação por ameaça:** ao se sentirem ameaçadas, as crianças procuram pelos pais como fonte de segurança.
- **Especificidade da figura de vinculação:** uma vez estabelecido o vínculo com alguém, somente essa figura é objeto de vinculação, pois promove a base segura.
- **Inacessibilidade do controle consciente:** mesmo que não haja encontro com a figura de vínculo (em caso de morte, por exemplo), os sentimentos de vinculação continuam e os protestos permanecem mesmo que outras pessoas ofereçam proteção.
- **Persistência:** o grau de vinculação não diminui; se foram estabelecidos há algum tempo ou foram estabelecidos recentemente, funcionam da mesma maneira.
- **Insensibilidade às experiências com a figura de vinculação:** o vínculo persiste mesmo quando a figura é abusiva ou negligente; nesses casos, a emoção de raiva pode ser associada às relações e gerar conflitos. Porém, quando existe perigo ou ameaça, busca-se nessa relação a segurança.

Após experiências, chegou-se a alguns padrões de vinculação que foram mensurados por Mary Ainsworth (outra grande referência dessa teoria) *et al.* (1978), como "seguramente apegados" e "inseguramente apegados", que foram definidos por estilos de apego. O primeiro estilo citado está dentro dos "seguramente apegados" e os demais estilos dentro de "inseguramente apegados".

Apego seguro

Nesse padrão de apego, os pais (ou figuras que assumem esse papel) são vistos como uma figura de segurança, permitindo que a criança explore o ambiente brincando e expressando suas emoções. Essa segurança faz com que elas consigam explorar o mundo mesmo diante de situações ameaçadoras, pois, com a presença da figura de segurança, confortam-se e se regulam rapidamente. Lidam com tais situações de forma leve e serena. Essa segurança faz com que as crianças estabeleçam relação com estranhos na presença dos pais, mas, ao ficarem longe da figura de vinculação, sentem-se incomodadas, embora não se abatam facilmente.

O retorno da proximidade com os pais é regado de afeto, pois estes são sensíveis a todos os sinais e têm atitudes amáveis. Sendo assim, esse modelo de apego permite que as crianças se expressem, pois sentem-se seguras o suficiente, sabendo que alguém estará lá quando necessário. Crianças com esse tipo de apego são mais felizes, cooperativas e menos exigentes.

Apego inseguro evitativo

Crianças com esse estilo de apego mostram-se incertas quanto à possibilidade de receber alguma ajuda dos pais quando solicitados; pelo contrário, esperam pela rejeição. Na ausência dos pais, lidam bem com as situações vivenciadas e no retorno tendem a ignorá-los. São crianças que se mantém ocupadas com brinquedos ou atividades, ignorando as solicitações parentais de contato. Interagem com estranhos, porém mantendo o distanciamento e sem demonstrar empatia. Na vida adulta, tendem a ser autossuficientes.

Crianças que se enquadram nesse estilo mantém distância de outras crianças e têm atitudes de implicância. Serão adultos com dificuldades de se envolver de forma saudável em grupos de trabalho, relações de amizades e amorosas. Tendem a "atacar" para se defender, afastando os outros.

Apego inseguro ambivalente/resistente

Nesse estilo de apego existe pouca exploração do ambiente devido à necessidade de sempre se ter a figura de vinculação por perto. Essas crianças se angustiam com a separação, mas no retorno dos pais sentem-se resistentes ao contato físico. Oscilam entre a busca por estar próximo e a raiva. Mostram-se incertas quanto à disponibilidade dos pais. Buscam aprovação, valorização e esperam receber amor no mesmo instante que sentem angústia, com medo de serem esquecidas ou abandonadas. Mostram-se tristes, amedrontadas, inseguras e intimidadas. Tendem a sentir ansiedade de separação devido a essas indisponibilidades.

Esse estilo de apego é promovido por pais que se mostram disponíveis em alguns momentos e em outros, não. Pode haver, inclusive, ameaças de abandono. Crianças criadas nesse tipo de apego tendem a ser mais "agarradas" e "reclamonas". Serão adultos inseguros, com dificuldades de executar projetos, por não acreditarem em si.

Apego desorganizado/desorientado

Crianças dentro desse estilo de apego demonstram comportamentos contraditórios, indiretos. Esse padrão advém de pais ou cuidadores com situações de luto de alguma figura importante na sua infância. Pode ter relação também com situações de abuso físico ou sexual. Esses pais esperam que os filhos tragam conforto, em vez de eles mesmos confortarem seus filhos. Essas crianças tendem a uma impulsividade maior, não se sentem tão confortáveis e acolhidos nas relações com os pais ou cuidadores. Em geral, tornam-se adultos com dificuldades de receber algum tipo de ajuda ou amor, por se acharem os responsáveis da relação, ou tornam-se pessoas que "aceitam" qualquer tipo de abuso nas relações. Têm uma propensão maior de se desregular emocionalmente diante de situações desafiadoras, pois não tiveram esses ensinamentos e apoio.

Pôde-se verificar que o papel dos pais ou cuidadores (destacando-se o papel da mãe, por ser a figura de maior contato e disponibilidade para os filhos em grande parte das relações) é de suma importância para a criação do estilo relacional no presente, e também no estilo a ser adotado no futuro.

Nos estudos há fortes indícios de repetição dos padrões daquelas relações que os adultos estabeleceram e com a qual se relacionaram com sua própria figura de vinculação na infância.

Percebe-se que o padrão de apego seguro é o modelo que levará a criança a uma vida adulta mais satisfatória. A partir desse modelo de apego, os comportamentos de encorajamento e a autoconfiança serão estabelecidos. Sendo assim, estabelecer laços afetivos na infância gera um bom funcionamento na vida adulta.

O modelo construído ao longo da vida desempenhará um importante papel na visão que estabelecemos do nosso eu, mundo e futuro. "Sentir-se, então, apegado ou vinculado, é sentir-se salvo e seguro" (ABREU, 2013).

Como ilustração, o curta metragem da Disney *Piper: descobrindo a vida* nos demonstra uma relação de apego seguro, no qual percebemos cuidado e afeto. Esse curta conta a história de um pequeno passarinho chamado Piper. Após o nascimento, ele se depara com o desafio de ganhar autonomia. A mãe entra em cena equilibrando cuidado e proteção, orientando-o, mas deixando-o ser protagonista em sua jornada de crescimento. Ele vive o cair e o levantar com a certeza do afeto e segurança vindos da mãe. A mãe cuida, mas dá o espaço necessário para o filho desenvolver sua autonomia.

Por fim, é importante ressaltar que os tipos de vinculação e apego estabelecidos e vividos na infância não são unicamente fadados ao fracasso na vida adulta, pois sabe-se que, ao perceber sobre as dificuldades, o indivíduo pode definir sobre o que fazer com suas questões. Entretanto, se estabelecermos uma relação segura e de afeto desde a infância, será um caminho com menos percalços a ser trilhado. Uma relação baseada no apego seguro é uma relação conectada e disposta a conduzir caminhos escuros à luz.

Finalizo com essa frase de Perina: "Gosto do que você significa quando minha luz apaga".

Sejamos farol nos momentos de escuridão, é isso que as crianças esperam e precisam de nós.

Orientações aos pais e cuidadores

- Olhe para sua criança interior e, se encontrar feridas, busque ajuda profissional. É necessário estar em contato conosco, primeiramente.
- Reestabeleça seu apego, se necessário. Ter consciência do nosso estilo de apego nos faz mais conscientes e capazes de estabelecer mudanças.
- Para lidar bem com seus filhos, busque compreensão das fases de desenvolvimento. Entenda o que é esperado para cada fase.
- As necessidades básicas da criança precisam ser atendidas e supridas, como também as necessidades emocionais. Acolha e escute a criança, por mais simples que a demanda pareça para você, adulto.
- Em momentos de explosões emocionais, acolha a criança até que ela se acalme e consiga retomar o que estava fazendo.
- Seja o lugar de apoio para onde sua criança retorne caso seja necessário. A criança precisa ter um espaço/pessoa que lhe proporcione segurança.

• Esteja disponível para estabelecer uma relação de conexão com seu(a) filho(a); brinque e esteja de fato PRESENTE.

• Ame e aceite seu(a) filho(a) por quem ele(a) é. Separe-o(a) dos comportamentos.

• Entenda que errar faz parte da vida de qualquer pessoa. Não busque perfeição. Ensinamos a nossos filhos também com as nossas vulnerabilidades.

Superdica: sentimo-nos mais tranquilos e acolhidos por meio dos laços de carinho e afeto estabelecidos com nossa figura de apego, tornando mais fácil, inclusive, lidar com nossa vulnerabilidade mais fácil.

Referências

ABREU, C. N. *Teoria do apego: fundamentos, pesquisas e implicações clínicas.* São Paulo: Casa do Psicólogo, 2013.

BOWLBY, J. *Uma base segura: aplicações clínicas da teoria do apego*. Porto Alegre: Artes Médicas 1989.

VALERA, A. P. S. *et al.*, *John Bowlby: as sete características do apego, as quatro classificações dos padrões de apego e o cuidador*. Santo André, 2012.

[illegible]

[illegible]

[illegible]

References

[illegible]

[illegible]

[illegible]

22

TRANSTORNO DO DESENVOLVIMENTO DA LINGUAGEM (TDL)

CONHECER PARA AJUDAR

A linguagem é a principal ferramenta para o desenvolvimento cognitivo e, consequentemente, todo o processo de aprendizagem é dependente de sua devida aquisição. Aprender a identificar crianças com atraso no desenvolvimento da linguagem propicia uma estimulação mais efetiva e pode minimizar os danos futuros.

LÍCIA VERÍSSIMO SERACENI SHIRASSU

Lícia Veríssimo Seraceni Shirassu

CRFa 2-7912

Contatos

liciavss@gmail.com

Instagram: @liciaverissimo

Mestre em Fonoaudiologia pela PUC-SP. Desde 2003 atua com crianças que apresentam distúrbios no desenvolvimento da linguagem oral e escrita e alterações no processamento auditivo central. Em 2019, iniciou trabalho como fonoaudióloga educacional junto à equipe de atenção à diversidade de um colégio particular em São Paulo, oferecendo opções de ensino/aprendizagem pautadas em evidências científicas e nos princípios do Desenho Universal para Aprendizagem – DUA.

A linguagem é um importante fator para o desenvolvimento e aprendizagem do ser humano. É por meio dela que significamos e ressignificamos o meio em que vivemos, à medida em que podemos observar, ouvir, elaborar e expressar nossos saberes.

O desenvolvimento da linguagem se inicia desde o nascimento, quando proporcionamos ao bebê uma interação com o outro por meio de estímulos biopsicossociais. Cada criança responderá, no seu tempo, a essas interações, usando gestos, ações, sons e, futuramente, palavras; compondo internamente seu repertório linguístico. Cada período do desenvolvimento infantil é caracterizado por habilidades específicas de linguagem que vão se incorporando ao acervo oral, culminando no "bom falante" por volta dos cinco anos de idade.

Para sabermos se a criança está ou não desenvolvendo adequadamente sua linguagem, de acordo com as características comuns da sua faixa etária, apresento o quadro descritivo abaixo:

Meses/ idade	Estágios da linguagem
0 – 6	Tem atenção aos sons e busca pela fonte sonora. Emite balbucios e gritos.
6 – 9	Aponta para o que quer, faz não com a cabeça; emite sons, tenta imitar algumas palavras.
12 –18	Início das primeiras palavras. Acompanha músicas com o corpo, emitindo, geralmente, a última palavra da frase.
18 – 24	Constrói sentenças com duas palavras; tem vocabulário de aproximadamente 200 palavras.
30 – 36	Maior habilidade articulatória, constrói frases e pequenos relatos. Início dos questionamentos: o quê? Quando? Onde?
36 – 48	Uso de plural e frases longas; comunica sentimentos; conta pequenas histórias.
48 – 60	Uso de regras gramaticais, flexão verbal; aquisição de todos os fonemas da fala.

Algumas crianças não seguem essa previsibilidade e começam a apresentar por volta dos dois ou três anos de idade os indícios de dificuldades, como demora para iniciar a fala, estagnação no número de palavras, pouca habilidade na construção de frases ou, até mesmo, não falar. São manifestações indicativas de que algo está errado e, devido à idade, precisam ser acompanhadas, orientadas e/ou trabalhadas por um fonoaudiólogo.

As alterações de linguagem na infância podem ter diferentes manifestações, variando quanto ao grau e extensão. Para distinguir e fechar um diagnóstico, é preciso, primeiramente, discernir entre atraso e transtorno. Os atrasos se configuram por situações típicas do desenvolvimento que estão aquém do esperado para idade e se beneficiam rapidamente da intervenção fonoaudiológica. Os transtornos, por sua vez, são alterações atípicas e persistentes, associadas ou não a alguma outra condição e que evoluem por meio de tratamento intensivo e a longo prazo.

Dentro dos transtornos de linguagem, é preciso identificar quais dos seus subdomínios (fonologia, semântica, gramática ou pragmática) estão alterados para então diagnosticar e traçar um plano terapêutico. Nos casos de alterações articulatórias, investigamos se a dificuldade é de ordem fonológica ou de ordem práxica, por exemplo. Nos casos de dificuldade no uso da linguagem, de ordem pragmática, procuramos distinguir entre falta de repertório linguístico e dificuldade no uso social da linguagem, como é característico no Transtorno da Comunicação Social (TCS) e no Transtorno do Espectro Autista.

São transtornos bastante conhecidos e delimitados por sinais e padrões distintos. O mesmo não ocorre com o Transtorno do Desenvolvimento da Linguagem (TDL), uma vez que mostra alteração persistente de linguagem, não associada a nenhuma outra condição biomédica e com aspectos variados na sua manifestação, podendo apresentar danos em um ou em todos os subsistemas da linguagem.

De modo mais didático, costumo observar nessas crianças uma dificuldade de expressão da linguagem em elementos que conferem coesão e coerência à mensagem e, em alguns casos, também, na compreensão da mensagem. Por vezes, apresentam imaturidade nas brincadeiras simbólicas, vocabulário reduzido e dificuldade de evocar palavras conhecidas, usar regras gramaticais, elaborar e compreender sentenças complexas e, ainda, consequentemente, dificuldade na comunicação social.

Segundo um estudo americano, a prevalência de crianças com atraso do desenvolvimento da linguagem em idade pré-escolar é de 7,4% (ASHA, 1997), alertando para a importância de divulgar e conhecer melhor seus atributos e particularidades, a fim de minimizar seus prejuízos.

Essas são alterações marcadas por sua heterogeneidade de manifestação e de evolução. Para favorecer a identificação de crianças que possam apresentar esse transtorno, listo a seguir os principais indícios:

- Linguagem imatura para a idade.
- Vocabulário restrito ou dificuldade de encontrar palavras.
- Expressão verbal reduzida.
- Compreensão limitada a sentenças simples.
- Dificuldade de lembrar o que foi dito.
- Desenvolvimento acadêmico lento.

O fonoaudiólogo é o profissional habilitado para a realização da avaliação de linguagem para identificação do TDL. Sua confirmação só pode ser concluída após um tempo de intervenção e verificação da evolução do caso, descartando possíveis alterações associadas.

O critério diagnóstico para identificação do TDL é feito por exclusão, ou seja, primeiramente deve-se investigar e excluir a existência de problemas auditivos, transtorno do espectro autista, síndromes, lesões cerebrais, transtornos emocionais e privação de estímulos para o desenvolvimento da fala e linguagem. Se todas essas causas forem excluídas, são aplicados testes específicos de linguagem, e, só então, poderá ser confirmada uma alteração no processo de desenvolvimento da fala e da linguagem.

Por vezes, devido à dificuldade com a linguagem, outros comportamentos se evidenciam, como ansiedade, agitação, distração e dificuldade de manutenção do foco. O TDL também pode ocorrer concomitantemente com o Transtorno de Déficit de Atenção e Hiperatividade (TDAH), Transtorno Motor da Fala e outras alterações do neurodesenvolvimento.

As crianças com diagnóstico de TDL têm alterações de linguagem que poderão ser superadas com o apoio do tratamento fonoaudiológico, familiar e escolar, porém permanecerão ao longo da vida enfrentando situações desafiadoras, principalmente em contexto de maior complexidade linguística.

Infelizmente, ainda não há como determinar uma causa única e conhecida do TDL, mas o quadro pode ter relação com aspectos genéticos e embrionários. Por ser uma condição de longo prazo, as crianças com TDL podem apresentar entraves no aprendizado escolar, decorrentes da dificuldade em adquirir e processar novas informações linguísticas para posterior elaboração e organização de sua estrutura, como ocorre nas manifestações da linguagem escrita. Para minimizar as barreiras da aprendizagem, tanto família quanto escola precisam promover situações de linguagem objetivas, com uso de referências visuais e concretas.

Orientações aos familiares e profissionais

A seguir, listo algumas estratégias para otimizar a troca e o aprendizado nos ambientes familiar e escolar:

- Posicione-se sempre de frente e procure ficar com o rosto ao mesmo nível do rosto da criança.
- Chame-a pelo nome para garantir sua atenção ao que será dito.
- Utilize frases curtas, com linguagem simples, para que se aproprie desse vocabulário.
- Diminua a velocidade da fala, divida-a em partes, garantindo tempo para a assimilação de toda a mensagem.
- Dê um tempo maior para que execute o que foi solicitado. Algumas crianças podem levar mais tempo entre o processamento do que foi dito e o início da ação.
- Utilize referências visuais como objetos, gestos ou desenhos para explicar algo.
- Coloque-a sentada nas primeiras carteiras da escola para garantir sua atenção e compreensão.
- Quando possível, solicite que a criança repita o que entendeu para garantir a compreensão da mensagem.
- Em alguns casos, os conteúdos e provas adaptadas são o meio mais efetivo do aluno demonstrar seu conhecimento.

O histórico de vida da criança com TDL é marcado por recorrentes situações de fracasso comunicativo. Consequentemente, acabam assumindo uma postura negativa ou de evitação frente a desafios de aprendizagem. Para minimizar esse comportamento, no meu trabalho clínico priorizo o uso de jogos para desmistificar o conceito de "não sei" ou "não consigo". Estabeleço a regra de que não há apenas uma resposta correta, mas, sim, ideias diferentes, e que precisamos conversar para entender o que nos leva a escolher determinada alternativa em detrimento de outra. Pronto! Abro o caminho para cobrar uma reflexão, indiretamente comunicando que nos baseamos em conceitos para pensar e eleger uma resposta. Também favoreço a criação do espaço de segurança emocional, onde juntos estabeleceremos uma relação de confiança e crescimento.

O critério de seleção dos jogos se baseia naqueles que contenham alternativas, múltiplas escolhas ou lacunas para serem preenchidas, de modo a propor um campo de resposta mais direcionado e contextualizado. Além disso, os jogos têm por característica a realização da mesma proposta por diversas vezes, favorecendo assim a sistematização de estruturas sintáticas e a memorização de novas palavras.

Depois de usar essas atividades/jogos e observar os seus benefícios, desenvolvi em parceria com Silvia Kocinas (psicopedagoga) três livros-caixinha, que podem estimular a linguagem de modo despretensioso e divertido. São eles:

1. Assim como

Este jogo propõe frases que precisam ser completadas de acordo com a categoria do adjetivo proposto anteriormente.

Ex: O vestido de Dani era longo, assim como ___________.

A proposição está em pensar o que mais dizemos que é longo. Porém, geralmente, nosso pensamento é direcionado a pensar no adjetivo após o substantivo e não o inverso, como proposto nesse jogo. Uma brincadeira simples e rica para o ganho de vocabulário e flexibilidade mental.

2. Desafio dos verbos

São frases para serem completadas com verbos de acordo com o tempo, número e pessoa corretos.

Ex: Quando estava na escola, Clara ________ lanche todos os dias. (levou, levaria, levava).

Uma forma de estimular a reflexão sobre o uso correto dos verbos no dia a dia (modo concreto) é estabelecendo a base para a formação dos conceitos gramaticais que serão exigidos posteriormente no ensino escolar.

3. Jogo das inferências

São diversos textos curtos seguidos por perguntas que solicitarão à criança perceber – por meio de palavras ou pelo próprio contexto – expressões e informações que estão nas entrelinhas.

Exemplo: "Laura chegou em casa, colocou o guarda-chuva para escorrer, tirou a roupa molhada e foi logo tomar um banho quente. O que aconteceu com Laura no caminho para casa?".

Tem por objetivo auxiliar no desenvolvimento e construção da habilidade de inferir informações contidas indiretamente em um texto.

Todos os jogos podem ser utilizados com diferentes propostas e objetivos, descritos no QR code que acompanha o livro. O mais importante é saber que todas as crianças que são diagnosticadas e estimuladas precocemente apresentam prognóstico positivo e aprendem a utilizar estratégias para driblar e minimizar as dificuldades que encontrarão ao longo da vida.

Superdica: jogos e brincadeiras são fortes ferramentas de estimulação da linguagem para serem utilizadas nos contextos familiar e escolar.

Referências

CÁCERES-ASSENÇO, A. M. et al. Por que devemos falar sobre transtorno do desenvolvimento da linguagem. *Audiology* – Communication Research [online]. 2020 Disponível em: <https://doi.org/10.1590/2317-6431-2020-2342>. Acesso em: 24 jan. de 2023.

DOMINGOS, T. T. *Conscientização sobre o transtorno do desenvolvimento da linguagem no Brasil.* Centro de Ciências da Saúde, Universidade Federal do Rio Grande do Norte, Natal, 2022. Disponível em: <https://repositorio.ufrn.br/handle/123456789/49541>. Acesso em: 24 jan. de 2023.

KACZMAREK, I.; JABŁOŃSKI, S.; KLEKA, P.; STEINBORN, B. Efficiency of Executive Functions and Literacy Among Children With Specific Language Impairment. *Psychology of Language and Communication*, 2018. Disponível em: <https://doi.org/10.2478/plc-2018-0014>. Acesso em: 24 jan. de 2023.

LAASONEN, M.; SMOLANDER, S.; LAHTI-NUUTTILA, P. *et al.* Compreendendo o transtorno do desenvolvimento da linguagem – o estudo longitudinal de Helsinki SLI (HelSLI): um protocolo de estudo. *BMC Psychol* 6 , 24 (2018). Disponível em: <https://doi.org/10.1186/s40359-018-0222-7>. Acesso em: 24 jan. de 2023.

MOUSINHO, R.; SCHMID, E.; PEREIRA, J.; LYRA, L.; Mendes, L.; NÓBREGA, V. (2008). Aquisição e desenvolvimento da linguagem: dificuldades que podem surgir neste percurso. *Revista Psicopedagogia*, 25(78), 297-306. Disponível em: <http://pepsic.bvsalud.org/scielo.php?script=sci_arttext&pid=S0103-84862008000300012&lng=pt&tlng=pt>. Acesso em: 24 jan. de 2023.

TOMBLIN, J. B.; RECORDS, N. L.; BUCKWALTER, P.; ZHANG, X.; SMITH, E.; O'BRIEN, M. Prevalence of Specific Language Impairment in Kindergarten Children. *Journal of Speech, Language, and Hearing Research*, ASHA, vol.40, no.6. 1997. Disponível em: <https://doi.org/10.1044/jslhr.4006.1245>. Acesso em: 24 jan. de 2023.

23

A CRIANÇA E A NATUREZA

Neste capítulo, você encontra uma investigação sobre a natureza do ser humano e sua necessidade de contato com ela. A ideia é jogar luz em questões próprias do contexto atual, bem como nos benefícios dessa conexão – criança e natureza – para o desenvolvimento e regulação infantis. Para isso, trago um compilado de informações, dados de pesquisas compartilhadas juntamente a algumas de minhas experiências em escolas e percepções.

LÍLIA CALDAS

Lília Caldas

Contatos
liliacaldas_education@gmail.com
Instagram:@liliacaldasoficial
61 447 689 362

Educadora infantil certificada em *Early Childhood Education* na Austrália. Educadora parental na abordagem Parentalidade Consciente, com certificação pela Positive Discipline Association. Certificada no curso *First Nations' Perspectives For Teaching and Learning* pela Queensland University of Technology. Apaixonada por desenvolvimento humano. Pesquisadora em sexualidade infantil e prevenção ao abuso. Vive, há mais de 12 anos, em Brisbane, Austrália, onde atua em creches e escolas, vivenciando a educação local.

Você já ouviu falar em **Transtorno de Déficit de Natureza**? Trata-se de uma expressão que define as mazelas sofridas pelo ser humano diante do contato insuficiente com a natureza. Deparei-me com o termo durante minhas pesquisas sobre os impactos da conexão com ambientes naturais e atividades ao ar livre no desenvolvimento e regulação infantil. Na minha prática escolar, já observava as repercussões que a desconexão com o natural causava nas crianças.

É preciso esclarecer que o Transtorno de Déficit de Natureza não é um diagnóstico médico, e sim um termo linguístico criado pelo jornalista Richard Louv para representar um fenômeno que é cada vez mais debatido por educadores, familiares e comunidade médica.

A obra de Louv é especialmente interessante para quem tem curiosidade pela questão, pois apresenta as consequências da "distância cada vez maior entre os jovens e o mundo natural" e reúne também pesquisas que "revelam a necessidade do contato com a natureza para o desenvolvimento saudável de crianças e adultos" (2016).

Uma das reflexões propostas no seu livro *A última criança na natureza* elucida suas preocupações. O autor convida o leitor a observar o contraditório existente no fato de uma criança da atualidade provavelmente saber falar sobre a Floresta Amazônica enquanto não deve ter lembranças da última vez em que explorou uma floresta ou se deitou em um campo ouvindo o vento e observando as nuvens se moverem.

Essa é também uma inquietação minha, pois esse distanciamento é antinatural. Somos seres orgânicos e necessitamos do contato íntimo com o meio ambiente. Quando o foco é a infância, precisamos compreender que as crianças estão ainda mais próximas à sua essência e necessitam desse tipo de integração.

Mais saúde e bem-estar

As crianças e adolescentes devem ter acesso diário, no mínimo por uma hora, a oportunidades de brincar, aprender e conviver com a – e na – natureza para que possam se desenvolver com plena saúde física, mental, emocional e social
(Sociedade Brasileira de Pediatria – SBP).

Quando falamos sobre contato com a natureza, estamos tratando de promoção de saúde. Por isso, existem estudos, como *Benefits of Nature Contact for Children* e *Cross-sectional associations of different types of nature exposure with psychotropic, antihypertensive and asthma medication*, que se dedicam a investigar o tema. Estão listadas desde melhorias no sistema imunológico das crianças que pisam descalças na grama e na areia até repercussões em quadros como diabetes, obesidade, dependência de álcool e outras drogas. Mais visitas a espaços verdes estão associadas à diminuição de medicamentos para pressão, ansiedade e asma. Isso sem citar reflexos em quadros de doenças cardiovasculares, síndromes metabólicas e melhoras nos índices de Vitamina D, essencial para o fortalecimento do sistema imunológico.

Experiências nas escolas

As crianças respiram submersas em sua própria felicidade, contanto que obtenham a satisfação de suas necessidades básicas.
LAURA GUTMAN

Aqui na Austrália, onde vivo há mais de 12 anos e atuo na área da educação, as escolas vêm percebendo tais benefícios e seguem incorporando atividades na natureza nos currículos. O estudo *Children's mental health and wellbeing and hands-on contact with nature* investigou os impactos das atividades estudantis na natureza para a saúde mental de crianças de 5 a 12 anos de Melbourne. Os resultados indicam percepções positivas dos participantes sobre os benefícios e também apontam que as respostas abrangem muitos aspectos da saúde mental.

Vivencio rotineiramente nas escolas situações nas quais consigo perceber a necessidade que as crianças têm de conexão com a natureza e os benefícios das atividades ao ar livre. Certa vez, uma menina não queria fazer as tarefas de sala de aula. Pediu para ir ao banheiro. Pouco tempo depois, quis ir ao banheiro novamente. A cena caminhava para um padrão repetitivo.

Levei-a para fora da sala. Ela não queria conversar muito. Provavelmente, sentia-se julgada por apresentar um comportamento tido como "indesejável". Comecei algumas atividades ao ar livre com ela. Sentamo-nos no balanço, pisamos no chão, brincamos com gravetos e lama. Seu semblante foi mudando, sua expressão corporal foi ficando mais relaxada e receptiva.

Começamos então a caminhada de volta para a sala de aula. Passamos pela horta de ervas. Por lá, explorando os diversos aromas, sabores e nomes, ela falou: "Sabia que essa erva aqui é boa para fazer molho pesto?". Ela arrancou algumas folhas de manjericão e foi me explicando, ao seu modo, como fazer um molho de ervas.

Veja que interessante, a menina acanhada e calada, ao entrar em contato com elementos da natureza e fazer algumas atividades sensoriais, foi se soltando, voltando a ser uma criança que se comunica. Chegou até a me dar dicas culinárias. Quando, enfim, chegamos à sala de aula, ela estava calma, concentrada e organizada. Conseguiu assim atender às demandas e realizar as tarefas do dia.

Histórias como essa fazem parte da minha rotina. São crianças que começam a tumultuar a aula, a conversar demais, a se balançar na cadeira, e que, quando levadas para o contato com a natureza, se acalmam e conseguem o retorno ao eixo, necessário para realizar as atividades. Elas encontram a sua potência.

Um fato importante que observo na minha prática escolar é que, comumente, comportamentos de fuga da sala de aula ou até mesmo de apatia nas crianças são associados, equivocadamente, à falta de respeito às figuras de autoridade e até mesmo à falta de interesse em estudar. O que não enxergamos é que a criança está expressando uma necessidade real em se conectar com a natureza. Tendemos a ignorar e desrespeitar essa criança nas suas demandas mais primitivas.

Natureza é vida

Se a criança é capaz de se entregar por inteiro ao mundo ao seu redor em suas brincadeiras, então, em sua vida adulta será capaz de se dedicar com confiança e força a serviço do mundo.

RUDOLF STEINER

Acredito ser perceptível a todos nós que ocupamos cada vez mais espaços urbanizados e com pouco verde. Além disso, vivemos em ambientes fechados repletos de dispositivos digitais. Habitamos corpos com menos movimento, em espaços fechados e mentes excessivamente ligadas aos estímulos artificiais.

Com isso, estudiosos já se debruçam sobre as possíveis consequências dessas novas dinâmicas para nossas crianças.

Embora haja diversas linhas de pesquisa, não é raro encontrarmos citações que relacionam esses espaços criados pelas novas tecnologias digitais e as interações proporcionadas por eles com termos e conceitos que envolvem crianças menos vivas. As reflexões que circundam essa ideia partem o coração de qualquer pessoa apaixonada pela infância. Vamos permitir isso, **crianças menos vivas**?

Essa linha argumentativa parte do princípio de que oferecer apenas estímulos como ver e ouvir o que as telas oferecem é sonegar oportunidades para o desenvolvimento e bem-estar da criança. Michel Desmurget em seu livro *A fábrica de cretinos digitais* corrobora essa visão, esclarecendo que "nosso cérebro não é de fato feito para as novas práticas da modernidade digital".

O fato é que o uso desses dispositivos é prejudicial ao cérebro e compromete a regulação emocional. Já observou a reação de uma criança que ficou por horas diante de um celular ao ter o aparelho desligado? Ela expressa sua frustração transbordando gritos e esperneios. Isso acontece devido a um longo período de exposição à super estimulação cerebral, enquanto as atividades corporais não acompanham em nível e intensidade.

Infelizmente, esse tempo de exposição aos dispositivos digitais não tem sido pouco. Desmurget mostra estudos que apontam que, aos dois anos, a média de uso de telas de uma criança já é de 50 minutos por dia. Isso pode chegar à média de 45% do tempo de vigília diário de um jovem do ensino médio.

Vamos colocar os pés no chão? Literalmente! Crianças não precisam de dispositivos eletrônicos de última geração. Aliás, a tecnologia mais sofisticada existente é o corpo humano, e precisamos conectá-la ao que há de melhor no universo. É preciso desligar o botão de conexão dos aparelhos digitais para manter ligado o botão que nos conecta ao que é essencial para nós. Vale lembrar que, embora nós, adultos, precisemos desse lembrete, as crianças instintivamente sabem do que precisam.

Já observou crianças brincando ao ar livre? Elas querem deitar no chão, rolar na grama, tocar na água e pular nas poças. É comum vê-las pedindo a um adulto para guardar uma conchinha que pegaram na praia ou um graveto que resgataram na mata. Elas querem levar para casa um pouquinho das experiências vividas como forma de extensão dessa conexão. A natureza está intimamente ligada a experiências sensoriais e espaciais que são únicas e fundamentais.

Além disso, na natureza acontecem atividades livres e de movimento. É importante pontuar: exercícios físicos, seja de forma direta ou indireta, são um modulador comportamental e contribuem para a regulação emocional. Eles liberams neurotransmissores, os "hormônios do bem", dentre eles serotonina, dopamina – relacionados ao bem-estar.

Na escola, é rotineiro o uso das atividades físicas como moduladores comportamentais. Brincadeiras como pique-pega, esconde-esconde, pular corda e carimba são excelentes. Quando é possível, agrego os benefícios de ambos, permitindo que subam em árvores, construam cabanas com gravetos e até rolem na grama.

Assim, as crianças começam o dia mais organizadas com o corpo relaxado e prontas para os muitos estímulos que terão ao longo do dia, em sala de aula. É nítida a mudança no estado de humor, a sensação de bem-estar logo após esse contato com a natureza.

Orientações aos pais e profissionais

Como os jovens reagem à natureza, e como vão criar os próprios filhos, acaba delineando as configurações e as condições das cidades, dos lares, do cotidiano em geral.
RICHARD LOUV

Entendendo a complexidade de manter uma rotina de visitas frequentes às áreas naturais no atual contexto urbano, deixo aqui algumas sugestões.

- **Crie estratégias:** analise sua rotina e os recursos disponíveis para encontrar as possibilidades acessíveis de promoção dessas atividades. Procure lugares bem avaliados e seguros, busque companhia para esses momentos.
- **Use a criatividade:** Lembre-se das atividades da sua infância e compartilhe suas histórias. Preste atenção às atividades que estão acontecendo ao seu redor: pássaros voando, o movimento das árvores embaladas pela ação dos ventos, o barulho das águas seguindo o seu curso. Aprecie um gafanhoto sem medo, brinque com gravetos, modele o barro.
- **Aproveite a oportunidade para treinar habilidades e comportamentos:** estimule sua criança a se aventurar, explorar, testar as próprias habilidades, pesquisar e se submeter aos riscos de forma minimamente calculada, nunca negligenciando a segurança. Não permita que o seu medo impeça seu filho de vivenciar boas experiências, pois pequenas cicatrizes são memórias de uma infância bem vivida.
- **Ofereça a você os mesmos cuidados que oferece à criança:** não é possível desejar crianças em convívio constante com a natureza se nós, adultos,

não tivermos essa conexão. Nós, pais e educadores, também precisamos nos beneficiar da natureza e das atividades ao ar livre. Em contato com ela, pensamos melhor, tomamos decisões mais sensatas e lideramos melhor. Sejamos um bom exemplo.

- **Crie elementos naturais no seu ambiente:** escaneie o QR code disponível no final do livro para acessar algumas sugestões de atividade.

Reflexão final

É lindo observar uma criança que tem permissão para fazer por si o que sente que precisa. Lembro-me de uma vez em que um menino saiu da sala de aula sem ninguém perceber. Acabei encontrando-o no balanço do parque, balançando-se tranquilamente.

Ele apenas precisava de uma pausa e mais tempo para brincar livremente. Veja que interessante, ele não tentou fugir da escola, tampouco tumultuou a aula. Ele se distanciou com o intuito de ter o tempo que precisava para organizar sua mente, se normalizar e retornar para as atividades de classe com toda a sua potência.

É fundamental que a criança cresça conectada à própria essência de forma que compreenda a necessidade de conservar ou criar espaços de liberdade e regulação na própria vida, assim como é imprescindível que nós, adultos – pais, cuidadores e educadores – respeitemos quem a criança é e a auxiliemos na jornada. É assim que teremos adultos íntegros construindo um futuro cada vez melhor.

As crianças não entendem nossa linguagem verbal, por isso precisamos observar nossa própria energia, comportamento, ações e checar como é nosso relacionamento com nós mesmos. Toda oportunidade é um lindo convite para estarmos em presença plena e fazermos as pazes com quem somos e com nossa essência. As crianças são esse lindo convite, elas nos inspiram a estar no momento presente.

Crianças e adultos: não nos percamos de nós mesmos!

Superdica: sempre existe um céu acima das nossas cabeças para nos ajudar na nossa regulação e na regulação das crianças. Use e abuse desse recurso: saia e leve a criança para passear, sinta a brisa. Olhem para cima!

Referências

CHAWLA, L. *Benefits of Nature Contact for Children.* J. Plan. Liter. 2015.

DESMURGET, M. *A fábrica de cretinos digitais.* São Paulo: Vestígio, 2021.

GUTMAN, L. *Uma civilização centrada na criança: como filhos amorosos podem salvar a humanidade.* São Paulo: BestSeller, 2021.

LOUV, R. *A última criança na natureza: resgatando nossas crianças do transtorno de déficit de natureza.* São Paulo: Aquariana, 2016

MALLER, C.; TOWNSEND, M. Children's mental health and wellbeing and hands-on contact with nature. Deakin University. *Journal contribution*, 2006. Disponível em: <https://hdl.handle.net/10536/DRO/DU:30003638>. Acesso em: 30 jan. de 2023.

SOCIEDADE BRASILEIRA DE PEDIATRIA. *Manual de orientação: benefícios da natureza no desenvolvimento de crianças e adolescentes.* Disponível em: <https://www.sbp.com.br/imprensa/detalhe/nid/pediatras-lancam-manual-sobre-os-beneficios-da-natureza-no-desenvolvimento-de-criancas-e-adolescentes/>. Acesso em: 16 jan. de 2023.

STEINER, R. *Education As An Art.* New York: SteinerBooks, 1988.

TURUNEN, A.; HALONEN, J.; KORPELA, K.; OJALA, A.; PASANEN, T.; SIPONEN, T.; TIITTANEN, P.; TYRVÄINEN, L.; YLI-TUOMI, T.; LANKI, T. Cross-sectional associations of different types of nature exposure with psychotropic, antihypertensive and asthma medication. *Occupational and Environmental Medicine*, 2023.

24

TRANSTORNO DE ANSIEDADE SOCIAL

"O QUE VÃO PENSAR DE MIM?"

De acordo com a Organização Mundial de Saúde (OMS), o Brasil é o país mais ansioso do mundo. Dentre os diversos transtornos de ansiedade que existem, está o Transtorno de Ansiedade Social. Aqui vamos entender como ele funciona, como pode prejudicar a qualidade de vida de uma pessoa e o que podemos fazer para superá-lo.

LUCIANA JENSEN

Luciana Jensen

CRP 06/51861-0

Contatos
psicologia@lucianajensen.com.br
11 98133 6616

Psicóloga clínica há 25 anos, neuropsicóloga e terapeuta de casal e família. Atua no atendimento de crianças, adolescentes e adultos, assim como na orientação parental. Especialista em Psicodrama Terapêutico e Neuropsicologia (avaliação e reabilitação neuropsicológicas). Pós-graduada em Terapia de Casal e Família. Sócia-diretora da Clínica de Psicologia e Comportamento Nexus.

A ansiedade é considerada atualmente como o "mal do século". Apesar de ser uma emoção natural, necessária e biológica do ser humano, quando a ansiedade deixa de ser saudável e passa a ser uma doença, ela é capaz de causar mal-estar e muitos prejuízos na vida da pessoa.

O Transtorno de Ansiedade Social (TAS) ou Fobia Social refere-se ao medo irracional de situações sociais comuns. Geralmente, esse medo é causado pela preocupação em fazer alguma coisa embaraçosa na frente de outras pessoas ou pelo medo de causar má impressão e correr o risco de ser criticado ou avaliado negativamente.

Pessoas com TAS costumam pensar que não vão corresponder às expectativas dos outros. Preocupam-se que a ansiedade se torne aparente por meio de sudorese, rubor, vômitos, tremores, voz trêmula, falta de palavras para se expressar ou perda da linha de raciocínio. Embora essas pessoas reconheçam que seus medos sejam irracionais e excessivos, o TAS é altamente incapacitante.

Diagnóstico

O diagnóstico do TAS é clínico, ou seja, feito no próprio consultório médico, com base na história de vida do paciente, nas informações do exame físico e nos sinais e sintomas apresentados, sem a necessidade do uso de técnicas laboratoriais.

Para o diagnóstico de TAS, o paciente precisa apresentar os critérios descritos no Manual Diagnóstico e Estatístico de Transtornos Mentais (DSM-V):

- Medo acentuado e persistente (por, no mínimo, seis meses) ou ansiedade em uma ou mais situações sociais em que podem ser julgadas por outras pessoas. Nota: em crianças, tem de existir evidência da capacidade de estabelecer relações sociais (apropriadas para a idade) com pessoas conhecidas. A ansiedade deve ocorrer também junto às crianças da sua idade, e não somente nas interações com os adultos.

- As mesmas situações sociais quase sempre provocam medo ou ansiedade, então os pacientes evitam ativamente a situação.
- O medo ou a ansiedade é desproporcional à ameaça real (levando em conta as normas socioculturais).
- O medo, a ansiedade e/ou esquiva causam sofrimento significativo ou prejudicam muito o funcionamento social ou ocupacional. Além disso, o medo e a ansiedade não podem ser caracterizados mais corretamente como um transtorno mental diferente (por exemplo, agorafobia, transtorno do pânico, transtorno dismórfico corporal).

As situações mais comuns de serem evitadas são: falar em público; comer com outras pessoas; conhecer novas pessoas; conversar; assinar um documento na frente de testemunhas; usar banheiros públicos; convidar alguém para sair; falar com alguém que é percebido como mais autoritário, divertido ou interessante; ir a uma festa; convidar amigos para jantar; falar ao telefone; expressar uma opinião pessoal; ter um comportamento assertivo (por exemplo, dizer não quando não se quer fazer alguma coisa); participar de uma entrevista de emprego; manter contato olhos nos olhos; conversar com pessoas do sexo oposto; tocar um instrumento musical.

O TAS pode ter início precoce, desenvolvendo-se principalmente em crianças que sofrem *bullying*, rejeição, exposição ao ridículo, humilhação ou outras situações estressantes vistas como traumáticas. Essas crianças costumam ser mais tímidas e inibidas. No entanto, mesmo sendo raro, o transtorno pode surgir na vida adulta.

O TAS ocorre com mais frequência em mulheres, rapidamente se torna crônico (KURU et al., 2017) e caracteriza-se como o quarto transtorno psiquiátrico mais recorrente (ITO, ROSO, TIWARI, KENDALL, & ASBAHR, 2008). Além disso, o TAS se combina com frequência a outros transtornos de ansiedade e mentais (GONÇALVES et al., 2014; MULLER, TREN- TINI, ZANINI, & LOPES, 2015).

Causas da ansiedade social

A ansiedade social está relacionada a diversos fatores, podendo incluir traços de personalidade (por exemplo, timidez, introversão ou perfeccionismo). As pessoas que são tímidas sentem-se frequentemente desconfortáveis em certas situações sociais, em especial aquelas que envolvem interagir ou conhecer outras pessoas. As pessoas que são introvertidas tendem a ser mais sossegadas e evitam situações sociais, podendo preferir estar sozinhas. Por fim, as pessoas perfeccionistas tendem a ser muito exigentes com elas mesmas, e nem sempre essas exigências podem ser cumpridas. Elas ficam reféns de suas próprias expectativas, ficam com receio dos julgamentos negativos e acabam evitando as situações sociais.

Tratamento

Como o TAS é quase sempre crônico e sua remissão espontânea não ocorre na maioria dos casos, o tratamento é mais do que necessário. Mesmo assim, a busca por tratamento ainda é pequena e infelizmente ele costuma ser subdiagnosticado e não tratado.

O tratamento inclui a terapia medicamentosa, com o uso de ansiolíticos, betabloqueadores ou inibidor seletivo da recaptação da serotonina (ISRS), psicoterapias e medidas gerais de promoção e harmonização da saúde psicofísica.

A Terapia Cognitivo-comportamental (TCC) costuma apresentar bons resultados, pois ensina os pacientes a reconhecer e controlar seus pensamentos distorcidos e suas convicções falsas, assim como os instrui sobre a exposição controlada à situação que provoca ansiedade (terapia de exposição). Ao buscar uma modificação na maneira como se pensa a respeito da socialização, a pessoa vai diminuindo seu nível de ansiedade diante das situações sociais e, consequentemente, vai parando de evitá-las.

Na intervenção psicoterapêutica, algumas das técnicas utilizadas podem ser: o desempenho de papéis, a filmagem e observação de vídeos, a entrevista simulada, o treino de competências sociais e outros exercícios que visam trabalhar situações sociais em que a pessoa se sente ansiosa. À medida que as pessoas praticam e se preparam para as situações que inicialmente temiam, tornam-se cada vez mais confiantes nas suas competências sociais e sua ansiedade tende a diminuir.

Uma terapia complementar que vem ganhando destaque é a Terapia Assistida por Animais (TAA). Como o animal tende a transmitir maior sensação de segurança ao indivíduo, ele pode, por exemplo, ajudar a pessoa a iniciar ou manter uma conversa, na medida em que ele próprio pode ser o tópico de conversa. Dessa forma, o repertório social de comportamento da pessoa com TAS vai sendo construído com mais eficiência e menos ansiedade.

E como fica a socializaçao no transtorno de ansiedade social?

Pesquisas recentes mostram que as pessoas com TAS gostam de interações sociais quando elas ocorrem, mesmo que sejam menos satisfatórias. De acordo com essas pesquisas, as pessoas com TAS eram mais felizes quando estavam com outras pessoas do que quando estavam sozinhas, revelando que sentir-se ansioso ou preocupado com uma situação não impede a experiência de prazer durante a socialização. Pode-se concluir, então, que os benefícios emocionais das interações sociais estão presentes mesmo para aqueles com um distúrbio psicológico caracterizado pelo sofrimento social e evitação.

Como a ansiedade social pode interferir na vida das pessoas?

O TAS, em função de seus sintomas agudos, geralmente afeta de forma negativa o desempenho acadêmico, a produtividade, as relações interpessoais e a qualidade de vida da pessoa. Esse tipo de transtorno pode fazer com que seja difícil estabelecer e manter relações saudáveis, podendo afetar desde o relacionamento com estranhos até o relacionamento com a própria família.

Por um lado, pode ser mais simples enfrentar os medos da socialização junto de pessoas com quem temos mais familiaridade; por outro lado, a preocupação com o julgamento dessas pessoas mais próximas pode ser maior do que com pessoas mais distantes, já que a convivência com os mais próximos será mais frequente. A ansiedade social também pode prejudicar as relações já existentes, pois se o companheiro(a) quiser socializar com outras pessoas, por exemplo, poderemos nos deparar com uma questão difícil de ser evitada.

A escolha dos estudos e da profissão, ou seja, os projetos de vida de uma pessoa com TAS, também podem ser influenciados pelo seu nível de ansiedade, assim como o seu desempenho na vida profissional e escolar.

Orientações para melhorar o transtorno de ansiedade social

Antes de mais nada, se esforce para aceitar seus pensamentos. Esse é o melhor caminho para conseguir mudá-los. Você precisa aceitar que a fobia é real, mas que os julgamentos com os quais você tanto se preocupa podem existir apenas na sua cabeça e não na cabeça dos outros.

Lembre-se de que você não é capaz de antecipar o futuro nem de adivinhar o que as pessoas estão pensando de você; nem tudo é sobre você. Para isso, se questione, confronte os seus pensamentos com os dados de realidade.

Comece a se expor aos poucos, de forma gradativa e de acordo com suas possibilidades e respeitando seus medos.

Aceite seus defeitos e suas virtudes; aceite suas imperfeiçoes e as dos outros. O perfeccionismo gera expectativas inatingíveis que só vão frustrar e pressionar. Errar é humano! De verdade! E os erros fazem parte de todos os processos de crescimento, amadurecimento e aprendizado.

Se você estiver com medo de uma apresentação na escola ou no trabalho, prepare um roteiro previamente. Faça roteiros de articulação. Grave a sua voz e perceba seu tom de voz, o ritmo da sua fala, se está gaguejando ou repetindo com certa frequência as mesmas palavras. Observe a sua postura ao falar: evite ficar de braços cruzados, mantenha a coluna ereta (independente se estiver sentado ou em pé), tenha sempre um sorriso no rosto, olhe diretamente para as pessoas. Antes da apresentação, tente se isolar por alguns minutinhos e respire.

E por fim, use a escrita terapêutica. Escreva sobre os seus sentimentos e emoções livremente. Assim, você poderá analisar melhor o que está enfrentando. Com o tempo, poderá perceber sua evolução e estimular novas reflexões e novos questionamentos com você mesmo e com os outros.

Superdica: não se cobre tanto. Você não precisa ser perfeito; precisa apenas dar o melhor de si. Você merece ser livre e feliz! Acredite: a liberdade pode estar dentro de você.

Referências

GONÇALVES, D. A.; MARI, J. J.; BOWER, P.; GASK, L.; DOWRICK, C.; TÓFOLI, L. F.; CAMPOS, M.; PORTUGAL, F. B.; BALLESTER, D.; FORTES, S. Brazilian multicentre study of common mental disorders in primary care: Rates and related social and demographic factors. *Cadernos de Saúde Pública*, 2014.

HOPE, D. A; HEIMBERG, R. D; TURK, C. L. *Vencendo a ansiedade social com a terapia cognitivo-comportamental.* Porto Alegre: Artmed, 2012.

ITO, L. M.; ROSO, M. C.; TIWARI, S.; KENDALL, P. C.; ASBAHR, F. R. Terapia cognitivo-comportamental da fobia social. *Revista Brasileira de Psiquiatria, 2008.*

KURU, E.; SAFAK, Y.; OZDEMIR, I.; TULACI, R. G.; OZDEL, K.; OZKULA, H. G.; ORSER, S. Cognitive distortions in patients with social anxiety disorder: Comparison of a clinical group and healthy controls. *The European Journal of Psychiatry*, 2017.

MULLER, J. L.; TRENTINI, C. M.; ZANINI, A. M.; LOPES, F. M. Transtorno de ansiedade social: um estudo de caso. *Contextos Clínicos*, 2015.

NARDI, A. E.; QUEVEDO, J.; SILVA, A. G. *Transtorno de ansiedade social: teoria e clínica*. Porto Alegre: Artmed, 2014.

25

TRANSTORNOS ALIMENTARES

ESPELHO, ESPELHO MEU...

Transtornos alimentares são cada vez mais frequentes, principalmente, na adolescência, interferindo negativamente no desenvolvimento biopsicossocial. A exigência pelo corpo perfeito e a influência das mídias sociais potencializam essa incidência. É de grande relevância, o conhecimento sobre os transtornos alimentares, a prevenção e os tratamentos, além do processo de orientação familiar, aspectos abordados neste capítulo.

LUCIANA MARIA BISCAIA DOS SANTOS GARBIN

Luciana Maria Biscaia dos Santos Garbin

Contatos
www.lucianagarbin.com.br
luciana@lucianagarbin.com.br
11 99268 7220

Psicóloga clínica e neuropsicóloga há mais de 30 anos, atuando no atendimento de adultos, crianças, adolescentes e orientação parental e familiar. Orientação de professores junto à escolas, visando ao desenvolvimento de práticas mais adequadas ao perfil e necessidades dos alunos. Especializada em Neuropsicologia (Avaliação e Reabilitação neuropsicológicas) e Terapia Cognitivo-comportamental. Formação em Transtornos de Aprendizagem. Pós-graduação em Orientação Familiar e Treino Parental. Coautora do livro *Orientação familiar: teoria e prática* com o capítulo "Transtorno Opositor desafiador: um desafio para pais e filhos", pela Editora Literare Books International (2022). Palestrante no Congresso de Orientação Familiar (2022).

Aos meus filhos, Vitória e Fabrizio, meus amores, que iluminam meus dias e me inspiram. Ao meu marido Silverio, que está ao meu lado em todos os momentos, sempre me apoiando e incentivando. Aos meus pais, Odette Maria e Marialdo, pelo muito que me ensinaram.

A adolescência é um período de transição, com muitas descobertas, oportunidades, riscos, desafios e angústias. Mudanças nas competências cognitiva e social, na autonomia, autoestima, alterações físicas e hormonais. Essas mudanças são vivenciadas e percebidas de diferentes formas pelos meninos e pelas meninas.

Também há o pensamento onipotente do adolescente, que se acha capaz de resolver tudo e que os problemas só acontecem com os outros.

A aparência é altamente destacada na pré-adolescência e início da adolescência, tornando se menos relevante na fase mais tardia. É o momento em que o adolescente se desenvolve, olha para seu corpo, faz comparações com o outro, tem desejos e interesses.

Os padrões estéticos sempre estiveram presentes na sociedade em todas as épocas e culturas. Não estar de acordo com o que foi estabelecido pode gerar julgamentos e a probabilidade de ser rotulado e excluído. A questão é que esses julgamentos sociais terão consequências por toda a vida e, no período da adolescência, onde há maior vulnerabilidade, esse prejuízo é ainda maior. O padrão "ideal", daquilo que é admirado, é aprendido pelas experiências sociais, meios de comunicação e mídias que veiculam aquilo que é considerado aceito e aprovado.

A autoimagem se refere às percepções, pensamentos e sentimentos que temos sobre nosso próprio corpo. Segundo Mosquera e Stobaus (2006), a autoimagem é fruto da interação do indivíduo com seu contexto social, das relações que estabelece com os outros e consigo mesmo. Essa imagem não é herdada ou geneticamente determinada, mas aprendida por meio de modelos e experiências pelas quais passamos desde o nascimento e que são armazenadas na memória.

Desde cedo, as crianças observam, processam e assimilam aquilo que é admirado ou não. Isso acontece não somente no convívio social, com seus pares, mas dentro da própria família, onde os pais demonstram seus padrões de estética. Comentários aparentemente sem intenção de machucar, tanto em relação aos familiares como em relação a outras pessoas de convívio, indicam que determinado aspecto não agrada. Isso sem falar em certos apelidos, que podem parecer inofensivos, mas que marcam a vida da criança e o seu desenvolvimento.

Na adolescência, tudo isso se intensifica e a crítica é ainda mais cruel, inclusive por parte do próprio adolescente. Parece que nada está no lugar que deveria estar ou tem a forma que deveria. O culto à beleza é estimulado e padrões de imagem corporal são estabelecidos, sendo que aquilo que destoar dessa escolha é rejeitado. O adolescente se sente inadequado, tendo que lidar com as demandas sociais e os estímulos excessivos provenientes das redes sociais que mostram uma vida sem limites, com corpos considerados perfeitos.

Relatos constantes de crianças e adolescentes que não se acham bonitos ou interessantes, que são excluídos de festas e saídas com amigos, julgados por características físicas e rotulados, são cada vez mais constantes. São adolescentes ansiosos e deprimidos por não fazerem parte do chamado "grupo dos populares" ou do padrão estabelecido pelo meio.

A falta de confiança em si mesmo leva à baixa autoestima, expectativas de fracasso, além da distorção da imagem corporal, podendo desencadear os transtornos alimentares. Os Transtornos Alimentares são alterações relacionadas à alimentação e os comportamentos a ela relacionados, com duração e intensidade suficientes para acarretar prejuízos à saúde física e ao funcionamento psicossocial. Os principais transtornos alimentares presentes na adolescência são a anorexia e a bulimia.

Anorexia

- Restrição da ingestão calórica que resulta em peso corporal inferior ao peso mínimo esperado para as características pessoais como sexo, idade, estágio do desenvolvimento, história de peso e estado de saúde.
- Medo intenso de ganhar peso ou engordar, distorção da imagem corporal e interpretação equivocada dessa imagem.

• Preocupação excessiva com peso e forma corporal, levando a comportamentos repetidos de pesagem, busca constante por informações nutricionais dos alimentos, métodos de emagrecimento, evitação de espelhos e roupas que evidenciem a forma corporal.

A anorexia também tem efeitos/aspectos psicológicos como rigidez cognitiva, perfeccionismo, inabilidade em relacionamentos interpessoais, dificuldades na regulação dos afetos, insegurança, vulnerabilidade, sentimentos de desesperança, tendência a buscar aprovação externa, hipersensibilidade a críticas e insatisfação constante. A falta de autonomia, de noção de identidade e de controle sobre a própria vida se manifesta pela busca de controle com a alimentação e o peso.

Bulimia

- Episódios recorrentes de compulsão alimentar envolvendo a ingestão de uma quantidade definitivamente grande de alimentos em um curto período (até duas horas) e a sensação de perda de controle sobre esses comportamentos durante os mesmos;
- Comportamentos compensatórios inadequados e recorrentes visando o controle do peso, envolvendo vômito autoinduzido, uso de laxantes, diuréticos ou outros medicamentos que induzem à purgação, além de jejuns prolongados e exercícios exagerados.
- Preocupação excessiva com peso e forma corporal com insatisfação corporal profunda e constante, que causa prejuízo na vida pessoal, social e educacional.

As pessoas com transtornos alimentares possuem autoestima instável, acreditando que se conseguirem controle sobre sua imagem corporal terão sucesso em resolver suas inseguranças e controlar as dificuldades emocionais. Acreditam que o sucesso em controlar o peso e atingir o corpo que julgam ideal trará sucesso em outros aspectos de sua vida. Entendem que a forma física, rotinas alimentares e a capacidade de controlar seu peso refletem seu valor pessoal.

Fatores biológicos (herança genética), psicológicos (baixa autoestima) e sociais (influência da mídia, pressão por parte do ambiente) se inter-relacionam, gerando o surgimento e a manutenção da doença.

Nos transtornos alimentares (TAs) há uma insatisfação com a imagem corporal, resultando em alteração da percepção física e medo intenso de engordar. As experiências vividas desde a infância mantêm ou modificam essa imagem, gerando crenças distorcidas e comportamentos disfuncionais. As crenças distorcidas dizem respeito às ideias sobre si, que não condizem com a realidade e sofrem uma transformação cognitiva para continuar confirmando temáticas centrais sobre a pessoa (SILVA,2012; VERAS, 2010).

Pesquisas sugerem que o início dos sintomas ocorre por volta dos 12 anos, com prevalência maior em meninas. O tratamento dos transtornos alimentares envolve equipe multidisciplinar composta por psiquiatra, nutricionista e psicólogo.

Os TAs têm curso crônico e alto índice de mortalidade, sendo muitas vezes necessária a internação hospitalar como medida de preservação da vida.

Prevenção dos transtornos alimentares

- O autoconhecimento, incluindo pontos fortes e fracos, possibilita formar uma adequada autoestima. O conhecimento de seus sentimentos e autoaceitação proporcionam recursos para lidar com frustrações e conflitos.
- Conscientização sobre o próprio corpo e autoimagem, com modelos voltados à saúde, tanto no que se refere a exercícios como a alimentação, promove uma correta percepção do próprio desenvolvimento, fortalecendo o adolescente para lidar com as demandas e apelos dos padrões sociais inadequados.
- Estimular a flexibilidade cognitiva possibilita a criação de diferentes formas para a solução dos problemas, ampliando o repertório do adolescente.
- Desenvolver as habilidades sociais para melhores relacionamentos e formas mais adequadas de se relacionar, diminuindo conflitos.
- Estar consciente dos modelos de comunicação apresentados à criança desde o nascimento, evitando comentários, críticas e preconceitos sobre de padrões de beleza e imagem corporal.
- O uso de apelidos pejorativos (gordinho, fofinho, palito, baleia, magrela, saco sem fundo) criam uma definição para a criança de que ela é somente aquela característica, deixando de lado outros aspectos de seu ser.

Orientações aos profissionais e pessoas com TAs

- A terapia cognitivo-comportamental (TCC) é de grande relevância no tratamento. Ela objetiva a psicoeducação sobre os aspectos que envolvem o transtorno para melhorar a autoconsciência, transformando crenças distorcidas, aumentando a autoestima e o senso de controle da pessoa sobre sua vida através do autoconhecimento, desenvolvendo habilidades de relacionamento tanto no meio familiar como social, buscando maior autonomia e independência para lidar com as vulnerabilidades. Promove a atribuição de novo significado para comida, peso e imagem corporal.

- A orientação familiar tem a função de suporte e acolhimento para os sentimentos despertados frente ao paciente e o transtorno. Deve-se acolher as angústias e o sofrimento do grupo familiar, pois não é somente a vida do paciente que sofre mudanças, mas toda estrutura familiar. Entender os aspectos que permeiam o transtorno é de suma importância, já que sem o apoio e o incentivo dos pais é mais difícil obter sucesso no tratamento. É necessário um equilíbrio entre monitorar os comportamentos e promover a autonomia e conscientização do paciente.
- O estilo parental deve ser avaliado. Pais autoritários e muito exigentes predispõem a uma baixa autoestima. Avaliar a visão sobre o filho, as expectativas e afetos envolvidos e, principalmente, a escuta que se tem para as necessidades desse filho.
- Criar estratégias de enfrentamento das dificuldades, objetivando a mudança da autoimagem e autoestima, oferecendo novas formas de se relacionar com o corpo e a alimentação.
- Criar uma rede de apoio com pessoas que possam dar suporte nos momentos de recaídas e em outras situações difíceis.
- Estabelecer pequenos objetivos, um passo a passo para o retorno ao convívio social e à escola.
- Evitar generalizações, o famoso "todo mundo" e favorecer a autoaceitação.
- Pensar no quanto a balança atrapalha a vida, ensinando que a comida não é perigosa e que alguns quilos a mais não determinam quem você é.
- Informar sobre os malefícios de sites que valorizam o culto ao corpo e soluções mágicas para perda de peso. Grupos e sites que tratam os transtornos alimentares por apelidos e códigos, muitos deles em inglês como por exemplo: "Ana" para Anorexia, "Mia" para Bulimia, NF (No food), Low Food, Borboletana.

Orientações aos pais

Sentimentos de culpa, medo e fracasso tomam conta dos pais que buscam uma explicação para o problema do filho.

- Procure ajuda profissional. Pessoas com TAs precisam de tratamento multiprofissional, assim como de orientação familiar.
- Observe os conceitos e preconceitos que estão sendo transmitidos aos filhos, bem como a visão que vocês, pais, têm da própria imagem, a autocrítica. Muitas vezes os pais transferem expectativas suas para os filhos.

- Busque ajuda em grupos de apoio.
- Reavalie suas crenças, valores e a percepção que você tem sobre seu filho, além das relações e os papéis dos membros da família no desenvolvimento do transtorno.
- Mantenha uma escuta ativa e afetiva com seu filho, sem comentários que promovam a vitimização ou menosprezem a situação.
- Desenvolva limites, ensinando a lidar com frustrações. Limites proporcionam à criança segurança, pois ela saberá até onde pode ir sem enfrentar riscos. Aos poucos, ela aprende a elaborar suas frustrações de forma adequada.
- Estar atento às fases de desenvolvimento da criança, incentivando a autonomia e a independência e permitindo ao filho expressar opiniões e sentimentos. Na adolescência, os filhos começam a questionar os pais, tentando provar seu ponto de vista ou argumento. Os adolescentes podem fazer escolhas que muitas vezes não estarão de acordo com as expectativas dos pais, mas que irão formar a identidade dessa criança.
- Mantenha a comunicação aberta, mostrando que o filho tem apoio e é amado. Mesmo quando o diálogo está difícil, é importante a manutenção do sentimento de afeto e de apoio, gerando uma boa autoestima.
- Repense suas expectativas e o incentivo ao perfeccionismo. Muitas vezes, os pais têm expectativas irreais e idealizadas dos filhos, criando neles sentimentos de inadequação e desapontamento por não atingirem essas expectativas. A valorização do perfeccionismo em detrimento do empenho acarreta sentimentos de falta de competência e de valor.
- Não incentive a idealização de modelos de beleza e de corpo ideal. O incentivo a padrões de beleza ou a valorização excessiva do corpo cria um padrão na criança, e isso a acompanhará por toda a sua vida.
- Ensine sobre estilo de vida e alimentação: a saúde se conquista com boa nutrição e exercícios físicos adequados.

O exemplo dos pais vai definir o comportamento da criança. Se em todo o tempo, a ênfase está sendo dada em calorias e não na qualidade da alimentação, é isso que será aprendido. Estimular a prática de exercícios e alimentação saudável, voltada para a saúde, é diferente de fazer exercícios para emagrecer ou não engordar, fazer dieta ou não escolher determinado alimento pelas calorias.

Fortaleça a autoestima e autoconfiança, fundamentais em todo processo.

Superdica: seu corpo é importante, mas não define quem você é. A beleza está em ser você mesmo.

Referências

APOLINARIO, J.C; NUNES, M. A.; CORDAS. T. A. *Transtornos alimentares: diagnóstico e manejo.* Porto Alegre: Artmed, 2022.

ARATANGY, E. W. *Como lidar com os transtornos alimentares: guia prático para familiares e pacientes.* São Paulo: Hogrefe, 2020.

BOYDA, D.; BEE, H. *A criança em crescimento.* Porto Alegre: Artmed, 2011.

FINGER, I. R; OLIVEIRA, M. S. *A prática da terapia cognitivo-comportamental nos transtornos alimentares e obesidade.* Novo Hamburgo: Sinopsys, 2016.

HALSE, C; HONEY, A.; BOUGHTWOOD, D. *Dominando a anorexia.* São Paulo: M. books, 2013.

LINS, M. R; NEUFELD. C. *Técnicas em terapia cognitivo-comportamental com crianças e adolescentes: uma perspectiva de intervenções individuais e em grupos.* Novo Hamburgo: Sinopsys, 2021.

PAPALIA, D. *Desenvolvimento humano.* Porto Alegre: Artmed, 2022.

26

OS DESAFIOS DA AMAMENTAÇÃO

A amamentação é o ato de nutrição benéfico à mãe e ao bebê, além de significar amor e doação. O objetivo deste capítulo é transmitir conhecimento sobre a importância da amamentação para o desenvolvimento orofacial e informar sobre os métodos complementares existentes, a fim de incentivar o aleitamento materno e o apoio familiar.

LUCIANA RAYES

Luciana Rayes

CROSP 60131

Contatos

lucianarayes.com.br

lucianarayes@gmail.com

Instagram: @rayes_luciana_odontopediatria

11 99996 1369

Graduada em odontologia há 25 anos; especialista em Odontopediatria pela Associação Brasileira de Odontologia de São Paulo; formação em Ortodontia e Ortopedia dos Maxilares; membro do Grupo Odontopediatria Brasil. Coautora do livro *Orientação familiar: teoria e prática*, pela Editora Literare Books International. Coautora do livro *Parentalidade moderna e saudável: telas e outros desafios dos pais*, também pela Editora Literare Books International. Realiza atendimentos a gestantes, bebês, crianças e adolescentes.

A amamentação tem papel fundamental na saúde e nutrição das crianças, pois o leite materno tem anticorpos e glóbulos brancos, gorduras, vitaminas, proteínas, açúcares e água, protegendo o bebê de doenças e infecções. É alimento exclusivo nos primeiros seis meses de vida, não devendo ter oferta de quaisquer complementos durante esse período (inclusive água, chás e sucos). A introdução da alimentação complementar deve ocorrer apenas depois dos seis meses de vida, mantendo a amamentação até os dois anos ou mais, segundo recomendação da OMS. Chamada "*golden hour*" ou hora dourada, a primeira hora de vida do bebê fora do útero materno estabelece o primeiro contato pele a pele, simbolizando o carinho e o reconhecimento do cheiro da mãe, o momento de acolhimento do bebê e também da primeira mamada. Porém, nem sempre acontece assim. O uso de medicamentos e drogas ilícitas, tratamentos quimioterápicos, infecções, e até as condições de saúde do recém-nascido podem interferir nessa primeira hora.

Vínculos

A sintonia entre a mãe e o bebê é fundamental. A família recebe orientações para dar apoio à mãe, de modo que pai, avós, irmãos, tios e ajudantes participam de todo o processo, cuidando da mãe e do bebê. A vontade de amamentar e o respeito às circunstâncias são fatores importantes para que se tenha sucesso. Durante o pré-natal, deve-se orientar a gestante, demonstrando a posição do rosto do bebê, da cabeça e pescoço, a pega adequada, a frequência e duração das mamadas.

Amamentar é criar laços emocionais com o seu bebê, estimulando e fortalecendo o vínculo afetivo e, por meio dela, obter a linguagem do amor que só o coração sente.

Aspectos fisiológicos

A amamentação é a primeira forma de estimular o crescimento das estruturas orofaciais. Os músculos faciais, bucais e cervicais recebem estímulos no momento da sucção, favorecendo o desenvolvimento e crescimento facial e estimulando as funções essenciais como respiração nasal, deglutição, mastigação, fala e crescimento mandibular. Além disso, a amamentação também trabalha a coordenação dos movimentos orais durante a sucção.

A primeira visita ao odontopediatra deve começar no período da gestação. O ideal é que possamos trabalhar com todos os profissionais de saúde envolvidos, atuando como equipe multidisciplinar.

A amamentação tem como principal função a nutrição e, por consequência, reduz a mortalidade, evita doenças, melhora o desenvolvimento neurológico, protege de alergias, diarreias, pneumonias e otites, auxilia na contração uterina, protege contra o câncer mamário e ovariano, diminui a sensação de ansiedade e proporciona a recuperação do peso.

Fatores de interferência

A descoberta do que impede a mãe de amamentar é o que nos ajuda a encontrar o melhor tratamento, ampliando as chances de sucesso para a amamentação. O motivo pode ser de ordem fisiológica, anatômica, emocional e/ou social. O acolhimento da mãe é essencial nessa fase, sendo importante ter uma rede de apoio.

Alterações genéticas, congênitas ou adquiridas podem afetar as estruturas da cavidade oral do recém-nascido, prejudicando o desenvolvimento correto. A presença de alterações como dentes natais e neonatais, anquiloglossia (popularmente conhecida como língua presa), torcicolos congênitos e ulcerações linguais, quando diagnosticadas, devem ser tratadas de imediato, a fim de remover possíveis interferências e reestabelecer a normalidade.

Os problemas podem estar relacionados à mama, ao tipo de trabalho que a mãe exerce, sua idade, cirurgias plásticas, condições do parto, ausência de informação, entre outras. Quanto ao bebê, os motivos podem ser prematuridade, introdução de bicos artificiais ou líquidos complementares, refluxo, pega incorreta, torcicolo congênito, frênulo bucais e linguais alterados, entre outras.

Há maternidades que possuem programas relacionados à amamentação, auxiliando a mãe e a família.

Orientações

Toda a família deve participar da gestação e nascimento do bebê, ajudando a mãe e trazendo apoio e conforto.

A mãe deve preparar um lugar aconchegante e calmo para amamentar, pois é uma hora de intimidade. Procure explicar aos familiares e amigos próximos que as visitas, em razão da janela de infectividade, são recomendadas após os três primeiros meses de vida, quando o bebê recebe as primeiras vacinas. Quando isso não for possível, que as visitas sejam breves.

A mãe precisa se desligar de qualquer preocupação, deixar fluir pensamentos positivos. Tenha uma almofada de amamentação para uma posição mais confortável. Hidrate-se para garantir o aumento da produção de leite. Procure descansar nos intervalos das mamadas.

No momento do parto, o bebê sofre com as mudanças de ambiente, podendo se estressar. Coloque-o em seu colo para que ele possa sentir o calor de seu corpo e ter a sensação de prazer e acolhimento. O banho de ofurô para os bebês é uma ótima opção ao bem-estar, pois é muito semelhante ao útero materno e a água morna auxilia a circulação sanguínea, principalmente nos bebês prematuros. O banho de ofurô pode ser realizado após seis horas de vida, proporcionando o relaxamento corporal, diminuindo os batimentos cardíacos às condições normais, reduzindo os níveis de cortisol e melhorando a oxigenação. Para esses momentos, a participação do pai estimula o vínculo com o bebê e fortalece os laços afetivos.

Se apresentar dores ao amamentar, verifique se a pega está correta. O bebê deve estar com os lábios evertidos, para fora, a boca deve estar bem aberta e de frente para a região areolomamilar, com o queixo tocando a mama. Durante a sucção, o bico da mama deve tocar o céu da boca do bebê, sem permitir estalos da língua. Se estiver tudo certo e mesmo assim a dor ainda persistir, faça massagens com movimentos circulares, compressas mornas, e experimente retirar o excesso de leite com o uso de bombinha. Em caso de fissuras, passe um pouco do leite materno para proteção, use bolsinhas térmicas de gel para alívio dos sintomas ou faça uso da laserterapia, comumente realizada nos consultórios médicos ou odontológicos.

Para o uso de medicamentos orais ou tópicos, consulte o seu médico.

Métodos de amamentação

Os bebês prematuros podem apresentar dificuldades durante a sucção, sendo necessário a utilização de sonda para se alimentarem.

A translactação é uma técnica usada na impossibilidade do bebê ser amamentado. O leite é extraído da mãe, colocado em um recipiente semelhante ao de uma mamadeira e, com ajuda de uma sonda, o bebê é alimentado. Com o ganho de peso, o bebê passa para o peito em livre demanda, porém essa transição demanda tempo e paciência até a adaptação do bebê.

A extração do leite pode ser manual, massageando as mamas e inclinando um pouco o corpo para frente, fazendo a extração do leite com os dedos polegar e indicador. Pressione a aréola com firmeza, sem que sinta dor. A extração pode também ser mecânica, com bombas encontradas em farmácias. O armazenamento do leite deve ser em um frasco limpo, fechado e em ambiente refrigerado.

A relactação consiste na mesma técnica que a translactação, no entanto, o leite pode ser de origem animal, fórmulas ou leite humano. Essa técnica é indicada nos casos em que as mães não têm leite ou produzem em pouca quantidade. Pode ser uma opção para mães adotivas, mães que utilizam medicamentos, que não podem ou não querem amamentar, com problemas de saúde pós-parto, entre outras impossibilidades.

O copinho de vidro "Suzana" foi desenvolvido por uma enfermeira, com borda angulada anatômica à boca do bebê. É usado para alimentar bebês prematuros ou com dificuldade em pegar a mama, bebês que estejam internados, ou mesmo na ausência da mãe. O copinho pode ser usado até que a criança aprenda a utilizar um copo comum, por volta de um ano a um ano e meio de vida.

Mamadeira ou copo?

A mamadeira, com certeza, é mais prática e confortável à mãe, porém não é recomendada. Ela tem efeito negativo ao desenvolvimento do bebê, causando confusão de bicos e, consequentemente, o desmame precoce. Além disso, pode causar infecções por conta de bicos mal esterilizados, gerar lesões cariosas, deficiência muscular orofacial, alterações na deglutição e nas estruturas ósseas orais. A mamadeira também pode provocar alterações respiratórias, dentárias, no sono e na fala. A utilização de mamadeiras pode estar relacionada à obesidade, pois a criança ingere o leite com mais facilidade e demora mais a obter saciedade, então repete as mamadas com mais frequência, necessitando de um volume de leite muito maior que o necessário.

A mamadeira deve ser substituída pelo copo, que por sua vez proporciona o desenvolvimento dos reflexos de sucção e deglutição (semelhantes aos da amamentação), estimula movimentos corretos da mandíbula e da língua, controla a quantidade de leite ingerido e estimula a produção de enzimas salivares e digestivas, facilitando a digestão. Com o tempo, o treino possibilita maior controle da quantidade a ser ingerida.

Chupetas – bicos convencionais e ortodônticos

Tanto os bicos convencionais como os bicos ortodônticos são bicos artificiais. Sendo assim, podem causar danos à formação do arco dentário e provocar alterações na oclusão, como mordida aberta, alterações respiratórias e na fala, cólicas, aftas, candidíase oral (devido à presença de fungos e bactérias), alterações mastigatórias, entre outras.

O uso da chupeta é um hábito cultural que, inclusive, se encontra nas listas do enxoval de maternidade do bebê. Os fatores negativos sobressaem os positivos e, ainda assim, é comumente utilizada. Que sua remoção seja a mais breve possível. A família precisa estar preparada para que isso aconteça. Trace estratégias e esteja certo de que será uma decisão sem volta.

Cada criança tem uma necessidade e tempo para o abandono do hábito. É importante avaliar o estado emocional da criança e fazer uma coisa de cada vez. Não adianta querer tirar a chupeta junto com o desfralde, e até ingressar na escola ao mesmo tempo. Comece diminuindo a frequência do uso durante o dia e, à noite, quando adormecer, remova a chupeta. Experimente criar brincadeiras diferentes para o entretenimento, no momento que a criança pedir a chupeta. Coloque uma música que a acalme, ofereça o colo, um brinquedo, algo que a distraia. Acolher no momento do choro reforça o quanto ela tem o seu apoio e a faz sentir menos ansiosa. Se achar pertinente, faça combinados com a criança, baseando-se em datas especiais como o Natal ou o aniversário dela. Estabeleça prazos e faça um calendário bem colorido.

Cárie de Mamadeira

A presença de lactose no leite pode provocar lesões cariosas se não houver uma boa higiene oral. No período noturno há diminuição do fluxo salivar, o que aumenta as chances do desenvolvimento da lesão. O uso de medicamentos com sacarose também são prejudiciais. Evite alimentos e bebidas que contenham açúcar até os dois anos de idade.

O bebê edêntulo (sem dentes) não precisa higienizar a boca e a língua, pois o leite materno protege a cavidade oral por conter imunoglobulinas e anticorpos. Porém, ao surgimento do primeiro dentinho, escolha uma pasta fluoretada e use a quantidade adequada para cada idade: crianças de zero a três anos usam o equivalente a meio grão de arroz; de três a sete anos, um grão de arroz; acima de sete anos, um grão de ervilha. A escova dental deve ter cabeça pequena e as cerdas macias, a escovação pode ser feita com movimentos circulares ou de vai-e-vem.

Ao nascimento dos dentinhos, o bebê pode sentir desconforto e ficar irritado. A gengiva fica mais sensível e o bebê pode apresentar estado febril, apesar de não haver comprovação científica, e perda de apetite. Nessa fase, opte por alimentos com temperaturas frias, como cenouras cortadas em forma de palitos, mordedores que contenham gel ou água em seu interior, acondicionando-os em geladeira para promover o alívio dos sintomas. Leve o seu bebê à odontopediatra para controles preventivos e orientações de higiene. Na presença de lesões cariosas, o tratamento deve ser imediato.

Considerações finais

O nosso papel, como odontopediatras, é orientar sobre a importância da amamentação para o desenvolvimento orofacial e apresentar diferentes métodos de amamentação, considerando o estado emocional da mãe. Quanto ao uso de chupeta e mamadeira, devemos alertar que são prejudiciais ao desenvolvimento do bebê, causando alterações ósseas pelo uso prolongado.

Por fim, o trabalho da rede de apoio, o amparo dos hospitais e maternidades e dos profissionais capacitados são fundamentais para o conforto e acolhimento da mãe e familiares.

Superdica: cuide do seu bebê com todo seu amor e carinho, mas não se esqueça de você!

Referências

CASTILHO, S. D.; ROCHA, M. A. M. Uso de chupeta: história e visão multidisciplinar. *Jornal de Pediatria.* Disponível em: <https://www.scielo.br/j/jped/a/kb9GKFQbdP6d3VCfJHHwbXp/?lang=pt>. Acesso em: 10 maio de 2023.

CORRÊA, C. C. *et al.* Interferência dos bicos ortodônticos e convencionais no sistema estomatognático: revisão sistemática. CoDAS [online]. 2016 [Acessado 29 novembro 2022], pp. 182-189. Disponível em: <https://doi.org/10.1590/2317-1782/20162015024>. Acesso em: 29 nov. de 2022.

DIMBERG. L.; ARNRUP, K.; BONDEMARK, L.; The impact of malocclusion on the quality of life among children and adolescents: a systematic review of quantitative studies. *Eur J Orthod.* 2015 doi: 10.1093/ejo/cju046. Epub 2014 Sep 11.

ESMA, J. N.; GIAMPERO, R.; CRAYG, W.; DREYER. Sciencedirect.com, *The Journal of the American Dental Association* – Volume 148 Issue 8, August 2017, Pages 566-574 e6 –Malocclusions in young children: Does breast-feeding really reduce the risk? A systematic review and meta-analysis. J Am Dent Assoc. 2017.

FRANCIS D. O; CHINNADURAI S; MORAD A, *et al.* Treatments for Ankyloglossia and Ankyloglossia With Concomitant Lip-Tie [Internet]. Rockville (MD): Agency for Healthcare Research and Quality (US); 2015 May. (Comparative Effectiveness Reviews). Disponível em: <https://www.ncbi.nlm.nih.gov/books/NBK299120/>. Acesso em: 12 maio de 2023.

POMPÉIA, L. E. *et al.* A influência da anquiloglossia no crescimento e desenvolvimento do sistema estomatognático. *Revista Paulista de Pediatria* [online]. 2017, v. 35, n. 02 pp. 216-221. Disponível em: <https://doi.org/10.1590/1984-0462/;2017;35;2;00016>. Acesso em: 27 nov. de 2022.

27

AS HISTÓRIAS E SEUS PODERES NA INTERVENÇÃO DE CRIANÇAS COM TEA

As primeiras histórias são contadas em casa e seguidas por inúmeros ensinamentos. Apresentamos algumas contribuições da literatura infantojuvenil como forma de intervenção no processo de desenvolvimento de crianças e adolescentes com Transtorno do Espectro Autista. Um recurso da clínica para sua casa, proporcionando momentos lúdicos, artísticos, terapêuticos, de aprendizagem e, consequentemente, de desenvolvimento cognitivo-linguístico social e emocional.

MAIRA ITABORAI E
BIANCA TERRA MARQUES

Maira Itaborai

Contatos
mairaitaborai@yahoo.com.br
Instagram: @mairaitaborai
Youtube: Maira Itaborai
34 99169 5971

Pedagoga, especialista em Psicopedagogia, Educação Sistêmica e Parental, Educação Especial/Inclusiva e Neuropsicopedagogia. São mais de 25 anos de estudo e atuação na área da educação. Apaixonada pelos processos de ensino e aprendizagem, passei pela educação infantil, ensino fundamental I, coordenação e direção escolar. Estou a serviço da vida, atuando como professora alfabetizadora, neuropsicopedagoga, orientadora de pais e educadores, palestrante e terapeuta

Bianca Terra Marques

Contatos
biancaterramarques@gmail.com
Instagram: @biancaterra_
34 99166 2649

Psicóloga clínica e escolar, formada pela UFU, coordenadora pedagógica de ensino fundamental II e ensino médio. Atua no atendimento de crianças, adolescentes e na orientação familiar. É coautora do livro da *Lagarta à Borboleta, ações pelo fim da violência nas relações familiares*, com experiência em atendimento de crianças em vulnerabilidade social, abuso sexual infantil, déficits de aprendizagem e desenvolvimento infantojuvenil.

Dedicamos este capítulo a Deus, que nos inspira em todos os momentos; aos nossos familiares, amigos e interagentes, que nos apoiam e dão muitas contribuições para nossas vidas.

Quando uma criança ou um adolescente recebe o diagnóstico de autismo, ela é um diamante bruto a ser lapidado. Na prática do consultório, procuramos ressignificar os atendimentos e tirar o foco do transtorno, colocando-o na oportunidade. Nesse caminho, encontramos nos livros infantojuvenis um recurso terapêutico que serve como uma grande ferramenta para profissionais e familiares construírem um repertório de ações inclusivas.

Passamos a lapidar os diamantes com atenção a cada necessidade, observando os reforçadores, antecipando os acontecimentos com amorosidade, cuidado, paciência, perseverança e constância. Assim, por meio de literatura e atividades lúdicas, conseguimos ampliar o repertório verbal, socioemocional e cognitivo das crianças e adolescentes que têm como característica ver as coisas fragmentadas e separadas.

O TEA é um transtorno do neurodesenvolvimento. Isso significa que algumas funções neurológicas não se desenvolvem como deveriam em algumas áreas cerebrais do paciente com TEA (GAIATO, 2018). Nosso cérebro possui uma incrível capacidade de criar e remodelar suas redes neurais de acordo com os estímulos que recebem, tudo isso graças à plasticidade cerebral. Acreditamos que esse é o segredo para o sucesso da intervenção psicopedagógica e psicológica.

A neuroplasticidade está relacionada à recuperação de funções que foram afetadas, mas também está relacionada à aprendizagem de acordo com os marcos do desenvolvimento, exigindo constantemente a reorganização de funções e organizações dentro do sistema como um todo. Para aprender, o cérebro precisa sair da zona de conforto (GAIATO, 2018), e os livros de literatura infantojuvenil estimulam as crianças – com desenvolvimento típico ou atípico – a fazer ou aprender coisas novas, trazem mudanças no comportamento e ajudam no desenvolvimento cognitivo.

Contar histórias é uma prática muito comum e tradicional. A literatura abre um universo de possibilidades e intervenções no processo psicopedagógico, explorando histórias e mundos que perpassam o real e o imaginário. As crianças e adolescentes são capazes de desenvolver habilidades como coordenação motora, criatividade, atenção, memória, percepções visuais e movimentos finos por meio de atividades artísticas, tais como desenho, pintura, argila, massinha, recortes etc.

Os livros representam a oportunidade de estimular contação de histórias, leitura dialógica, desenhos, brincadeiras, jogos, dramatização e imitação, letramento emergente, alfabetização e intervenções terapêuticas. O que mais exercitamos antes da alfabetização é a leitura dialógica, que consiste em uma leitura compartilhada, com pausas. Contar histórias desenvolve a compreensão do texto e da realidade.

Segundo Queiroz (2017), "a leitura dialógica, desde que feita com adaptações, pode ser uma opção de intervenção naturalística promissora para desenvolver repertórios sociais e comunicativos em crianças com TEA". Esse desenvolvimento acontece porque a leitura é intercalada com perguntas abertas sobre a história, incentivando o autista a ampliar suas formas de comunicação. Sugerimos que entre as pausas e perguntas sejam inseridos elogios e incentivos.

A literatura infantojuvenil está além da escrita dos textos. Está presente na arte, na estética, na qualidade do papel, no sensorial e no imaginário. "Quase sempre as vemos como simples apoio visual do texto e quase nunca as apreciamos por si mesmas" (FONTANA, CRUZ, 1997).

O desenho favorece a constituição do sujeito, facilitando o contato com questões subjetivas e fazendo com que a criança com TEA que possui ansiedade se "organize" psiquicamente com ajuda da experiência do pintar e desenhar.

O uso da arte desenvolve uma comunicação, então o terapeuta e a família conseguem observar nos desenhos, pinturas e textos o que a criança tem dificuldade em demonstrar por outros meios de comunicação.

Observamos que as brincadeiras também estão inseridas no processo de intervenção com a literatura. Nos relatos sobre a brincadeira, Vygostky (1991) afirma que essa é uma situação imaginária criada pela criança, em que ela pode, no mundo da fantasia, satisfazer desejos até então impossíveis para a sua realidade.

O brincar "é imaginação em ação" (FRIEDMANN, 1996). No que se refere à aprendizagem e desenvolvimento emocional, o recurso da brincadeira é a motivação interna que a criança e o adolescente têm para se envolver e poder exteriorizar, por meio dela, o que ele experimentou ao ouvir a história. Desse modo, a brincadeira ajuda o paciente com TEA a estimular outras "funções" do cérebro, gerando uma aprendizagem consistente em diversos aspectos, sejam eles motores, cognitivos, de imitação, comunicação, jogos, competências sociais ou independência pessoal.

Outro fator importante é o desenvolvimento da escrita no processo psicopedagógico da criança e adolescente com TEA. A escrita está presente no nosso dia a dia e em todos os lugares, usando símbolos gráficos para comunicação e registro, transmitindo informações e conceitos. "Escrever não é transformar o que se ouve em formas gráficas, assim como ler não equivale a produzir com a boca o que o olho reconhece visualmente", destaca Emília Ferreiro (1985).

Para que haja aprendizagem, a escrita precisa fazer sentido. Na abordagem com TEA, a escrita pode ser feita de várias formas de acordo com a especificidade de cada paciente. Eles brincam de escrever e ler, escrevem e leem de verdade, imitam e norteiam a intervenção psicopedagógica por meio do interesse na obra literária apresentada.

A literatura possui muitas aplicabilidades e uma delas é ajudar na compreensão de questões de ordem emocional com ajuda do imaginário das histórias. Com ela, conseguimos conectar as crianças e adolescentes a situações, momentos e histórias que eles estão passando, sendo analisados sob outra perspectiva e outros personagens. Dessa forma, a capacidade de entendimento do próprio problema pode ser compreendida por meios lúdicos.

Dentro de uma leitura, conseguimos obter o alívio de dores, a projeção de histórias com o paciente, reflexões sobre a vida e comportamentos. Com o imaginário das histórias e dos desenhos, a criança consegue também ressignificar traumas e compreender situações (Fortkamp, 2004).

Todas as formas de intervenção com a literatura infantojuvenil citadas neste capítulo perpassam a intervenção terapêutica. O livro é um gatilho motivador no processo psicopedagógico de crianças e adolescentes com TEA, sendo uma mediação entre os dois mundos. O terapeuta é o mediador do "fazer sentido", auxiliando a criança a se sentir pertencente e incluída no mundo, tornando a família uma extensão desse trabalho em casa.

No consultório, observamos que muitas crianças e adolescentes têm um fascínio particular por contos de fada, histórias em quadrinhos e literatura em geral. Por isso, procuramos apresentar livros infantojuvenis que abordem temas como autoestima, hábitos saudáveis, medo, inteligência emocional, angústia de separação, mentira, desfralde, sono, cooperação, entre outras muitas habilidades sociais.

Evidências e pesquisas demonstram que ao passar por sessões de leitura de histórias, as crianças e adolescentes aumentaram o interesse social, criaram vínculos e conexões interpessoais, melhoraram no funcionamento verbal, no contato visual e físico, assim como na escrita, leitura e raciocínio lógico.

As intervenções terapêuticas realizadas no consultório e reforçadas em casa pela família são sinônimos de reconciliação com a vida, de um viver mais pleno, mais feliz, mais empoderado.

Cada ser humano é único, e cada intervenção tem uma abordagem. Crianças e adolescentes com TEA podem ter características em comum, mas não devemos ter um olhar direcionado apenas para o transtorno, e sim para sua história de vida, seu meio social, sua família, suas vulnerabilidades, seus gostos, afetos, qualidades e desafios. Pensando nessa premissa, o recurso da literatura consegue abarcar várias temáticas e individualidades, sendo um recurso muito útil no processo psicopedagógico.

Orientações aos familiares e profissionais

- O envolvimento da família no processo de aprendizagem é muito importante, pois auxilia no alinhamento de objetivos para que ambas as partes monitorem o desenvolvimento cognitivo, a autoestima, a motivação, o desempenho escolar e o progresso da criança; especialmente quando conseguem levar o conhecimento aprendido na escola e no consultório para sua casa.
- Reserve um tempo com seu filho para escolherem juntos o livro e o ambiente de contação de história, adequando-se à idade e aos interesses da criança. Direcione a escolha utilizando um livro sobre o hiperfoco dela.
- Antecipe o que vocês irão fazer. As crianças e adolescentes com TEA têm uma necessidade maior de se organizar internamente e seguir uma rotina.
- Respeite a necessidade de ler o mesmo livro várias vezes, explorando com amorosidade todas as possibilidades que esse oferece.
- Para trabalhar a inflexibilidade cognitiva, use uma história com sequência narrativa e fatos que fogem do esperado. Exemplo: A chapeuzinho vermelho acorda, troca o pijama, toma café e sai para passear. Questione o que aconteceu nesse passeio, quem ela encontrou e como se sentiu. Uma história ou personagem que esteja no hiperfoco pode auxiliar nos momentos de

ansiedade/desregulação, sendo um recurso para acalmar e uma forma de ensinar como a criança deverá se comportar quando algo sair da rotina.

• Caso a criança ou adolescente não seja ainda um leitor, use as imagens como recurso para que repitam a fala das personagens utilizando efeitos sonoros, onomatopeias, rimas e motricidade orofacial. Aproveite o momento para ser o espelho e divirta-se! Exemplo: imite o que a criança está fazendo e mostre como ela deve imitar você. "O carro acelerou e ultrapassou bem rápido! Qual o som que o carro fez? Bruummm".

• Para verificar a compreensão do texto, faça perguntas sobre o que foi lido, trabalhando a memória, raciocínio, inferência, recordação, compreensão, aplicação, análise, síntese e avaliação. Exemplo: "Era uma vez uma criança que se chamava Maria e morava em um castelo. Ela gostava muito de borboletas. Um dia Maria saiu à caça de borboletas no jardim, mas não encontrou nenhuma." Qual era o nome da criança? Onde ela morava? E qual é o seu nome? Onde você mora? O que teria acontecido se Maria tivesse encontrado as borboletas? Você acha certo Maria caçar borboletas? Essa estratégia usa todos os níveis de pensamento e deve ser utilizada de acordo com a idade e o nível de compreensão da criança.

• Dramatizem alguma cena do livro, ensine à criança os gestos e a encenação da personagem escolhida por meio da imitação, exercitando o contato visual e a expressão facial. A dramatização permite que expressem sentimentos e se adaptem a fatos e situações que não foram planejados, além de trabalhar dentro dos limites de uma situação. Exemplo:

— Fui passear na floresta enquanto o lobo não vem. Está pronto, Sr. Lobo?
— Nãooo! Estou tomando banho!

Acrescente situações da rotina que precisam ser reforçadas, até o lobo estar pronto e a criança prever o que pode acontecer.

• Pintar e desenhar a cena favorita ou a personagem que mais gostou da história é uma ótima opção. Experimente também brincar com massinha de modelar para aprimorar a coordenação motora e as estereotipias.

• Para trabalhar a dificuldade que as crianças com TEA têm de identificar sentimentos e emoções, podem ser feito questionamentos com ajuda das histórias. O que o personagem está sentindo? Qual é a expressão facial desse sentimento? O que deixa você feliz? Como me comporto quando me sinto assim? Escolha livros que falem de emoções ou situações que a criança tem dificuldade de expressar.

• Cozinhar é uma oportunidade para trabalhar a seletividade alimentar, o sensorial, cores, formas, tamanhos, tempo, medidas, planejamento e cooperação; além de trabalhar aromas e uma variedade de sons.

• As habilidades sociais e de vida são as regras e costumes de interações com outras pessoas em diversos contextos. As crianças e adolescentes com TEA precisam treiná-las. É importante a leitura de livros que abordam histórias sociais, higiene, diálogo e civilidade, em que o conflito é solucionado pela personagem. Utilize uma dessas competências e introduza na rotina da criança e adolescente como um modelo a ser seguido.

- Saber sobre sua história e sua origem fortalece os laços e auxilia no autoconhecimento, na confiança de si e do mundo a sua volta. Conhecer a história de vida faz com que se sintam pertencentes ao meio em que vivem. Utilize fotos da gestação e dos primeiros anos de vida, faça perguntas sobre os integrantes da família e suas características físicas, personalidade e idade. Amplie a história de acordo com a necessidade.

Superdica: esteja disponível de corpo, alma e coração para potencializar as habilidades de seu filho!

Referências

BORBA, M. M. C.; BARROS, R. S. *Ele é autista: como posso ajudar na intervenção? Um guia para profissionais e pais com crianças sob intervenção analítico-comportamental ao autismo.* Cartilha da Associação Brasileira de Psicologia e Medicina Comportamental (ABPMC), 2018.

BORGES, R. M. R.; PROBST, M. Transtorno do espectro autista (TEA) e as artes: o ensino da arte no universo autista. *Revista de Educação Dom Alberto.* Disponível em: <http://www.domalberto.edu.br/wp-content/uploads/2017/05/Transtorno-do-Espectro-Autista-TEA-e-as-Artes-O-Ensino-da-Arte-no-Universo-Autista.pdf>. Acesso em: 14 jul. de 2022.

CALDIN, C. F. A leitura como função terapêutica: biblioterapia. *Encontros Bibli: revista eletrônica de biblioteconomia e ciência da informação*. Disponível em: <https://periodicos.ufsc.br/index.php/eb/article/view/1518-2924.2001v6n12p32>. Acesso em: 14 jul. de 2022.

ELKONIN, D. B. *Psicologia do jogo.* São Paulo: Martins Fontes, 1998.

FERREIRO, E; TEBEROSKY, A. *Psicogênese da língua escrita.* Porto Alegre: Artes Médicas, 1999.

FONTANA, R; NAZARE, M. *Psicologia e trabalho pedagógico*. São Paulo: Atual, 1997.

FORTKAM, C. A aplicabilidade terapêutica de textos literários para crianças. *Encontros Bibli: revista eletrônica de biblioteconomia e ciência da informação*, 2004. Disponível em: <https://www.redalyc.org/articulo.oa?id=14701806>. Acesso em: 20 jan. de 2023.

FRIEDMANN, A. *O direito de brincar: a brinquedoteca*. São Paulo: Abrinq, 1996.

GAIATO, M. *SOS autismo: guia completo para entender o Transtorno do Espectro Autista*. São Paulo: nVersos, 2018.

GOTTMAN, J. *Inteligência emocional e a arte de educar nossos filhos*. Rio de Janeiro: Objetiva, 1997

MENDES, E. G. *Temas em educação especial: avanços recentes*. São Carlos: EdUFSCAR, 2004.

QUEIROZ, L. R. *Leitura dialógica: efeitos no desenvolvimento de comportamento verbal em crianças com transtorno do espectro autista (TEA)*, 2017. Disponível em: <https://repositorio.unb.br/bitstream/10482/22981/1/2017_LaraRodriguesQueiroz.pdf>. Acesso em: 20 jan. de 2023.

VYGOTSKY, L. S. *A formação social da mente: o desenvolvimento dos processos psicológicos superiores*. São Paulo: Martins Fontes, 1991.

28

A VIVÊNCIA DO ESTRESSE E SUAS REPERCUSSÕES NA INFÂNCIA E NA ADOLESCÊNCIA

Neste capítulo, serão abordadas a vivência do estresse e as práticas parentais que auxiliem a seu enfrentamento, bem como instruções para a criação de um ambiente e de formas de viver que promovam a saúde mental, acolhendo as necessidades de cada faixa etária. Aprenda a "sobreVIVER" em uma cultura que valoriza e reforça a competitividade, o excesso de estímulos e o imediatismo, favorecendo sensações de vazio, falta de presença e desconexão.

MAIRA MELLO

Maira Mello

Contatos
psicologamairamello@gmail.com
Instagram: @psicologamairamello

Psicóloga graduada pela Universidade São Marcos (2009). Aperfeiçoamento em Neuroaprendizagem pela Faculdade de Medicina do ABC (2013). Especialização em Neuropsicologia pela Faculdade de Medicina do ABC (2015). Formação em Reabilitação Neuropsicológica pelo Hospital das Clínicas da Faculdade de Medicina da USP (2016). Aprimoramento em Clínica Analítico-comportamental Infantil pela Associação Paradigma Centro de Ciências e Tecnologia do Comportamento (2017); e formação em Desenvolvimento Humano: Infância e Adolescência pelo Instituto de Psiquiatria - HCFMUSP (2021). Coautora do livro *Orientação Familiar* (capítulo "Os atos de amor frente aos desafios: desenvolvimento de habilidades de tolerância ao estresse e resiliência"). Palestrante no I Congresso de Orientação Familiar.

Atualmente, percebe-se um aumento significativo do adoecimento mental da população, inclusive entre crianças e adolescentes. Diversos fatores contribuem para o surgimento e intensificação da sintomatologia ansiosa e humor deprimido nesse período, como o contexto familiar, situação socioeconômica, exposição a fatores de risco, entre outros. Mas talvez o que mais chame a atenção seja a forma como dispomos do nosso tempo, vivenciando uma rotina de muitos afazeres e pouca conexão conosco e com os outros.

A pandemia de covid-19 impactou a saúde mental infanto-juvenil. O isolamento domiciliar e a ausência da escola propiciaram medos, preocupações, tédio e afins (LEE, 2020), além de alterar a rotina, reduzir a prática de atividades física, aumentar o uso de telas, etc. (GIARETA et al., 2019). Todo esse contexto trouxe reflexões sobre esse período de desenvolvimento intelectual, emocional e afetivo, pois os jovens se depararam com situações geradoras de tensão que, normalmente, não tinham ainda habilidades para lidar. O ambiente é fundamental para auxiliar no enfrentamento de incertezas e imprevisibilidades que podem gerar estresses nessa fase. Assim, para cuidar das crianças e adolescentes, é preciso compreender como sua representação e papeis se alteraram ao longo do tempo na sociedade.

Segundo Phileppe Ariès (1981), a criança teve três identidades. A primeira foi a infância negada na Idade Média, em que a criança era vista como um miniadulto, inserida em contextos familiares sem ser poupada de situações que não faziam parte do período de desenvolvimento. Pela alta mortalidade, não havia grande envolvimento afetivo anterior aos sete anos.

Na Idade Moderna, a partir do século XVI, surge a identidade da criança institucionalizada, vista de forma mais sensível. A infância começa a ser entendida como uma fase de desenvolvimento, ainda sem ser olhada em todas as suas necessidades. Surgem as escolas, que trazem o conceito das indústrias, como castigos, regras, sinal e uniforme. O ensino era interpretado como a única forma de aprendizagem, e o professor como detentor de todo saber. Nesse período, alguns autores e médicos trazem a ideia das diferentes fases de desenvolvimento, explicitando a importância da aprendizagem como processo; e do direito das crianças terem experiências emocionais e poderem expressar o que sentiam.

Por fim, na década de 90, surge o Estatuto da Criança e do Adolescente (ECA) no Brasil, reafirmando um novo espaço da infância e adolescência na sociedade, com foco na importância do cuidado, tanto no âmbito familiar quanto no governamental.

Hoje as necessidades infantis são vistas e validadas. Estão no centro das famílias e sociedades, porém há novos desafios. Observa-se um excesso de interesse comercial nessa fase, uso desenfreado de telas e pouca conexão com os cuidadores principais, gerando dificuldade em lidar com o estresse e tolerar frustração. São crianças imersas em imediatismo, necessidade de estímulos constantes e pouco espaço para brincar, desenvolver a criatividade e estar em contato com a natureza.

Todo esse contexto favorece vivências estressantes e falta de repertório emocional para lidar com as próprias emoções, assim como as habilidades sociais que auxiliam na competência social dessa geração. Mas será que o estresse sempre traz consequências negativas ao desenvolvimento?

O estresse é uma reação do organismo com componentes psicológicos, físicos, mentais e hormonais. Ocorre quando surge a necessidade de uma grande adaptação a um evento ou uma situação de importância (LIPP, 2000), podendo gerar desequilíbrio a depender da intensidade ou tempo que o sujeito está exposto à situação estressante.

Segundo Shonkoff (2010), a vivência do estresse de forma precoce pode gerar prejuízos no desenvolvimento e na saúde mental a longo prazo. De acordo com o autor, existem três tipos de estresse: o positivo, o tolerável e o tóxico.

O estresse positivo é quando o sujeito é exposto à situação estressante de forma breve, com intensidade leve a moderada. São situações que geram sensações desconfortáveis, mas que apesar de serem estressantes, se tiverem o suporte necessário, ajudam no desenvolvimento de habilidades importantes de enfrentamento, como resiliência, capacidade de solução de problemas, flexibilidade e adaptação.

O estresse tolerável se relaciona a situações a que somos expostos por mais tempo e em maior magnitude, exigindo além das habilidades que desenvolvemos para lidar. É possível que surjam sintomas mais físicos, como alteração do padrão do sono, fome, etc. Mas se o ambiente for protetor, pode-se enfrentar os desafios, reduzindo as respostas fisiológicas ao evento estressor e desenvolvendo o enfrentamento adaptativo e a autorregulação.

Por fim, há situações de estresse tóxico (crônico), com aumento de tempo e intensidade das situações estressoras. Sem uma rede protetora, pode gerar diversos adoecimentos.

É importante observar como cada um vai vivenciar esses momentos e qual ambiente e nível de suporte se tem, pois, a depender das características individuais e história de vida, um estresse positivo pode ser interpretado como algo mais intenso. Há também situações em que as demandas se mostram superiores à capacidade do sujeito desenvolver formas de enfrentamento, e os adultos devem observar e intervir a fim de auxiliar no desenvolvimento de estratégias e acolhimento das necessidades individuais.

Como auxiliar no enfrentamento das situações estressoras?

O ideal é virar a lanterna para a família e iluminar os estilos e práticas parentais desenvolvidas. Segundo Goleman (2001), existem quatro estilos parentais:

1. Os pais simplistas, que não valorizam, não têm curiosidade e não se comunicam de forma adequada com os filhos. Ignoram os sentimentos e interpretam as emoções "negativas" (desagradáveis) como algo prejudicial. Têm pouco repertório para lidar com as próprias emoções e, consequentemente, com as emoções dos filhos. Veem na desregulação das crianças e dos adolescentes algo que depõe contra eles enquanto pais.
2. Pais desaprovadores apresentam algumas características dos pais simplistas, mas de forma mais intensa, pois julgam a forma como a criança se expressa emocionalmente e exigem disciplina e obediência, visando o controle dos comportamentos desafiadores de seus filhos. Acreditam que emoções como raiva, tristeza e medo enfraquecem as pessoas.

Esses estilos parentais desenvolvem, na criança e no adolescente, a sensação de estarem errados serem impróprios e inadequados. Geram dificuldades em lidar com as emoções e se autorregularem.

3. Os pais *laissez-faire* aceitam toda e qualquer expressão de seus filhos, acolhem as crianças que experimentam os sentimentos mais difíceis, contudo, sem orientação, sem ensiná-los a lidar com as emoções e resolver problemas, sendo permissivos.

A longo prazo, crianças e adolescentes não aprendem a regular as emoções e podem apresentar dificuldades relacionadas a atenção, socialização e até fazer amizades.

4. Por fim, os pais preparadores emocionais apresentam repertório para lidar com as emoções mais desafiadoras e as veem como oportunidade de intimidade, estando sensíveis aos estados emocionais dos filhos e agindo como educadores nos momentos em que eles não sabem o que fazer com o que estão sentindo. Os cuidadores conseguem ouvir, ser empáticos, ajudam a nomear as emoções e ensinam técnicas de resolução de problemas, bem como o que é aceitável nas manifestações das emoções.

Portanto, é fundamental a reflexão de quais habilidades a família gostaria que os filhos desenvolvessem e como as práticas exercidas no dia a dia podem favorecer ou não esse desenvolvimento.

Orientações para as famílias

- Muitas situações do dia a dia geram estresse, porém a forma de reagir e interpretar irá impactar nossa capacidade de enfrentamento e adaptação. Portanto, avaliar como você reage ao estresse é fundamental. Quais são os seus caminhos para ajudar seu corpo e sua mente a voltar ao equilíbrio e bem-estar? Como você se comporta quando seus filhos estão estressados?
- Ajude-os a diferenciar os tipos de estresse (positivo, tolerável e tóxico) e como interpretam e se sentem diante deles. Por exemplo, se seu filho se estressa muito ao fazer provas, ajude-o a compreender o sentido das avaliações, o que elas trazem de pensamentos e sensações, além de discutir com ele diferentes formas de regulação para encarar esse desafio.
- O estresse, assim como qualquer emoção, tem uma função. Conversar sobre o que é o estresse, quais sensações ele desperta e por que existe. Isso pode ajudar a compreender que ele pode nos auxiliar em realizações, por exemplo.
- Converse sobre formas de autorregulação em situações estressantes, auxilie com estratégias de resolução de problemas, escute as ideias e sugestões dos seus filhos.
- Oportunize tempo de qualidade a eles, incluindo lazer e descanso.
- Compartilhe com as crianças e adolescentes formas de reorganizar a rotina, converse sobre a importância do cuidado com a nossa saúde física e mental. Se possível, inclua exercícios de atenção plena, atividade física, alimentação saudável, atividades ao ar livre, práticas de bem-estar e alívio do estresse.

Conforme as crianças se desenvolvem, seus cérebros espelham os cérebros de seus pais. Em outras palavras, o próprio crescimento e o desenvolvimento do pai e da mãe, ou a falta deles, causam impacto no cérebro da criança.

Conforme os pais se tornam mais cientes e emocionalmente saudáveis, seus filhos colhem tais recompensas e tornam-se igualmente saudáveis (SIEGEL & BRYSON, 2015).

Superdica: cuidar das nossas emoções é um presente que deixamos aos nossos filhos.

Referências

ARIÈS, P. *História social da criança e da família*. Rio de Janeiro: LTC, 1981

GIARETTA, G. G.; TREVISANI, J. P.; BERNDSEN, L. P. *et al. Evaluation of the benefits and risks of the vegetarian diet: update on the topic versus common sense in times of post-truths.* In: Benedito Rodrigues Da Silva Neto (ed.). Prevenção e Promoção de Saúde [s.l.]: Atena Editora, 2019. Disponível em: <https://www.atenaeditora.com.br/post-ebook/2831>. Acesso em: 15 maio de 2023.

GOLEMAN, D. *Inteligência Emocional: a teoria revolucionária que redefine o que é ser inteligente.* Rio de Janeiro: Objetiva, 2012.

LEE, J. Mental health effects of school closures during COVID-19. *The Lancet Child & Adolescent Health*, 2020.

LIPP, M. N. *Crianças estressadas: causas, sintomas e soluções*. São Paulo: Papirus, 2000.

LIPP, M. N. *et. al. Como enfrentar o stress infantil.* São Paulo: Ícone, 1991.

LIPP, M. N. *Como enfrentar o stress.* São Paulo: Ícone, 1990.

LINHARES, M. B. M. *Estresse precoce no desenvolvimento: impactos na saúde e mecanismos de proteção.* Campinas, 2016. Disponível em: < https://doi.org/10.1590/1982-02752016000400003>. Acesso em: 10 maio de 2023.

NEUMANN, A. L.; KALFELS, F. M.; SCHMALZ, F. *et al. Impacto da pandemia por COVID -19 sobre a saúde mental de crianças e adolescentes: uma revisão integrativa.* Capítulo 6, DOI 10.36599/editpa-2020_pan0006. Disponível em: <https://www.researchgate.net/publication/346440254_IMPACTO_DA_PANDEMIA_POR_COVID-19_SOBRE_A_SAUDE_MEN-

TAL_DE_CRIANCAS_E_ADOLESCENTES_UMA_REVISAO_INTEGRATIVA>. Acesso em: 10 maio de 2023.

PACÍFICO, M.; FACCHIN, M. M. P.; SANTOS, F. F. FERREIRA. Crianças também se estressam? A influência do estresse no desenvolvimento infantil. *Temas em Educ. e Saúde,* Araraquara, jan./jun. 2017. Disponível em: <https://doi.org/10.26673/rtes.v13.nl.jan-jun2017.8.10218>. Acesso em: 10 maio de 2023.

RAMOS, E. Q.; DIAS, M. A. D. Estresse infantil: um estudo sobre o comportamento de crianças de 2° ano no processo de ensino aprendizagem. *Revista Eventos Pedagógicos.* Dezembro, 2011. Disponível em: <file:///C:/Users/fndbe/Downloads/ESTRESSE%20INFANTIL%20(1).pdf>. Acesso em: 10 maio de 2023.

SANTOS, J. B. G.; GONÇALVES, T. S.; LIMA, R. F.; CRENITTE, P. A. P. Sinais Sugestivos de estresse infantil em escolares com transtorno de aprendizagem. *Rev. CEFAC,* 2016. Disponível em: <https://doi.org/10.1590/1982-0216201618420915>. Acesso em: 10 maio de 2023.

SHONKOFF, J. P.; LEVITT, P. Neuroscience and the future of early childhood policy: Moving from why to what and how. *Neuron.* Disponível em: <http://dx.doi.org/10.1016/j.neuron.2010.08.032>. Acesso em: 10 maio de 2023.

SIEGEL, D. J.; BRYSON, T. P. *O Cérebro da Criança: 12 estratégias revolucionárias para nutrir a mente em desenvolvimento do seu filho e ajudar sua família a prosperar.* São Paulo: nVersus Editora, 2015.

29

DESENVOLVIMENTO INFANTIL

ESTIMULAÇÃO E SINAIS DE ALERTA

Quando compreendemos o que cada criança precisa para se desenvolver em todas as suas potencialidades como indivíduos únicos e fornecemos os estímulos corretos nos momentos certos, garantimos o melhor para o seu desenvolvimento. É com essa intenção que este capítulo foi escrito – para que você entenda como funciona o cérebro da criança, quais são os marcos do desenvolvimento e, assim, ficar atento aos possíveis sinais que requerem atenção e conseguir estimular seu filho da melhor forma possível.

MARCELA FERREIRA DE NORONHA

Marcela Ferreira de Noronha

CRM 125337

Contatos

www.dramarcelanoronha.com.br

dra.marcelanoronha@gmail.com

Instagram: @dramarcelanoronha

11 9500 4128

Pediatra, educadora parental e nefrologista infantil. Formada em Medicina pela Universidade São Francisco (2006), concluiu sua residência em Pediatria no Hospital Menino Jesus de São Paulo (2010), obteve sua especialização em Nefrologia Infantil pela Santa Casa de Misericórdia de São Paulo (2012) e a certificação em Educação Parental pela Positive Discipline Association (PDA). Desde criança, já havia decidido o caminho profissional que iria trilhar e é muito feliz por ser médica. Fez pediatria por vocação e tem como missão de vida auxiliar as crianças a se tornarem adultos felizes, respeitosos, com inteligência emocional, senso comunitário e aptos a serem física e emocionalmente saudáveis. Também é mãe do Lucas (11 anos) e da Isabela (cinco anos), seus maiores tesouros, e esposa do Carlos, seu companheiro de vida.

Mas, afinal, o que é desenvolvimento? O desenvolvimento pode ser entendido como a capacidade de aprender novas habilidades ao longo do tempo. Em cada idade, espera-se que uma etapa correta do desenvolvimento aconteça, demonstrando, como diria minha avó, que a "cabecinha" da criança está evoluindo muito bem.

Milhões de neurônios estão presentes desde o nascimento, e as conexões entre eles, as chamadas sinapses, começam a se formar. A criação de sinapses ocorre rapidamente no cérebro nos primeiros anos de vida. São centenas de novas sinapse por segundo, resultando em um cérebro quatro vezes mais pesado aos quatro anos do que no momento do nascimento. A formação das sinapses ocorre em surtos e, após cada "explosão" de crescimento, ocorre um período de poda, caracterizado por eliminar as conexões desnecessárias ou não utilizadas. Esse ciclo de criação de sinapses (conexões nervosas) seguido de poda ocorre a vida toda, e a cada ciclo o cérebro se torna mais eficiente.

Uma criança de um ano tem muito mais sinapses que os adultos, mas o custo disso é uma operação muito menos eficaz. Por outro lado, como há mais células e mais conexões, a criança tem a possibilidade de se recuperar de lesões cerebrais por traumas físicos ou emocionais muito mais habilmente que um adulto, ou seja, a criança possui uma plasticidade cerebral muito maior do que nós. Os neurocientistas utilizam o termo plasticidade para se referir à capacidade do cérebro de mudar em resposta à experiência, ou seja, o cérebro funciona como uma massinha de modelar. Quando nova é fácil deixá-la em qualquer formato, mas, conforme vai ficando mais velha, fica mais dura e menos moldável.

Contraditoriamente, o período em que a criança tem a maior plasticidade cerebral também é o momento em que está mais vulnerável aos déficits, pois, embora o cérebro tenha bastante capacidade de se recuperar, está mais vulnerável aos danos. Lembram da massinha de modelar? Comparativamente, pensando no cérebro infantil como sendo a massinha de modelar, quanto mais jovem, mais fácil fazer um buraco. Um ambiente físico e/ou emocional inadequado nos primeiros anos de vida pode ter efeitos catastróficos e permanentes no desenvolvimento cognitivo da criança.

Outro processo fundamental no desenvolvimento cerebral é a mielinização, que ocorre quando os axônios (parte do neurônio responsável pela condução dos impulsos nervosos) são recobertos por "capas", isolando-os eletricamente uns dos outros e aumentando a eficiência em conduzir informações através dos impulsos eletroquímicos. A mielinização ocorre em um padrão céfalo-caudal, ou seja, da cabeça em direção aos pés, por isso os bebês primeiro firmam o pescoço e só depois aprendem a andar. O processo de mielinização cerebral total só se completa por volta dos 24 anos (alguns estudos mostram que em até 26).

É verdade que o cérebro está sempre em evolução e sempre está apto a aprender novas habilidades, porém existem períodos mais oportunos em que áreas específicas estão abertas para receber os estímulos, visando se aperfeiçoar de forma plena, as chamadas janelas de oportunidade. Cada área tem o seu momento certo de amadurecimento e, após fechada uma janela de oportunidade, ela não poderá ser reprogramada, ou seja, o aprendizado não poderá ocorrer de forma integral ou com qualidade.

Crianças precisam de ambientes seguros, acolhedores, com rotinas organizadas e muito amor para crescerem e se tornarem adultos emocionalmente saudáveis. Brincar, abaixar-se na altura da criança para falar com ela, ser um exemplo de comportamento, tentar se colocar no lugar da criança e entender como ela está pensando para depois agir e colocar limites claros de forma gentil são fundamentais para garantir um futuro com inteligência emocional.

Orientando aos pais e profissionais da saúde

Algumas crianças são mais adiantadas, já outras possuem um ritmo mais lento. É verdade que as meninas estão à frente dos meninos em alguns aspectos do desenvolvimento, como nas habilidades motoras finas, mas o importante é que o seu filho esteja dentro do esperado para cada idade, então, vamos lá!

Abaixo, listei os marcos de desenvolvimento mais importantes, divididos por faixa etária, com dicas de brincadeiras para estimular o cérebro do seu filho da melhor maneira possível e aproveitar todas as janelas de oportunidade. Além disso, coloquei também todos os sinais de alerta para que você possa procurar ajuda, caso seja necessário.

Lembre-se: aqui, temos somente um modelo, pois cada indivíduo é único. É sempre importante acompanhar cada conquista ou tirar qualquer dúvida com relação ao desenvolvimento infantil junto com o seu pediatra, pois é imprescindível que, se algo não estiver dentro dos padrões, atitudes sejam tomadas na tentativa de achar uma solução o mais rápido possível e, de preferência, sem prejuízo para a criança.

Observação importante: caso o seu filho seja prematuro, ele só atingirá os marcos do desenvolvimento na idade corrigida (mamães de prematuros sabem do que eu estou falando), que é a idade do bebê ajustada ao grau de prematuridade (a idade que ele teria se tivesse nascido de 40 semanas).

Recém-nascido

- Pode fixar o olhar em rostos que estão na sua linha de visão.
- Tem preferência visual pela face humana.
- Ao virar o corpo do bebê, seus olhos se movimentarão em bloco como se fosse uma boneca.
- Quando deitado, mantêm-se em posição fletida (braços e pernas dobrados).
- Tem o reflexo de moro presente, ou seja, aquele "susto" que a vovó diz que ele leva na presença de um movimento mais brusco ou um barulho mais alto.
- Tem o reflexo de preensão palmar, ou seja, quando se coloca o dedo na mão do bebê, ele o segura.
- Tem o reflexo da pega, que é fundamental para amamentação, pois quando o mamilo é colocado próximo da boca do bebê, ele a abre para mamar.
- O choro é o seu único meio de comunicação.

Atenção! Comunique ao seu pediatra se o seu bebê:

- É muito rígido, mantendo-se com pernas e braços esticados.
- É muito irritado.
- Apresenta espasmos ("sustos") a todo momento.
- Não tem força para mamar.

Dicas de atividades para estimular o seu bebê:

- Converse com ele.
- Dê muito colo e carinho.
- Músicas tranquilas são ótimas opções.

1 mês

- Faz contato visual, principalmente com a mãe.
- Franze a testa.
- Pisca em ambientes de luz intensa.

• Começa a acompanhar objetos com os olhos.
• Sustenta a cabeça por um momento (curto) quando erguido pelas mãos ou elevado pela barriga.
• Tenta imitar gestos faciais (caretas) ou movimentos com as mãos.
• Começa a sorrir ao ouvir a voz da mãe.

Atenção! Comunique ao seu pediatra se o seu bebê:

• Não mantém qualquer contato visual com a mãe.
• Não tem reação aos sons (parece não ouvir).

Dicas de atividades para estimular o seu bebê:

• Seu bebê gosta de observar objetos com cores contrastadas, como branco e preto.
• Deixe que ele acompanhe objetos com o olhar.
• Converse com ele.
• Que tal uma massagem tipo Shantala para relaxar?

3 meses

• Vira-se ao ouvir um som.
• Vê objetos, mas não os pega.
• Abre e fecha as mãos.
• Leva as mãos à boca.
• De bruços, levanta a cabeça 90º e o tórax.
• Se puxado pelas mãos para a posição sentada, a cabeça acompanha o movimento.
• Vocaliza em resposta a sons.

Atenção! Comunique ao seu pediatra se o seu bebê:

• Assusta-se muito facilmente.
• Não responde a barulhos.
• Mantém as mãos fechadas o tempo todo.
• Não segue objetos.
• Não balbucia.
• Não sorri.

Dicas de atividades para estimular o seu bebê:

• Passeios de carrinhos em áreas abertas e sem muitas pessoas.
• Estimule o seu bebê segurando-o pela barriguinha para que ele possa firmar um pouco as pernas no seu colo ou levantando-o pelas mãos para que comece a firmar mais a cabeça.
• Conte histórias para seu filho, até um bebê gosta de uma boa história.

• Deixe-o de bruços para que possa explorar o mundo por outra perspectiva.
• A hora do banho pode ser relaxante e divertida, use a água para estimulá-lo com novas sensações.

6 meses

• É capaz de se virar/rolar.
• Brinca com os pés.
• Senta com o corpo inclinado para frente e com braços estendidos em tripé por um tempo breve.
• É capaz de estender os braços e pegar objetos grandes.
• Transfere objetos de uma mão para outra.
• Balbucia, vocaliza e ri.
• Volta-se em direção aos sons.
• Tem preferência pela mãe.
• Diverte-se com um espelho.
• É capaz de se arrastar.

Atenção! Comunique ao seu pediatra se o seu bebê:

• É muito molinho ou muito rígido.
• Não dá risada.
• Não tem reação aos sons.
• Não se senta nem com apoio.

Dicas de atividades para estimular o seu bebê:

• O bebê levará todos os brinquedos à boca, por isso é importante que eles sejam seguros. Dessa forma, seu filho poderá conhecer as sensações.
• Dê brinquedos com texturas, barulhos e cores diferentes. Ele vai adorar experimentar todas essas novidades.
• Nessa época, eles adoram tentar imitar os adultos com sons, gestos e expressões faciais.
• Espelhos serão sucesso garantido.
• Deixe seu filho rolar bastante.
• Livros com imagens grandes e coloridas são um excelente estímulo.

9 meses

• Fica em pé apoiado em um móvel.
• Fala “mama”, “papa” ou “dada”.
• Responde ao som do nome.
• Reconhece a voz de aprovação ou desaprovação.
• Estranha pessoas.
• Pega em pinça (polegar-indicador).

- Faz "tchau" e/ou bate palmas.
- Senta-se sozinho e sem apoio.
- Descobre brinquedos escondidos embaixo de panos.
- Consegue localizar sons produzidos ao lado ou embaixo.

Atenção! Comunique ao seu pediatra se o seu bebê:

- Não se importa de ficar sozinho.
- Não emite nenhum som.
- Não se senta sem apoio.
- Não responde ao ser chamado pelo nome.
- Não transfere brinquedos de uma mão para outra.
- Não explora os brinquedos ou brinca com eles de maneira diferente do esperado.
- É muito seletivo na aceitação dos alimentos.

Dicas de atividades para estimular o seu bebê:

- Brinque de "cadê o bebê?", eles adoram achar pessoas atrás de panos.
- Brinquedos de encaixe, com partes removíveis, ou potes e tampas que abrem e fechem são bons estímulos.
- Carrinhos, para meninas e meninos, são uma boa brincadeira.
- Brinquedos em que ele pode se apoiar, com base larga para estabilidade e rodinhas, ajudam a ganhar confiança para andar (atenção: andadores são proibidos!).
- Converse com seu filho, gesticule e conte para ele tudo o que está fazendo. Isso vai ajudá-lo a desenvolver a linguagem.

Um pouco sobre engatinhar

O bebê aprende a engatinhar entre seis e dez meses de idade, porém 10% deles não engatinha e passa direto do rastejar para ficar em pé e andar. Caso o seu filho seja mais apressadinho e dispense engatinhar, pode ficar tranquila! Isso não prejudicará o seu desenvolvimento.

1 ano

- Pode falar duas palavras além de "mama" e "dada".
- Procura o objeto escondido ou que caiu.
- Levanta-se independentemente.
- Anda apoiado por uma das mãos do adulto.
- Usa gestos como apontar ou erguer os braços para se comunicar.
- Entrega objetos para outras pessoas, se solicitado.
- Solta um objeto dentro de um balde/copo.
- Participa de brincadeiras simples com bola.

- Brinca de "faz de conta".
- Faz ajustes posturais, como erguer os braços ou esticar as pernas, para ser vestido.
- Segura a colher com a palma da mão, mas não tem boa mira para levar a comida à boca.

Atenção! Comunique ao seu pediatra se o seu bebê:

- É muito irritado, não receptivo.
- Não sorri.
- Não fala nada, nem "mama", "papa" ou "dada".
- Não aponta e não usa nenhum gesto para tentar comunicar o que quer.
- Não fica de pé ou não dá nenhum passo, nem apoiado pelas mãos de um adulto.

Dicas de atividades para estimular o seu bebê:

- Use jogos com peças de encaixe ou as panelas da cozinha com colheres de pau para brincar, sempre fazem muito sucesso.
- Deixe-o tentar comer de colher.
- Tente deixá-lo falar o que está querendo, dê um tempo para ele tentar se comunicar.
- Converse com ele, conte degraus ou passos e nomeie todos os objetos ao redor. Isso fará com que o bebê ganhe vocabulário mais rápido.
- Brincar de "casinha" estimula a criatividade.

1 ano e 6 meses

- Anda para trás e de lado.
- Corre rigidamente.
- Sobe escadas dando somente uma mão para o adulto.
- Explora gavetas, armários e latas de lixo.
- Constrói torre de até quatro cubos.
- Fala uma média de dez palavra.
- Identifica figuras e partes do corpo.
- Pede ajuda quando precisa.
- Começa a fazer "biquinho" para dar beijo.

Atenção! Comunique ao seu pediatra se o seu bebê:

- Fala menos do que cinco palavras.
- Não interage com as pessoas.
- Não anda sozinho.

Dicas de atividades para estimular o seu bebê:

• Bolhas de sabão podem ser um bom estímulo.
• Lápis de cor e giz de cera são sempre divertidos.
• Brinquedos para empilhar.
• Brincadeiras com bolas, bonecas e carrinhos.
• Massinha é uma atividade divertida, que estimula os sentidos e a criatividade.

2 anos

• Corre bem.
• Sobe e desce escadas com dois pés por degrau.
• Escala móveis.
• Salta com os dois pés.
• Explora caixas, armários, gavetas e portas.
• Segura bem a colher, conseguindo utilizá-la para se alimentar.
• Imita uma reta horizontal e consegue fazer um rabisco circular.
• Dobra uma folha de papel.
• Presta atenção em histórias com muitas ilustrações.
• Reúne três palavras formando uma frase (sujeito + verbo + objeto).
• Frequentemente conta experiências imediatas.

Atenção! Comunique ao seu pediatra se o seu bebê:

• Não gosta de pessoas e nem vai no colo de ninguém (mesmo pessoas próximas).
• Não junta duas palavras, como: "quero água"
• Não olha nos olhos.
• Tem dificuldade de andar e/ou não consegue subir, ao menos, pequenos degraus.

Dicas de atividades para estimular o seu bebê:

• Parquinhos com caixa de areia são ótimos para correr descalço e estimular a criatividade construindo castelos de areia.
• Giz de cera e lápis de cor podem alegrar uma tarde chuvosa.
• Com a ajuda de um adulto, dobraduras simples, como um chapéu ou um avião, são excelentes para treinar a coordenação.
• Brinquedos que podem ser escalados com segurança ajudam a gastar energia e melhorar a coordenação motora.
• Construir instrumentos musicais, como arroz dentro de uma caixinha de iogurte, pode ser muito divertido.

Superdica: quando estiver com o seu bebê, divirta-se! O mais importante no desenvolvimento infantil é o afeto que transmitimos quando estamos presentes com amor e não por amor.

Referências

AIRES, J. Q. *15 minutos com seu filho*. Portugal: Lua de Papel, 2012.

BEE, H.; BOYD, D. *A criança em crescimento*. Porto Alegre: Artmed, 2011.

CHEN, Y.; HAINESS, J.; CHARLTON, B. M.; WEELE, T. J. V. *Positive parenting improves multiple aspects of health and well-being in young adulthood Nature Human Behaviour.* Disponível em: <www.nature.com/nathumbehav>. Acesso em: 24 jan. de 2023.

30

REGULAÇÃO EMOCIONAL

TRICOTANDO COM OS PAIS

O capítulo enfoca ações a serem desenvolvidas com os pais para o desenvolvimento emocional das crianças. Por meio de uma breve reflexão, esses pais poderão entender o processo de desenvolvimento e favorecer o conhecimento, a validação e o acolhimento das emoções, a fim de proporcionar ganhos emocionais que trarão benefícios não somente na infância, mas por toda a vida.

MARCELA SANTOS DA SILVA

Marcela Santos da Silva

Contatos
marcelasantos.psicoinfantil@gmail.com
Instagram: @psicologainfantil.marcela
16 99749 4453
16 99708 7610

Psicóloga formada pelo Centro Universitário Central Paulista (UNICEP). Especialista em Análise do Comportamento pela Universidade Federal de São Carlos (UFSCAR). Formações complementares em Parentalidade Consciente e Orientação Familiar. Atualmente, é psicóloga clínica com foco em atendimentos a crianças e orientação familiar. Dá supervisão de casos para psicólogos infantis que atuam com a TCC.

Dedicatória: agradeço ao meu companheiro Alerson, que de forma especial e carinhosa me deu força e coragem, me apoiando em todos os momentos. Ao nosso filho(a) que está a caminho, por quem já tenho amor incondicional. Não deixo de agradecer de forma grata e grandiosa aos meus pais, Odair e Maria Luisa, pelo afeto, amor e exemplo, e às minhas irmãs, Milena e Fernanda, pela amizade e companheirismo.

Desenvolvimento

O desenvolvimento humano envolve aprendizados que acontecem no meio social, embora esse não seja o único meio para que o desenvolvimento aconteça. Desde muito cedo construímos nosso meio social, nossas relações e, por meio deles, vamos adquirindo formas de expressão que dão sentido ao que pensamos, às nossas ações e emoções; de tal forma que vamos nos apropriando das relações, e essas começam a fazer parte da nossa história.

As emoções são de suma importância na nossa vida, enquanto indivíduos que pensam, sentem e se relacionam. Elas fazem parte da afirmação da nossa comunicação e, por meio delas, vamos entendendo os sentimentos que permeiam a nossa vida. As emoções agradáveis e desagradáveis vão se estabelecendo em nosso cotidiano e, com ajuda delas, construímos nosso entendimento emocional. A alegria, o medo, a raiva, a tristeza, o nojo e tantas outras emoções vão permeando nosso desenvolvimento e proporcionam novas vivências.

Faz-se necessário desmistificar as emoções, tanto as agradáveis quanto as desagradáveis, já que necessitamos de ambas para viver, sobreviver e nos relacionarmos.

Em geral, as pessoas têm dificuldade em manter o equilíbrio das emoções e, por este motivo, acabam sendo reféns de seus sentimentos. Regular emoções, estabelecendo um equilíbrio entre cognição, emoção e comportamento, não é uma tarefa fácil na infância. É aí que devemos mediar e ajudar a criança nessa construção.

Dessa forma, é fundamental construir habilidades para lidar com emoções, já que isso aumenta o potencial regulatório emocional e, portanto, as relações interpessoais se tornam mais positivas. É a regulação emocional que possibilita a estabilidade necessária para todos nós, crianças e adultos.

Toda vez que recebemos um estímulo externo, seja ele positivo ou negativo, ocorre uma interconexão entre as nossas cognições, emoções e comportamentos. Então, podemos reagir de forma funcional ou disfuncional.

Quando somos capazes de acolher e expressar nossas emoções de maneira positiva (mesmo que sejam sentimentos negativos), além de conseguirmos resolver os conflitos, estamos respondendo de forma funcional a uma situação. Entretanto, reações desproporcionais são as respostas disfuncionais e, nesse contexto, se a pessoa se encontra em problemas de enfrentamento com suas próprias emoções, estará em constante vulnerabilidade e volatilidade. Por isso, é necessária mediação para lidar com os eventos do cotidiano de maneira mais produtiva. Dessa forma, a regulação emocional é um estilo de enfrentamento das situações do dia a dia. Como um termostato para o ambiente, essa habilidade propõe avaliar e perceber o mundo externo, além de ser uma forma de tornar a vida mais equilibrada.

Entendemos que pessoas podem adotar algumas ações funcionais para atingir a regulação emocional, como reavaliar os problemas para dar uma resposta mais apropriada; ser mais assertivo, ou seja, ter a habilidade de se comunicar com as pessoas de maneira educada e equilibrada; e adotar ativação comportamental, com a prática de exercícios físicos e realização de projetos prazerosos.

Algumas pessoas apresentam formas disfuncionais de lidar com a desregulação emocional e, assim, conseguem um certo alívio momentâneo para a angústia que sentem. Nesses casos, as consequências, geralmente, são negativas. São exemplos disso as autolesões, como o uso excessivo de álcool ou drogas, e a utilização de comportamentos de fuga ou negação, isto é, quando o indivíduo não consegue compreender o que está acontecendo e prefere se abster de qualquer responsabilidade. Outros indivíduos, por sua vez, adotam a confrontação, uma explosão emocional que muitas vezes chega ao extremo. Comportamentos passivo-agressivos também podem ser vistos e se apresentam com uma resistência em satisfazer as expectativas das relações interpessoais, com uma oposição velada.

As redes sociais, por exemplo, podem ser utilizadas de maneira intensa com o objetivo de se eximir das responsabilidades. O processo de desregulação emocional também pode ser um estilo de enfrentamento em que o indivíduo experimenta a intensificação excessiva das emoções ou sua total desativação. A intensa onda de emoções pode ser vivida de maneira opressora, intrusiva e problemática, podendo levar a sensações de pânico, terror, temor, trauma e urgência. A desativação das emoções inclui experiências dissociativas, de despersonalização e desrealização ou entorpecimento emocional.

Enfim, nossas emoções influenciam nossos comportamentos e precisam ser aceitas, validadas e expressas de maneira adequada.

A regulação emocional na família

Aprendemos por meio do exemplo e do ambiente, fundamentais para adquirirmos novos conhecimentos e estabelecermos ações próprias. A família é o ponto de partida para a construção das emoções de uma criança, estimulada por crenças e atitudes. As crianças se apropriam de suas emoções e sentimentos, validados ou não por aqueles ao seu redor. Como pais e responsáveis, devemos ser conscientes dos modelos que fornecemos para as crianças, pois nossas emoções e como lidamos com elas são fruto do que aprendemos e acabamos reproduzindo, incluindo tanto o que julgamos positivo quanto o que gostaríamos de deixar para trás.

Quando nós, adultos, não temos uma relação satisfatória com nossas emoções, acabamos por reproduzir isso com nossas crianças. Conversar sobre essa temática com os pequenos ajuda na construção de laços mais estabelecidos, de conhecimento acerca do que sentimos e de acolhimento e validação desses sentimentos.

Reflita: como você lida com suas emoções? Com as emoções e sentimentos daqueles com que convive? Você é empático ou, por vezes, trata com desdém ou não acolhe e valida essas emoções? Essa reflexão lhe fará chegar aos modelos que teve e, assim, ajudará você a repensar nos modelos que quer oferecer à sua criança.

Tricotando com os pais

A autorregulação é a habilidade de controlar e gerenciar as próprias emoções, pensamentos e comportamentos. Ela é importante para o desenvolvimento saudável das crianças, pois ajuda a lidar com situações difíceis e a tomar decisões saudáveis. É possível desenvolver a autorregulação por meio de estratégias e mecanismos que apoiam uma identidade emocional própria.

No QR code, ao final do livro, você encontrará algumas atividades de autorregulação e, aqui, algumas estratégias para ajudar você e seu filho:

Nomear e expressar as emoções.

Essa é uma habilidade importante para a regulação emocional. Quando as crianças aprendem a nomear as emoções básicas (alegria, tristeza, raiva, medo, nojo) e expressá-las, elas podem começar a entender o que está acontecendo com elas e por que estão se sentindo daquela maneira. Isso as ajuda a gerenciar seus sentimentos de maneira mais eficaz.

Ajudar a criança a identificar, nomear e entender as funções das emoções é a primeira etapa do autoconhecimento e desenvolvimento emocional saudável. Isso pode ser feito com conversas, jogos e atividades.

A expressão das emoções também é importante, o que pode ser feito por meio de arte, escrita, atividades físicas ou simplesmente conversando. Ajudá-las a encontrar formas saudáveis de expressar suas emoções é fundamental para o desenvolvimento emocional.

É importante lembrar que cada criança é única e pode expressar suas emoções de maneiras diferentes. Portanto, devemos ser flexíveis e respeitar as necessidades individuais de cada criança.

Assim, ao se tornarem conscientes dos problemas emocionais, os responsáveis podem oferecer a ajuda e a orientação necessárias.

Ensine seu filho a prestar atenção ao seu corpinho e relaxar

Algumas técnicas de relaxamento são bem simples: a respiração profunda ajuda a diminuir a frequência cardíaca da criança; a música acalma em momentos de tensão. Ensinar técnicas de relaxamento, como respiração profunda, meditação e yoga, é uma excelente maneira de ajudar as crianças a lidar com suas emoções. A respiração profunda, por exemplo, ajuda as crianças a se concentrarem em sua respiração e a relaxarem seus corpos. Isso pode reduzir a ansiedade e o estresse, e ajudar a criança a se sentir mais calma e tranquila.

A meditação é outra técnica de relaxamento que pode ser ensinada a elas, pois ajuda a criança a se concentrar em seus pensamentos e emoções para se acalmar. Assim, ela lida melhor com o estresse e a ansiedade.

O yoga também é uma excelente maneira de ajudar as crianças. As posições de yoga alongam e fortalecem o corpo, ajudando a criança a se concentrar em sua respiração. Isso pode ajudar a reduzir o estresse e a ansiedade, fazendo a criança se sentir mais calma e tranquila.

É importante lembrar que cada criança é única e pode se beneficiar de técnicas de relaxamento diferentes, então experimente diferentes técnicas e veja qual funciona melhor para cada criança.

Existem várias maneiras de ensinar a respiração profunda para crianças, mas isso deve ser feito de forma gradual e adaptada à idade e capacidade de cada criança. Devemos incentivar a criança a fazer a respiração profunda em momentos de calma e tranquilidade, para que ela possa associá-la a um estado de relaxamento e se beneficiar dessa técnica quando precisar.

Listar coisas prazerosas

Solicite à criança uma lista de atividades ou coisas que a deixam feliz, para que em momentos de lazer essas atividades sejam priorizadas. Saber o que lhe traz alegria é tão importante quanto conhecer o que lhe causa sentimentos negativos, pois assim é possível ofertar práticas de autocuidado e saúde mental.

Ajudar a lidar com a frustração e a raiva

Dê à criança um espaço para expressar seus sentimentos; permita, por exemplo, que a criança expresse raiva de forma saudável, como por meio da arte ou escrita. Ajude a criança a identificar as causas da raiva e a encontrar maneiras superá-la

Os pais e cuidadores também devem modelar o comportamento desejado para a criança, mostrando-lhe como lidar com a raiva de forma saudável. Peça que a criança rabisque uma folha de papel com giz, objetivando externalizar sua raiva. É possível também oferecer uma tela de pintura para que desenhe, com uma música relaxante ao fundo.

Estabeleça limites claros para a criança e ensine-lhe as consequências de seus comportamentos agressivos. Diante das reações corporais, ofereça objetos em que ela possa extravasar sua raiva, como o João Bobo, um travesseiro.

Desenvolver empatia

Desenvolver a empatia nas crianças é importante para ajudá-las a se relacionar com os outros de forma saudável e construtiva. Aqui estão algumas dicas para ajudar nisso:

- Ajude as crianças a compreender e nomear as diferentes emoções que as pessoas podem sentir. Isso a fará reconhecer e compreender as emoções dos outros.
- Mostre a empatia em suas próprias ações e comunicação, mostrando às crianças como se colocar no lugar dos outros e se preocupar com seus sentimentos.
- Encoraje as crianças a trabalhar em equipe e ajudar uns aos outros para desenvolver a capacidade de se colocar no lugar do próximo.
- Faça atividades divertidas com as crianças, como jogar jogos de papel, fazer histórias ou desenhar, a fim de promover a compreensão das perspectivas e sentimentos dos outros.
- Encoraje as crianças a fazer atos de bondade e generosidade para os outros. Isso as ajudará a se preocupar com os demais e a se colocar no lugar deles.

Lembre-se de que o desenvolvimento da empatia é um processo contínuo, e crianças podem precisar de tempo e orientação para desenvolver essa habilidade.

Comunicando-se com o seu filho

Encoraje as crianças a expressarem suas emoções de forma positiva e saudável, como com ajuda da arte ou escrita. Estimule as crianças a falar sobre seus próprios sentimentos e perceber os sentimentos dos outros. Para isso, você pode fazer perguntas que leve-as a pensar sobre suas próprias emoções e comportamentos, como "o que você acha que poderia fazer para se sentir melhor?" ou "como você se sente?".

Os pais e cuidadores também devem modelar o comportamento desejado para a criança, mostrando-lhe como lidar com suas emoções de forma saudável.

Momentos e situações desafiadoras

As birras podem ser um momento desafiador para as crianças e os pais, então, aqui estão alguns exemplos comuns de situações que podem desencadear uma birra e algumas estratégias para lidar com elas:

- Negação de um pedido: ajudar a criança a entender que não pode ter tudo o que quer e ensiná-la a lidar com a frustração de forma saudável.

- Fadiga ou fome: identificar se a criança está cansada ou com fome, e fornecer o cuidado adequado para ajudá-la a se sentir melhor.
- Transição: ajudar a criança a preparar-se para uma transição, como sair de casa ou ir para a cama, dando-lhe avisos antecipados e estabelecendo rotinas claras.
- Sobrecarga sensorial: identificar se a criança está sendo sobrecarregada por estímulos sensoriais e ajudá-la a encontrar uma forma de se acalmar, como escutar música suave ou ler um livro.
- Perda de um ente querido: ajudar a criança a falar sobre seus sentimentos e encorajá-la a participar de atividades que a ajudem a lembrar e homenagear a pessoa perdida.
- Mudanças familiares: ajudar a criança a entender e se adaptar às mudanças, como um novo irmão, um divórcio ou uma mudança de residência.
- Problemas na escola: ajudar a criança a encontrar soluções para problemas acadêmicos ou de comportamento, como falar com o professor ou procurar ajuda extra.
- *Bullying:* ajudar a criança a compreender e lidar com o *bullying*, como falar com um adulto de confiança ou participar de grupos de apoio.

Hora de pensar na autorregulação dos pais

Todas as dicas de autorregulação para crianças também servem para os pais, mas vocês podem ir além:

Busque apoio: converse com amigos, familiares ou um terapeuta para obter suporte e ajuda a fim de lidar com o estresse.

Fique atento à sua saúde: cuide de sua saúde física e mental, alimentando-se bem, dormindo o suficiente e praticando exercícios regulares.

Tenha um plano de gerenciamento do estresse: planeje com antecedência como lidar com situações estressantes, como ter uma lista de atividades de relaxamento ou contato de apoio.

> **Superdica**: a autorregulação deve ser treinada com frequência. Não basta só conhecer, temos que praticá-la.

Referência

CURVELLO, R. P.; MENDES, D. M. L. F. Estratégias de regulação emocional de pais: uma revisão da literatura. *Psicol. clin.*, Rio de Janeiro, 2020. Disponível em: <http://pepsic.bvsalud.org/scielo.php?script=sci_arttext&pid=S0103-56652020000200003&lng=pt&nrm=iso>. Acesso em: 09 out. de 2022.

31

TRANSTORNO BIPOLAR

O Transtorno Bipolar pode afetar não só a vida da pessoa com o transtorno, mas também toda a família e amigos que a acompanham. Neste capítulo, você poderá compreender como o transtorno bipolar pode ser identificado, assim como seus sintomas e os comportamentos de quem o manifesta. Também receberá orientações sobre como auxiliar a pessoa adulta diagnosticada e como lidar com os impactos no meio familiar.

MICHELE CRISTINA NOSSA

Michele Cristina Nossa

Contatos
cognipsiservicospsi@gmail.com
Instagram: @michelenossapsi
16 99186 0947

Michele Cristina Nossa é psicóloga formada pela Universidade Estadual Paulista (UNESP). Especialista em Terapia Cognitivo-comportamental e Neuropsicologia. Formações complementares em Psicopatologias, Obesidade e Emagrecimento, Parentalidade Consciente e Orientação Familiar. Atualmente, atua como psicóloga clínica com foco em atendimentos a crianças, adolescentes e adultos; orientação familiar e de casal; supervisão de casos para psicólogos que atuam com a TCC e terapias contextuais

O Transtorno Bipolar é mais do que alterações de humor que as pessoas experienciam (geralmente em respostas a momentos de altos e baixos em suas vidas). Implica em episódios de humor em que o pensamento, as emoções e os comportamentos de uma pessoa alteram-se visivelmente durante um período considerável de tempo, afetando o cotidiano dessa pessoa e também da família, amigos, ambiente de trabalho, escola e outros. O Transtorno Bipolar é classificado como um transtorno de humor e, segundo o DSM-V (Manual Diagnóstico e Estatístico de Transtornos Mentais), existem três tipos de Transtornos Bipolares: Bipolar tipo I, Bipolar tipo II e Ciclotimia.

O Bipolar tipo I é caracterizado por episódios de mania e depressivos, ou mesmo hipomaníacos. A pessoa com essa condição também sofre crises mistas, com sintomas de depressão e mania misturados. Episódios de mania podem ser reconhecidos quando a pessoa apresenta humor excessivamente feliz, exaltado (autoestima inflada) ou irritado; impulsividade; confiança excessiva ou sentimento de importância aumentado (grandiosidade); pouca necessidade de sono ou dormir menos que o habitual; falar mais que o habitual; perda de concentração; agitação e aumento de atividades dirigidas (trabalho, escola, vida social ou sexual); realizar atividades estimulantes, mas com elevado risco de consequências negativas (excesso de compras, apostas, exposição sexual); fuga de ideias. Podem ocorrer delírios e pensamentos desorganizados e confusos. Em determinados casos, pode ser necessária hospitalização. Os sintomas de mania perduram por pelo menos uma semana e basta um episódio de mania ao longo da vida para fechar o diagnóstico.

No caso do Bipolar tipo II, o indivíduo apresenta um humor anormal e persistente com sintomas característicos aos dos episódios de mania (mencionados acima), porém são menos intensos, não condicionam tanto suas atividades cotidianas e, além disso, a pessoa pode sofrer com períodos depressivos intensos e longos. Nesse quadro, não existem sintomas psicóticos. Os sintomas duram pelo menos quatro dias e, muitas vezes, não são muito perceptíveis às outras pessoas. Embora a pessoa ainda sinta distração, impulsividade e sensação de invencibilidade, esses episódios não são graves a ponto de causar prejuízos no funcionamento social ou profissional dos indivíduos. Os episódios depressivos, que podem perdurar em média duas semanas (no mínimo), caracterizam-se pelos seguintes sintomas: mais lentidão ou agitação excessiva, gerando dificuldade para se acalmar; alterações perceptíveis de apetite e peso; diminuição repentina do interesse por atividades consideradas prazerosas; problemas de sono (dormir demais ou insônia); fadiga acentuada; sentimentos de inutilidade ou culpa; humor deprimido na maior parte do dia, quase todos os dias; dificuldade de concentração e de tomada de decisões; podem ocorrer pensamentos recorrentes sobre morte ou suicídio.

Por fim, a Ciclotimia inclui sintomas de hipomania e sintomas depressivos leves (não propriamente um episódio de depressão) que são experienciados em um período de pelo menos dois anos. Por essa razão, é comum que o diagnóstico inicial seja de depressão. Com o tempo, contudo, são observados outros sintomas que confirmam a presença da bipolaridade.

De acordo com a Associação Brasileira de Transtorno Bipolar (ABTB), cerca de 140 milhões de pessoas são portadoras dessa condição ao redor do mundo. Em média, um em cada 100 adultos apresentam Transtorno Bipolar tipo I e quatro em cada 100 adultos apresentam Transtorno Bipolar tipo II.

O transtorno tende a surgir no início da vida adulta, entre 18 e 25 anos. Entretanto, em menor escala, também é percebido em outras fases da vida, inclusive na infância e adolescência. Conhecer o que desencadeia um episódio e quais são os sinais de alerta de que um episódio de manina/hipomania ou depressão estão prestes a ocorrer pode ajudar a pessoa e aqueles que cuidam dela a reconhecer e lidar melhor nesses momentos de maior risco.

Orientações às famílias

Para as famílias, a convivência com uma pessoa com TAB (Transtorno Afetivo Bipolar) é muito difícil e necessita de muitos ajustes e flexibilidade. É importante que os familiares participem ativamente das sessões de psicoeducação sobre o transtorno, implementem ações que auxiliem no monitoramento do humor e dos comportamentos nos diversos quadros do TAB (episódios de mania, hipomania, depressão ou episódios mistos) e auxiliem no processo de descoberta dos desencadeadores (fatores de tensão) que aumentam o risco da pessoa desenvolver os sintomas do transtorno.

Os desencadeadores mais comuns incluem:

- Acontecimentos de vida positivos ou negativos de grande tensão.
- Ruptura de padrões de sono.
- Ruptura da rotina.
- Estimulação excessiva do exterior (desorganização, trânsito, ruídos, prazos).
- Estimulação excessiva pela própria pessoa (fazer muitas atividades para alcançar objetivos desafiadores).
- Abuso de álcool ou de drogas.
- Interações pessoais conflituosas e estressantes.
- Doenças não tratadas.

Também é importante se atentar aos sinais que podem indicar que o indivíduo está desenvolvendo um episódio bipolar. Abaixo seguem alguns sinais de alerta que podem ser percebidos.

Sinais de mania:

- Diminuição do sono.
- Maior atividade.
- Mais sociabilidade.
- Mais irritabilidade.
- Falar mais que o habitual.
- Distrair-se facilmente ou não conseguir se concentrar.
- Muita autoconfiança ou muito otimista.
- Fuga de ideias.
- Humor elevado.

Sinais de hipomania:

- Humor elevado.
- Agitação ou inquietude.
- Falar rapidamente.
- Pensar mais rapidamente que o usual.
- Dormir menos que o habitual.
- Mais irritabilidade e impaciência.

Sinais de depressão:

- Não ter interesse em fazer coisas que normalmente lhe dão prazer.
- Menor interesse em estar com amigos mais próximos.
- Ansiedade e muita preocupação.
- Perturbação de sono.
- Tristeza e choro.
- Fazer menos coisas.
- Cansaço frequente.

- Esquecimento.
- Esquivar-se de interações sociais.

Indivíduos que têm episódios mistos podem apresentar sinais de alerta típicos de depressão ou de mania. Os sinais de alerta são:

- Agitação ou inquietude.
- Perda de peso.
- Distrair-se facilmente.
- Cansaço.
- Participação em atividades de maior risco.
- Perda de interesse pelas coisas.
- Falar muito depressa.
- Alterações de sono.

O tratamento

É essencial o acompanhamento psiquiátrico (intervenção medicamentosa) para auxiliar na redução da severidade e duração dos sintomas do TAB. Do mesmo modo, a psicoterapia também colabora muito para a melhora da qualidade de vida do indivíduo e das pessoas envolvidas.

Os medicamentos psiquiátricos para estabilizar o humor e os antipsicóticos são indispensáveis para o alcance do bem-estar emocional. Em alguns casos, é necessário associar antidepressivos ou ansiolíticos para um tratamento mais adequado a cada pessoa.

Com o acompanhamento adequado, indivíduos bipolares obtém maior controle sobre suas emoções, decisões, comportamentos e pensamentos, fatores que conduzem à elevação da qualidade de vida.

Psicoeducação: o fornecimento de informações didáticas sobre a bipolaridade para o paciente e seus familiares estimula a tomada de decisão consciente. O paciente aprende a reconhecer os sinais dos episódios maníacos e depressivos e, assim, pode buscar ajuda mais rapidamente para lidar com eles.

Relacionamentos familiares: a terapia também pode promover uma dinâmica familiar saudável. É comum que familiares não saibam o que fazer para ajudar o indivíduo bipolar e tenham dificuldades para compreender as suas ações. Neste sentido, a terapia pode ajudar a minimizar conflitos entre familiares, mediando discussões e incentivando a modificação de padrões disfuncionais de conduta.

Regularização da rotina: outro objetivo do tratamento psicoterapêutico é auxiliar os pacientes a construírem rotinas diárias regulares. Implementar horários para a realização de atividades ajuda o paciente a manter o foco na produtividade. Assim, a frequência de episódios maníacos é reduzida.

Autoconhecimento: é comum que a sociabilidade do indivíduo bipolar seja reduzida durante as oscilações de humor. A irritabilidade, o isolamento social, a impulsividade e os sentimentos de caráter negativo se intensificam, podendo gerar atritos em círculos sociais e problemas de desempenho no trabalho. Por meio do autoconhecimento, os pacientes adquirem maior consciência desses comportamentos e podem ter mais facilidade para controlá-los.

Desenvolver um sistema de apoio à pessoa também é muito importante para a evolução do tratamento. Para ajudá-la, nós podemos:

- Ajudar nas atividades práticas, como ir ao médico e cuidar da casa.
- Disponibilizar informações e sugestões atualizadas e reais.
- Oferecer companheirismo.
- Oferecer apoio emocional.
- Oferecer apoio não verbal (estar disponível para ouvir, monitorar sintomas, etc.).

A personalidade e o transtorno parecem fundir-se durante um episódio bipolar. Nessas horas, não se esqueça das qualidades, dos talentos e dos pontos fortes da pessoa. Embora, às vezes, possa ser algo confuso, tente identificar de que forma a personalidade da pessoa difere do transtorno.

Superdica: reconheça que existe mais da pessoa para além da doença! A pessoa não é o transtorno!

Referências

ABRATA – Associação Brasileira de Familiares, Amigos e Portadores de Transtornos Afetivos. Disponível em: <https://www.abrata.org.br/>. Acesso em: 24 jan. de 2023.

BERK, L. *Guia para cuidadores de pessoas com Transtorno bipolar.* São Paulo: Segmento Farma, 2011.

KAPCZINSKI, F.; QUEVEDO, J. *Transtorno bipolar: teoria e clínica.* Porto Alegre: Artmed, 2016.

32

MINDFULNESS E A COMUNICAÇÃO NAS DINÂMICAS FAMILIARES

Atualmente, vivemos conectados, ocupados e permeados por rotinas estressantes que nos levam à individualização. Essa realidade também está presente nas dinâmicas familiares, corroendo os laços afetivos e o apego seguro ao afastar as oportunidades de diálogo. Durante este capítulo, entenderemos como a prática do *mindfulness* pode contribuir para a retomada de uma comunicação mais efetiva e afetiva e o fortalecimento dos vínculos, sobretudo familiares.

MICHELE TROGLIO

Michele Troglio

Contatos
micheleptroglio@gmail.com
Instagram: @micheletroglio
@universo.omnus
@dinamicart.oficial
@intccrio
21 99852 3396 / 21 97500 0501

Advogada, mediadora extrajudicial e orientadora familiar. Mentora de grupos de habilidades socioemocionais com crianças, adolescentes, adultos e idosos; facilitadora em Disciplina Positiva e Parentalidade Consciente; escritora; fundadora do Universo Omnus e da DinamicArt; autora do método Programa Omnus de Habilidades Socioemocionais. Coordenadora da pós-graduação em Orientação Familiar e Educação Parental (InTCC Rio). Sócia-diretora do Congresso de Terapia Cognitiva da Infância e Adolescência (ConCriArt) e do Instituto de Ensino, Pesquisa e Atendimento em Terapia Cognitivo-comportamental do Rio de Janeiro (InTCC Rio).

A tecnologia, nos últimos anos, modernizou a forma de nos comunicarmos. Todos esses avanços tecnológicos, que poderiam aproximar as relações, na verdade têm contribuído para o distanciamento das pessoas, o que nos leva a viver em universos isolados. Essa realidade também está presente nas dinâmicas familiares, corroendo os laços afetivos e o apego seguro; afastando as oportunidades de diálogo entre irmãos, pais e filhos, avós e netos, primos, tios e sobrinhos. Nesse cenário, o *mindfulness* pode auxiliar na construção de uma dinâmica familiar baseada em comunicação consciente, assertiva e respeitosa, aumentando a capacidade de conexão e a qualidade das relações.

Mindfulness, palavra que pode ser traduzida como "atenção plena", é a manutenção da atenção na experiência imediata, ao mesmo tempo em que se assume uma orientação de abertura, aceitação e curiosidade (BECK, 2022).

De acordo com Jon Kabat-Zinn (1994), que desenvolveu o método de redução do estresse com base na atenção plena, esta é definida como a consciência que emerge ao se prestar atenção propositadamente no presente e, de forma não julgadora, à experiência que se desdobra momento a momento (LEAHY, 2013).

Kabat-Zinn propõe sete atitudes básicas que constituem nos principais suportes da prática da atenção plena: não julgar, paciência, mente de principiante, confiança, não-esforço, aceitação e deixar ir.

A prática da atenção plena está diretamente relacionada ao aumento da consciência emocional e cognitiva. Uma postura *mindfulness* ajuda a desenvolver a regulação das emoções, dos pensamentos e dos comportamentos, pois nesse estado passamos a observar e aceitar as experiências internas. Assim, temos a oportunidade de escolher a atitude a ser praticada, em vez de fazer uma subjugação automática ao estímulo recebido. A partir de uma postura sem julgamento; emoções e pensamentos passam a ser reconhecidos e validados e não há uma necessidade de suprimi-los ou controlá-los; ao contrário, busca-se tolerá-los e experienciá-los. Como acrescenta Robert Leahy (2013), "o treinamento da atenção plena visa fomentar um estado de abertura para experimentar as emoções de forma completa, ficar em contato com o presente e sem apresentar reatividade comportamental intensa".

Apesar de ser um tema em alta, muitas pessoas desconhecem como praticar a atenção plena e quais são seus benefícios para a aquisição de uma comunicação mais assertiva e respeitosa consigo e com as pessoas que o cercam. O objetivo deste artigo é esclarecer alguns pontos que permeiam a temática da prática do *mindfulness* e sua interface com a comunicação, além de oferecer recursos lúdicos e práticos para o seu desenvolvimento no ambiente familiar.

Práticas formais e informais de *mindfulness*

A prática formal de *mindfulness* requer que seja reservado um período de tempo, um local silencioso e foco direcionado a uma determinada experiência (por exemplo, respiração, diferentes partes do corpo, sons externos, movimentos, pensamentos, emoções). Durante essa prática, quando a atenção dispersa da experiência, sem julgamento, buscamos retomar à prática estabelecida. Recomenda-se que o processo formal de *mindfulness* seja iniciado com um período breve, preferencialmente de até cinco minutos, para possibilitar maior adesão e continuidade à atividade (BECK, 2022).

Ainda de acordo com Judith S. Beck (2022), o *mindfulness* informal pode ser praticado nas experiências cotidianas, focando a atenção no que está acontecendo no momento (como caminhar, comer, tomar banho, dialogar) de forma receptiva, aberta e sem julgamento, com atenção plena.

Mindfulness para toda a família

Todos os membros da família se beneficiam com o desenvolvimento da habilidade de *mindfulness*, pois passam a identificar melhor seus impulsos e aprendem a perceber as consequências de suas ações no ambiente, em si mesmos e nas pessoas à sua volta.

Quando essa prática é realizada desde a infância, temos mais facilidade em responder às demandas externas e aos próprios desejos e urgências com menos pressa. Como destaca Friary (2018) "crianças tendem a responder melhor às práticas de *mindfulness* quando utilizamos âncoras de atenção, como experiências que elas possam ver ou sentir." Por essa razão, será compartilhada uma prática de *mindfulness* baseada nas metáforas do Programa Omnus de

Habilidades Socioemocionais (QR code). Toda a família será convidada a experienciar sensações a partir dos diferentes sentidos durante a realização dessa prática pelo Universo Omnus.

Relação entre *mindfulness* e apego seguro

A teoria do apego, formulada por John Bowlby em 1979, descreve a importância da relação inicial que se desenvolve entre o bebê e seu cuidador principal. Esse vínculo afetivo (apego) oferece bases fundamentais para o desenvolvimento emocional, social e cognitivo do indivíduo. A forma como os pais desenvolvem esse vínculo inicial está diretamente associada aos padrões de apego que a criança irá desenvolver. Segundo Del Prette e Del Prette (2013), o desenvolvimento social se estabelece desde o nascimento, quando os pais ocupam o papel de protagonista na aquisição e desenvolvimento do repertório dessas habilidades.

A prática do *mindfulness* facilita a vivência de relações seguras de apego, baseadas em empatia e compaixão, bondade e cuidado (SIEGEL, 2018). A falta de sensibilidade dos pais às necessidades dos filhos prejudica seu desenvolvimento, ao não terem suas necessidades emocionais básicas atendidas. O apego seguro na infância permite à criança sentir que suas necessidades importam e a deixa segura para se relacionar ao longo da vida (YOUNG *et al.*, 2008).

Considerando que o *mindfulness* cria condições favoráveis para estarmos abertos ao momento presente, sua prática facilita interagir na dinâmica familiar com aceitação dos acontecimentos e cuidado sem julgamentos. Desenvolver a habilidade de estar presente favorece o fortalecimento dos vínculos familiares e permite um olhar compassivo e amoroso para o universo interior que cada um de nós habita. Ao imergir nesse universo, nos conectamos com as nossas necessidades, emoções e pensamentos que, quando compreendidos, reforçam a autoconsciência emocional, imprescindível para a prática de uma comunicação consciente e assertiva.

Estar presente possibilita uma escuta atenta às palavras que são ditas, o que permite compartilhar o momento vivenciado de forma respeitosa, estabelecendo uma interação baseada na comunicação consciente. Daniel J. Siegel (2018) destaca que "o apego seguro é baseado em sintonizar-se com o mundo interior de uma criança, e quando essa sintonia não é possível, a ruptura pode ser reparada e uma reconexão estabelecida". Para esse autor, reparar as rupturas inevitáveis deve ser visto como "a norma", pois não há paternagem perfeita e nem comunicação sem falhas. Como enfatiza Siegel, "esperar o impossível torna a vida cheia de conflitos".

Quando estamos presentes, quando nos sintonizamos ao focar a atenção no mundo interior do outro, quando ressoamos e nos transformamos por essa interação, desenvolvemos o estado de confiança. Cada pessoa é respeitada por suas diferenças e, depois, interligada pela comunicação compassiva. (SIEGEL 2018)

Para uma conexão empática, estabeleça a conexão do mapa do seu universo com o mapa do universo de alguém.
(TROGLIO, 2022)

Benefícios do *mindfulness* para a comunicação familiar

O *mindfulness* propicia a conexão e o equilíbrio do corpo e da mente, facilitando a prática da comunicação assertiva e não violenta proposta por Marshall Rosenberg. Assim, se por um lado é impossível estarmos a todo momento praticando a atenção plena, seja em razão das nossas próprias inquietudes e desconexões internas, seja em virtude da aceleração do meio em que estamos inseridos, também é fato que treinar essa habilidade nos direciona para uma mudança na forma de nos comunicarmos.

Essa mudança na comunicação tem como pré-requisito a consciência do que está acontecendo, interna e externamente, sendo imprescindível o autoconhecimento. Por isso é tão importante conhecer nossa própria história, nossas vulnerabilidades, habilidades e nossos padrões de interação para que, de forma gradual e em um processo amoroso e compassivo, novas posturas de comunicação e comportamento possam ser adquiridas, além de reforçar as habilidades sociais e emocionais já desenvolvidas.

Estar no momento presente permite o desenvolvimento dessa comunicação interna cuidadosa e compassiva que, aos poucos, ocupa o espaço da comunicação interna crítica, desrespeitosa e julgadora que está a serviço de crenças, estruturas e esquemas fomentados na infância. É fundamental romper o ciclo de desatenção às próprias necessidades e às necessidades do outro para que se alcance um ambiente emocionalmente saudável, capaz de gerar vínculos e apegos seguros e contribuir para uma geração emocionalmente mais forte.

Cuide do universo que habita você para cuidar do universo que você habita.
(TROGLIO, 2022)

Para auxiliar na trajetória de orientar as famílias na educação emocional de crianças e adolescentes, seguem algumas dicas que podem contribuir para a sua prática profissional ou parental. As metáforas apresentadas no Programa Omnus de Habilidades Socioemocionais são excelentes recursos para trazer ludicidade e leveza a esse processo.

- Esclareça com a família sobre a importância de se cultivar um ambiente estável, seguro e afetuoso.
- Ajude pais e filhos a se conhecerem mutuamente. Promova o autoconhecimento de cada membro da família.
- Compartilhe com a família conhecimentos sobre as emoções e a regulação emocional. Utilize uma linguagem clara e de fácil entendimento, tanto para crianças quanto para adolescentes e adultos.
- Esclareça as questões relacionadas à regulação dos pensamentos e dos comportamentos.
- Explique sobre os benefícios do *mindfulness* e indique a sua prática, seja de maneira formal ou informal. No QR code encontrado ao final do livro, você terá acesso a uma atividade de atenção plena, baseada no Programa Omnus de Habilidades Socioemocionais.
- Esclareça os benefícios dessa prática para a melhora da comunicação nas dinâmicas familiares.
- Proponha a reflexão de como a adoção da atitude *mindfulness* na comunicação pode ser útil para a melhora da relação familiar.
- Encoraje os pais para que sejam exemplo dessa prática para os seus filhos, tornando-se as referências principais da educação emocional.

Colocando em prática

No QR code, ao final do livro, você terá acesso a recursos lúdicos que fazem parte do Programa Omnus de Habilidades Socioemocionais para auxiliar você e a sua família a praticar o *mindfulness* e fortalecer habilidades como foco, resiliência, autorregulação emocional, persistência, motivação, confiança; entre outras competências essenciais para a vida.

Superdica: pratique *mindfulness!*

Utilize as pequenas oportunidades para praticar o *mindfulness* informal: reserve cinco minutos para observar uma paisagem, escutar atentamente os sons do ambiente ou a letra de uma música, manter uma comunicação baseada na atenção plena. Ainda, você pode se conectar com o seu Chá da Calma e o Grão da Paciência e proporcionar a si mesmo esse tempo de bem-estar.

Utilize a postura *mindfulness* para agir de maneira consciente e intencional ao cuidar de sua família!

Referências

BECK, J. S. *Terapia cognitivo-comportamental: teoria e prática.* Porto Alegre: Artmed, 2022.

DEL PRETTE, A.; DEL PRETTE, Z. A. P. *Psicologia das habilidades sociais na infância: teoria e prática.* São Paulo: Vozes, 2013.

FRIARY, V. *Mindfulness para crianças: estratégias da terapia cognitiva baseada em mindfulness.* Novo Hamburgo: Sinopsys, 2018.

HAYES, S. C. *Terapia de aceitação e compromisso: o processo e a prática da mudança consciente.* Porto Alegre: Artmed, 2021.

LEAHY, R. L.; TIRCH, D.; NAPOLITANO, L. A. *Regulação emocional em psicoterapia: um guia para o terapeuta cognitivo-comportamental.* Porto Alegre: Artmed, 2013.

ROSENBERG, M. *Criar filhos compassivamente: maternagem e paternagem na perspectiva da Comunicação Não Violenta.* São Paulo: Palas Athena, 2019.

SIEGEL, D. J.; BRYSON, T. P. *O cérebro da criança: 12 estratégias revolucionárias para nutrir a mente em desenvolvimento do seu filho e ajudar sua família a prosperar.* São Paulo: nVersos, 2015.

SIEGEL, D. J. *Mente saudável: conexão e equilíbrio do corpo e da mente.* São Paulo: nVersos, 2018.

TROGLIO, M.; MORAES, F. *Omnus: atlas das competências socioemocionais.* São Paulo: Literare Books International, 2020.

TROGLIO, M. *Baralho Omnus - programa de habilidades socioemocionais.* Porto Alegre: Arte em Livros, 2022.

YOUNG, J. E.; KLOSKO, J. S.; WEISHAAR, M. E. *Terapia do esquema: guia de técnicas cognitivo-comportamentais inovadoras.* Porto Alegre: Artmed, 2008.

33

A EXAUSTÃO MATERNA

Depois de escrever sobre solidão materna no primeiro *Orientação familiar*, uma grande inquietação surgiu com o desejo de falar mais sobre o assunto. Com isso, comecei a fazer novas leituras, estudos e ampliar meu olhar clínico. Encontrei uma correlação muito grande do tema anterior com a exaustão materna, e não perder de vista essa reciprocidade é de extrema importância para a saúde mental de mulheres e mães.

MIRIAM SCHINCARIOL

Miriam Schincariol

Contatos
florirmaterno@gmail.com
Instagram: @florirmaterno

Sou psicóloga formada pela PUC-Campinas em 2012, psicoterapeuta EMDR, especialista em perinatalidade e parentalidade, coautora do livro *Orientação familiar*. Tenho experiência na transformação que a chegada dos filhos traz para a família, especialmente para a vida da mulher. Cofundadora do grupo Materno Mundo, ministro grupo terapêutico de mães em escolas e empresas, além de exercer a prática clínica. Apaixonada por comunicação não violenta, educação respeitosa, afetuosa e com limites; sempre respeitando a ciência dentro da individualidade de cada mulher. Dedico este capítulo a todas as mulheres que buscam a psicoterapia como fonte de esperança no seu caminho da vida, mesmo exaustas e solitárias! Boa leitura!

Quando decidi escrever e compartilhar minha visão profissional a respeito do tema "exaustão" no mundo da maternidade, foi por acreditar que esse livro dois de *Orientação familiar* poderia se comunicar com o primeiro, no qual escrevi sobre solidão materna. A exaustão e a solidão caminham lado a lado, têm uma relação de reciprocidade. Por isso, convido você também a visitar meu capítulo no livro anterior para ampliar ainda mais a visão sobre a vida da mulher atualmente.

Vivemos um momento de altas demandas, exigências e obrigatoriedades, acumulo de funções, sobrecarga mental e física. Gurus da "alta performance" em todos os canais de comunicação nos fazem crer que somos defeituosos e fracos por não "performar", com uma avalanche de ideias que nos leva a pensar muitas vezes, inclusive, que somos errados por sentir cansaço ou não dar conta de tudo. É como dizer que a exaustão e o sacrifício fazem parte do sucesso e da realização, apesar de nem todos os exaustos se sentirem bem-sucedidos.

Ter sucesso atualmente parece ser uma corrida desenfreada, tanto para homens quanto para mulheres. Então, como pensar com tanto perfeccionismo, ânsia por bons resultados, metas, projetos a serem entregues sem sofrimento ou deterioração? Ou ainda, de forma mais profunda e direcionada aqui para nosso principal objetivo, como pensar em qual momento essa vida se cruza com a realidade da parentalidade?

A parentalidade envolve incertezas, inseguranças, descontrole, escolhas, abdicações, responsabilidade, dedicação com erros e acertos. É lidar com dificuldades e limitações diariamente. Não parece ser conflituoso demais imaginar ser pai e mãe em um momento social em que nos é exigido tanta exatidão e entrega de resultados? Deixo essas reflexões muito provocativas e fundamentais para abordarmos o tema proposto, especificamente a respeito da exaustão que a mulher sente em tantos momentos do seu maternar e dos momentos em que a família também é convidada a entrar nesse cenário.

A exaustão, na maior parte das vezes, não é percebida inicialmente, o que dificulta termos a memória de "qual foi o momento exato" em que começamos a nos sentir de maneira diferente. É algo bem silencioso e quase invisível. Em outras vezes, a exaustão é percebida, porém negada pelas nossas crenças ou pela dificuldade de olhar para as próprias necessidades. "Ser mãe é isso mesmo", como se a exaustão fosse parte intrínseca da maternidade e o desrespeito por si mesmo fosse a consequência esperada desse ciclo.

A manifestação da maior parte dos sintomas se dá quando a exaustão já está intensificada, inclusive afetando atividades que eram anteriormente prazerosas, pois o cansaço surge pelos excessos e pela intensidade com as quais determinadas atividades são vividas.

É extremamente importante destacar que a exaustão pode surgir em atividades agradáveis, nas quais depositamos muita disciplina, nos sacrificamos e nos tornamos muito produtivos; ou seja, vamos imaginar os cuidadores, que inicialmente se sentem bem por serem tão importantes e resolutivos, por se sentirem úteis e amados (afinal, sabemos os benefícios emocionais de ajudar, de cuidar). Aquele velho dizer social "fui para ajudar, mas eu que fui ajudado" é uma grande verdade, pois somos constituídos nas relações e precisamos dos outros para sobreviver. Então, no meio da empatia, dedicam-se ainda mais à tarefa, esbarram no perfeccionismo e podem se encontrar com o esgotamento sem perceber qual foi o momento em que excederam seus limites físicos e emocionais.

O vício de ajudar, de ser uma pessoa doadora intensamente vivendo pelos outros, faz da frase "se eu não fizer, ninguém faz" uma das armadilhas mais sutis que podemos imaginar, pois traz consigo um sentimento de ser indispensável para a salvação e a resolução de problemas, dificultando a aceitação de ajuda para si mesmo. É viver em um movimento de ajudar e fazer, mas pouco conseguir receber.

Na vida da mulher e mãe da atualidade, podemos perceber esse movimento de se doar nas preocupações diárias sobre o que fazer para comer, qual a comida preferida de cada um da casa, fazer a lista de compras, certificar-se de que todos estão alimentados, limpos e com uniformes passados, ter ouvidos atentos às necessidades, corrigir, ligar para a família, socorrer, pacificar a briga entre irmãos, responder às exigências do trabalho, entre tantas outras tarefas, cercada por um medo insano de fracassar em qualquer uma dessas tarefas.

O esgotamento pode se dar de diversas formas, após longo período de exposição ao estresse ou até mesmo à exposição em um único evento intenso que pode desencadear sintomas adversos. Os sintomas para identificação desse quadro são muito individuais, considerando que cada corpo possui sua maneira de demonstrar, mas podemos destacar alguns: desânimo, solidão, perda ou aumento exagerado na vida social, mudança corporal notável, esquecimentos, dificuldade em se concentrar, mudança de humor, impaciência, medo, entre tantos outros (esses sintomas são muito parecidos com os sintomas deprimidos, ansiosos ou demais transtornos, por isso sempre devemos ter avaliação profissional).

Com isso, é de extrema importância uma atenção inclusive aos pequenos sinais de mudança de comportamento, à percepção de baixa eficiência (que começa a dar sinais de imperfeição), ao desânimo e à baixa criatividade. Lembro-me da fala de uma paciente, que ficou marcada no meu coração: "Eu me sinto carregando o mundo nas costas sozinha, e sem ninguém perceber!". Além da exaustão, da solidão e da tristeza, ela também se sentia invisível. Na maior parte do tempo, o trabalho materno é invisível e cansativo. Nem as férias parecem dar esperança.

Quando fazemos alguma atividade sem os mesmos resultados de antes, com a sensação de que não estão percebendo e valorizando nosso esforço, aos poucos vamos questionando a nossa capacidade, utilidade e benfeitoria. Afinal, a autoestima também está intimamente relacionada à nossa autoavaliação, a maneira com que nos julgamos. Com visão distorcida sobre si, emoções fragilizadas e saúde física subjugada, vivenciar situações mais intensamente pode se tornar um trauma.

Primeiramente, trauma não é, de forma exclusiva, caracterizado por uma situação catastrófica. Ele age como um corte nos fios da rede elétrica, causando escuridão. As luzes se apagam e tudo que era brilho se torna fosco; aquilo que era paixão perde o vislumbre, o desânimo oculta a criatividade e dificulta a resolução dos problemas.

Diante desse cenário em que temos uma mulher exausta, às vezes traumatizada também por experiências anteriores vividas enquanto filha, sobrecarregada e sem energia para desempenhar os papéis e as funções que antes fazia com tanto zelo e entusiasmo, temos também o(a) companheiro(a), os filhos, a casa e o trabalho impactados. Pode-se pensar em um cenário caótico, triste, agressivo, inseguro, desconfortável ou qualquer outro adjetivo que você tenha em mente para descrever, caso esteja passando por isso ou conheça alguém que está.

Impacto da exaustão materna

Uma mãe exausta se desregula facilmente, se desconecta de si mesma para ter energia para se conectar com todas as suas tarefas básicas diárias. Fala coisa que não quer, afinal, a impulsividade pode levar a comportamentos agressivos, e coloca a paciência para fora do ambiente, grita como alguém que procura um meio de ser ouvida, não consegue deixar para fora de casa os problemas do trabalho e sua insatisfação. Por consequência, os limites se transformam em castigos duros para os filhos dentro de casa. Aos poucos, se vê perdendo a ternura que a conectava às necessidades dos outros, se culpa por isso e continua esperando em silêncio a colaboração da rede de apoio, ou ainda se sustenta na ideia de que precisa fazer tudo sozinha e desconta nos moradores da casa o tamanho da sua lista de afazeres. Come sem perceber se o alimento era salgado ou doce, se estava frio ou quente, da mesma forma que enche a taça de vinho repetidamente sem notar e exagera nas compras. Essa mãe chega na terapia e diz "tenho vontade de sumir", conta a respeito de seus pensamentos mais íntimos, planejando situações inabitáveis ou sonhos irreais, tamanho o desejo de calmaria, tranquilidade, silêncio e reencontro com suas necessidades; simplesmente ouvir-se.

Na perspectiva dos filhos, visualiza-se uma mãe impaciente, com pouco tempo de atenção disponível, que toda a conversa se transforma em crítica, com pouco espaço para dizer o que sente ou para perceber suas próprias emoções. A escola, o ambiente que eles passam a maior parte do tempo, acaba sendo o primeiro sintoma e alerta: sofrem mudança de atitude em relação aos colegas, alteração no comportamento ou no rendimento pedagógico. Quando o assunto é filho na primeira infância, temos também as nuances comportamentais esperadas para cada fase do desenvolvimento, contudo, é possível verificar dificuldades maiores em relação ao sono, alimentação, irritabilidade e/ou choro constante, por exemplo.

Além disso, nas casas onde a parentalidade é dividida com algum parceiro, o relacionamento conjugal acaba sendo influenciado, pois de um lado temos uma pessoa exausta, cansada e com sentimento de fazer tudo sozinha, e do outro lado uma pessoa que nem sempre sabe como ajudar, ou não consegue fazer algo por falta de criatividade. Muitas vezes existe aquele parceiro que se isenta de qualquer participação ou colaboração para a saúde emocional da parceira.

O ambiente do trabalho pode ser o refúgio para essa mãe, ou também parte da sua maneira de funcionar em estado constante de alerta. Busca pelo e-mail não lido, pela mensagem não visualizada, pela planilha não finalizada e pelos prazos a vencer, rodeados de culpa e vergonha por não conseguir mais ser tão produtiva como já fora e como é esperado.

Ou seja, temos muitos impactados pela saúde mental materna, a qual clama por cuidados, afeto, atenção e proteção. Essa mãe pode estar se sentindo muito fragilizada para se sentir protegida, segura e confiante de si, e com isso pode maquiar essa desproteção, fazendo ainda mais, de forma ininterrupta, tudo pelos outros e nada para si. Tudo isso sem esquecer a história de vida que cada uma carrega consigo, a sua infância, as crenças familiares e os valores que baseiam sua atuação no mundo.

As mães estão exaustas de não terem espaço para dizer livremente sobre suas raivas, saudades, medos e anseios sem que sejam julgadas. Se elas estão faltando ou falhando, é porque o cansaço está atropelando seus afazeres, encontram-se sem forças para agir de maneira diferente. Elas estão cansadas dessa carga exigente que o mundo espera de sua performance do maternar: sem defeitos, amorosa, acolhedora, bondosa e infalível.

Precisamos abrir espaço para essa escuta, ter empatia com a individualidade de cada história de vida e também ocupar um lugar de apoio, auxiliando essa mulher a encontrar seu ponto de descanso, principalmente ao proporcionar uma oportunidade dela se conectar com suas necessidades emocionais, sentir seus afetos sem julgamentos e poder ter esperança de um caminho com mais leveza e autocuidado. Autocuidado é um termo muitas vezes usado de forma inadequada e superficial, relacionando apenas a cuidados estéticos e de imagem. Contudo, também envolve desenvolver a autorregulação para buscar alívio diante da sua forma de sentir.

Orientações às famílias

É necessário convocar o(a) companheiro(a) e todos aqueles que estão ao seu redor para uma reflexão inicial: essa mulher precisa dar conta de tudo sozinha? Ela é tão insubstituível que nada do que ela faz pode ser dividido? Acredito que essas reflexões são muito necessárias, apesar de parecerem repetidas, pois é preciso insistir na mudança de uma crença tão enraizada para que possamos ver alguma diferença nas atitudes e gerações futuras.

A vida não é estática e essa mãe que hoje está exausta precisa entrar nesse movimento de autocuidado, desamarrar as obrigatoriedades impostas que excedam seus limites.

Orientações para as mães

Primeiramente, é necessário conhecer e reconhecer quais são suas emoções, depois saber identificar quais são os sintomas em si (sensações físicas ou emocionais), quais as alterações de humor presentes na sua rotina, para a partir disso associar três coisas: os gatilhos do dia a dia, as emoções envolvidas e suas reações diante daquilo.

A partir dessa associação, amplie a consciência, percebendo a si e ao outro, desenvolvendo a auto-observação dos pensamentos e das coisas que são ditas e feitas, monitorando suas reações e questionando-as.

Prevenção

Podemos prevenir muitos sofrimentos emocionais quando cuidamos dos traumas e experiências vividas anteriormente como filhos, pois a maternidade surge como uma porta que se abre de maneira automática para visitar questões que já existiam e estavam guardadas. Essa é a importância preventiva de cuidar das nossas rupturas ao longo do caminho da vida e das nossas memórias mais difíceis de serem acessadas, como algo crucial e em muitos momentos determinante para não repetirmos os sofrimentos já vividos anteriormente enquanto filhos.

Além disso, estar atento às mudanças físicas e emocionais que carregamos ao longo da vida e o quanto isso nos interfere no dia a dia é de extremo valor para procurar ajuda o quanto antes.

Superdica: uma mulher exausta precisa de um tempo para, antes de qualquer coisa, se perceber. Notar seu corpo, suas tensões, dores e angústias para também reconhecer seu prazer, alegria, força e motivação. Essa conexão do pensar e sentir pode fazer com que o corpo comece a reconhecer seus limites e a se fortalecer e amadurecer. Respirar, se concentrar e, por consequência, ser mais consciente.

34

VERGONHA
UMA EMOÇÃO UNIVERSAL

Este capítulo vai abordar uma emoção secundária: a vergonha. É uma emoção de alto impacto, presente em todas as pessoas em algum momento de suas vidas, apresentando-se na infância, adolescência e vida adulta, tornando-se universal. O objetivo é aprofundar nosso entendimento sobre a vergonha de forma a validar a sua e a dos outros, além de conhecer estratégias lúdicas para viver de forma construtiva.

MÔNICA VAGLIATI

Mônica Vagliati

CRP 07\12998

Contatos

moni.vagliati@hotmail.com

Instagram:@psicologamonicavagliati

Facebook: Psicóloga Mônica Vagliati

54 981155008

Psicóloga gaúcha formada há 18 anos. Especialização em Psicoterapia Cognitivo-comportamental. Especialista em infância e adolescência. Idealizadora, desde 2013, das Oficinas Atelier das Emoções. Idealizadora de Grupo de Recursos para Psicólogos desde 2018. Adora elaborar atividades criativas para seus pacientes e colegas psicólogos, pois o mundo fica mais mágico e divertido com muita criatividade. Coautora do jogo-livro *Box Cambalhota*. Coautora do livro *Orientação familiar* com o capítulo "A tristeza precisa ser sentida!". Coautora do livro *Oficina das emoções Vol. 2* e do *Guia prático de TCC para terapeutas de crianças e adolescentes*.

Dedico este capítulo para minhas filhas, com muito amor!

Precisamos voltar um pouco nessa história emocional e compreender sua origem: a vergonha vem do medo. Existe uma correlação poderosa entre o medo e a vergonha. Eles caminham juntos e promovem um furacão emocional. Estão tão emaranhados que fica difícil compreender suas identidades. O medo promove insegurança, exposição e/ou ameaça. Seu lado positivo é a preservação da vida e proteção contra o perigo, mas o medo elaborado e direcionado é a vergonha.

A vergonha é única em cada pessoa, e também universal, pois todos em algum momento passarão por ela. Apresenta uma particularidade: a sensação de incômodo e julgamento interno e externo. Ela é silenciosa e muito expressiva. Por vezes, promove solidão, exposição e inadequação. Dói falar sobre ela, bem como ouvir o relato do outro a respeito de sua experiência.

A vergonha surpreende. Nós a sentimos quando erramos, e é mais comum quando achamos que vão zombar da gente por algum motivo. Diferenciamos essa emoção de outras, pois também sentimos vergonha alheia: vergonha de algo que outra pessoa fez e não condiz com nossos princípios ou causaria em nós essa mesma emoção.

Nenhum ser humano é capaz de esconder um segredo. Se a boca se cala, as pontas dos dedos falam.
SIGMUND FREUD

Essa emoção secundária apresenta-se com muitas faces e em diversos momentos da nossa vida, desde a tenra infância até a vida adulta. Os sintomas podem aparecer em todas as partes do corpo. Nos membros superiores, mãos suadas e/ou trêmulas. Nos membros inferiores, pernas duras e/ou inquietas, frágeis. No rosto, vermelhidão, tremedeira e até tiques. Na parte oral, percebemos voz trêmula, palavras comidas e até o sumiço delas. O famoso "deu branco, e agora?".

O pensamento é que todos percebem esses sintomas e vão zombar de nós, abalar nossa autoestima. A realidade é que todos podem perceber, mas não vão falar ou expor seu ponto de vista, pois já passaram ou passarão pela situação uma vez na vida. A vergonha nos deixa na neblina e impotentes. Sentimos e guardamos para nós mesmos!

A vergonha mostra aos outros o nosso lado imperfeito, que queremos esquecer, evitar e esconder a todo custo, porém sem ter esse controle. Pode ser descrita como uma emoção de alto impacto ao ser humano, deixando marcas para sempre.

Orientações aos pais, filhos e profissionais

A vergonha começa em casa. Nós, como pais, depositamos muitas expectativas em como seremos ao desempenhar esse papel. A expectativa de ser melhor do que nossos pais. E, quando as coisas saem do controle (e sempre sairão!), vem a primeira expressão de vergonha. Cada etapa do desenvolvimento nos causa um pouco dessa emoção: retirada do bico, desfralde, comparações e comportamentos que não estávamos preparados. Sentimos vergonha pela dificuldade de ser resilientes.

Os pais, pelas suas cargas emocionais, podem transferir muitos aspectos de medo, recriminação e desconexão. Em vez de focar no positivo, acabamos por recriminar ou atacar, simplesmente porque tudo isso mexe diretamente com nossas vivências no papel de filhos. Mesmo ao não falar sobre essa emoção, deixamos as crianças vulneráveis para a vergonha suscitada por professores, colegas e outros.

O que fazer quando a vergonha se faz presente em nossa vida?

O primeiro passo é reconhecê-la no corpo, nomeá-la e validá-la de forma tranquila e natural. Ela não avisa quando vem, nem seu motivo. Entendemos que a vergonha virá em alguma experiência nova que aconteça. Como pais, professores e cuidadores de uma criança, faz-se muito importante essa validação e a explicação do que ocorre, e de que tudo ficará bem! Fique junto e ajude a criança ou adolescente até essa emoção diminuir.

Sem emoções, nossa vida não tem sentido; torna-se estável.

A validação parte de entender genuinamente a emoção do outro e respeitar esse momento, ajudar a elaborar e viver de forma plena. Escutar, mostrar empatia e compaixão. Trata-se de um encorajamento em sentir e uma reflexão sobre o que você já viveu. Uma via de mão dupla em que todos ganham experiência. Você, leitor, valida a si mesmo quando entende suas emoções, se elogia e procura cuidar de si? Reconheça a emoção de uma criança e ou adolescente, e, automaticamente, reconheça as suas e como você lida.

Não podemos evitar a vergonha, mas podemos aprender a reconhecê-la de imediato. Junto com pessoas de confiança, passamos por ela de forma construtiva, não destrutiva.

Quando compartilhamos uma história pessoal sobre essa emoção – ou somos alguém importante que compartilha essa vivência – geramos reflexão, leveza e o pensamento de mudança. Já a vivência sem uma divisão de experiência deixa a pessoa isolada no seu mundo, de forma protetiva, e promove a separação dos outros. Assim, torna-se destrutiva a experiência, e esse mecanismo tende a se repetir.

A educação emocional necessita ir além do reconhecimento das emoções; também é preciso ter empatia. Perceber o que o outro sente sem que este fale. Trabalhamos muito as emoções primárias: amor, alegria, tristeza, nojo, medo e raiva. Falamos exaustivamente e brincamos de forma sensorial para que essa internalização seja feita.

Conforme crescemos, ganham espaço as emoções secundárias, ou seja, subdivisões das primárias, e a vergonha é uma delas. Na vida escolar, ela se apresenta diante de provas com notas não tão esperadas, apresentação de trabalhos entre colegas e também na socialização entre os iguais. Para um adolescente, novas amizades podem ser algo muito difícil por conta da vergonha sentida.

Precisamos compreender que ser um adolescente já é viver em um turbilhão de emoções, uma montanha-russa de hormônios e mudanças. É preciso se espelhar em algo confiável para encarar tudo, e a tendência é se unir ao outro que vive a mesma sensação. Dessa forma, acontece o afastamento das figuras paternas e o isolamento. Adicione uma pitada de vergonha a isso, e tudo vira uma confusão só.

Sugere-se que busquem psicoterapia para promover autoconhecimento e fortalecimento para a transição. Adolescentes precisam de muita conversa em casa e observação de comportamento. Tire a ideia de um "aborrecente" dentro de casa ou escola, você tem alguém que se afasta justamente quando mais precisa que você esteja perto!

Cuidado com os rótulos. Tendemos a repetir muitas vivências da nossa infância e projetar nas crianças e adolescentes. Os rótulos são os mais difíceis de dissolver e podem ser grandes gatilhos para a vergonha. Pense bem sobre eles e sua verbalização insistente. Eles facilmente grudam e dificilmente desgrudam.

Perfeccionismo pode ser um gatilho da vergonha. Ninguém precisa ser perfeito, todo mundo tem defeitos. Inclusive, os defeitos e os erros promovem um grande crescimento pessoal. O papel da saúde emocional é nos levar à nossa melhor versão, a ser construída por toda nossa vida. Então, tudo bem errar! O progresso não é a perfeição!

A vergonha também pode vir das palavras dos outros, e devemos ter um filtro quanto ao que falar e ao que ouvir e internalizar. Caímos em uma armadilha da vergonha quando esquecemos nossa essência e procuramos suprir expectativas de outras pessoas sobre como devemos ser.

Temos aliados muito importantes para lidar com a vergonha. Em primeiro lugar, ao advir do medo, ele precisa ser compreendido e enfrentado com coragem. A coragem vem de casa e da escola, com o incentivo e o encorajamento. "Vá e faça, estou aqui para lhe acolher com qualquer resultado". Todos precisamos de doses diárias de coragem!

A compaixão é outra aliada contra a vergonha. Também precisamos ser as figuras de apoio da criança ou adolescente. Nós sentimos essa dor de alguém que amamos e precisamos fazer algo a respeito, pois a compaixão provoca o desejo de acolher e ajudar o outro.

Em terceiro lugar, a conexão. Quem sou eu? Eu me aceito? Vou melhorar a cada dia? Se eu me conecto com ajuda dos meus pais e professores, isso me ilumina? Conecte-se consigo mesmo, não permitindo que essa luz interna se apague!

Utilizo em minha prática clínica a caixa da vergonha. Você a encontrará, no QR code ao final do livro, pronta para confeccionar. Deixo a caixa já pronta e confeccionada no consultório para o momento que precisar! Realizo a montagem com a cooperação do paciente. Ela pode ser utilizada de duas formas eficazes para trabalhar a vergonha: a primeira é solicitar que a criança ou adolescente escreva situações e momentos em que sentiu vergonha, e você pode contribuir também, se desejar, com suas histórias. Afinal, vergonha é universal!

A segunda forma é deixar a caixa preparada para que um grupo de pessoas não identificadas coloque ali suas experiências, para que todos trabalhem de forma empática essas situações. Podemos até pensar em como cada um lidaria com essas experiências.

A régua da vergonha. Deixo várias prontas e utilizo conforme o assunto apareça no cotidiano. Você encontrará versão menino e menina. Trata-se de uma régua com os personagens de pernas longas em que podemos mensurar junto com a criança ou adolescente o quanto de vergonha foi vivenciado. Um recurso lúdico para situações difíceis que promoverão muitas conversas em família e escola.

"Os desafios da vergonha" é outra técnica utilizada, que pode ser transformada em uma caixa ou lata. Nessa atividade, deixe a criatividade aflorar e pense em como realizar com seus recursos. Você recebe o rótulo para confeccionar conforme deseja e os cartões com desafios simples, mas eficazes, para trabalhar a vergonha de forma individualizada e/ou coletiva. A ideia é lidar com momentos que promovem vergonha, como cantar sobre uma situação, falar algo pulando na frente outros... O objetivo do jogo é promover o diferente e observar como a vergonha se faz presente, mas de forma lúdica e acolhedora. Porém, destaco aos pais, educadores e cuidadores que forçar uma situação de vergonha pode ser um retrocesso emocional. O respeito ao tempo e à situação é o manejo mais indicado nesses casos.

E as crianças pequenas sentem vergonha? Sentem, sim! Nesses momentos, os entraves emocionais se fazem presentes se não forem manejados de forma adequada. A vergonha se apresenta com um grude intenso nas figuras parentais, não olhar no rosto de adultos e a dificuldade em falar. Para os pequenos, utilizamos novos olhares e recursos concretos de forma que internalizem o aprendizado.

Mascotes e bichos de pelúcia são muito comuns no meu consultório, pois promovem um espelhamento das emoções e alívio de sintomas. O psicoterapeuta conta a história do bicho e suas peculiaridades, enquanto a criança toca na pelúcia e observa atentamente. Destaco a importância do toque à mascote da vergonha, a observação para que o aprendizado sensorial entre em ação. Quando penso em bichos que se comportam como alguém que sente vergonha, o primeiro que surge é o avestruz. A defesa dessa ave, ao se aproximar de um problema, consiste em pressionar a cabeça no solo. Eles fazem isso para parecer menos visíveis e, como suas penas se camuflam com a terra ou areia, dá a falsa impressão de enterrar suas cabeças no chão.

O tatu é outro animal interessante para trabalhar a vergonha. Ele se enrola toda vez que se sente ameaçado, uma vez que seu corpo possui uma pele mais dura, virando uma bola. O tatu reflete que muitas vezes não estamos preparados e nos fechamos em nós mesmos. Quando seguros, voltamos à jornada.

A tartaruga é um dos bichos mais especiais para duas emoções: raiva e vergonha. Você utiliza para ensinar que na hora da raiva a tartaruga entra no casco e conta até dez. E na vergonha também, como uma defesa face ao que a criança esteja passando. Existe um recuo, mas existe uma volta encorajada para recomeçar.

Sentir vergonha com educação emocional é lidar com o constrangimento e seguir em frente. Se você ignorar o que aconteceu na hora, as pessoas ao seu redor farão o mesmo e logo esquecerão. Se for algo muito engraçado, dê risada! Foi constrangedor e tudo bem! A vergonha pode ser transformada em bom humor e coragem.

Finalizo meu capítulo com uma história. Você já ouviu falar dos vikings? Eram bravos guerreiros, corajosos, que se sentiam honrados em perder sua vida em batalhas. Essa coragem era fruto de um grande medo: o da vergonha. Perder a reputação em batalhas era tão assustador que se tornava uma estratégia de coragem. O medo e a vergonha criaram gente corajosa. Já que não somos vikings, seguimos lutando essa batalha com a vergonha, mas agora com novo recurso.

Superdica: todos sentem vergonha e passam por ela. Normalize, regule e enfrente. Não perca oportunidades por causa dela!

Referências

BARROS, D. M. *O lado bom do lado ruim. Como a ciência ensina a usar a tristeza, o medo, a raiva e outras emoções negativas a seu favor.* Rio de Janeiro: Sextante, 2020.

BROWN, B. *Eu achava que isso só acontecia comigo: como combater a cultura da vergonha e recuperar o poder e a coragem.* Rio de Janeiro: Sextante, 2019.

CAMINHA, R. M.; CAMINHA, M. G. *Emocionário: dicionário das emoções.* Novo Hamburgo: Syopsys, 2018.

GREEN ALLEN, V. *Eu e meus sentimentos*. Rio de Janeiro: Sextante, 2020.

LEAHY, R. L. *Não acredite em tudo o que você sente*. Porto Alegre: Artes Médicas, 2021.

LLENAS, A. *Diário das emoções.* São Paulo: Benvirá, 2015.

PEREIRA, C. N. *Emocionário: diga o que sente.* Rio de Janeiro: Sextante, 2018.

PIVA, C. *Sinta esse livro.* São Paulo: Ciranda Cultural, 2019.

RODRIGUES, M. *Educação Emocional Positiva.* Novo Hamburgo: Sinopsys Editora, 2015.

35

DIVÓRCIO
ESTRESSE PARENTAL E REPERCUSSÕES EMOCIONAIS PARA OS FILHOS

O divórcio é considerado um dos fatores mais estressantes para as famílias. Não raramente, o rompimento gera experiências emocionais que podem ser desagradáveis e difíceis de manejar. A separação afeta o desenvolvimento psicológico, especialmente dos filhos. Este capítulo busca esclarecer as repercussões emocionais do divórcio e oferecer orientações para pais e profissionais lidarem com o estresse desse processo.

NATHÁLIA DELLA SANTA
E EDNA PONCIANO

Nathália Della Santa

Contatos
nath.dellasanta@gmail.com
81 99973 1131

Psicóloga clínica e jurídica. Graduada pela Universidade Federal de Pernambuco. Especialista em Neurociências e Comportamento pela PUC-RS. Mestre em Neuropsiquiatria e Ciências do Comportamento pela UFPE. Formação em Psicoterapia Cognitivo-comportamental. Psicóloga do Tribunal de Justiça de Pernambuco. Especialista em Direito de Família e Sucessões. Doutoranda em Psicologia Social pela Universidade Estadual do Rio de Janeiro.

Edna Ponciano

Contatos
ednaponciano@uol.com.br

Professora do IP-UERJ. Bolsista de Produtividade em Pesquisa 2 do CNPq. Cientista do Nosso Estado (CNE-FAPERJ). Procientista da UERJ. Investigadora visitante na Universidade de Coimbra. Coordenadora do DERA (bit.ly/derayoutube; bit.ly/derayoutube; @derauerj). Pós-doutorado em Psicologia (FAPERJ, 2010) e em Psicologia Social (CNPq, 2012). Especialista em Saúde Mental (1994) e em Terapia de Família (1996) pelo IPUB-UFRJ. De 2004 a 2006, foi pesquisadora associada FAPERJ no IPUB/UFRJ.

Conceitos: em torno do estresse, emoções geradas pela perda

O divórcio foi oficialmente instituído no Brasil em 1977. A possibilidade de se separar aos olhos da justiça abriu espaço para a ciência também se debruçar sobre o assunto. O tema tem sido estudado exaustivamente pela academia sob diversos vieses, como o psicológico, o jurídico, o social etc.

O aumento do número de divórcios nos últimos anos é um assunto que merece destaque. Reflexo de mudanças profundas, sociais e culturais, a possibilidade da separação está cada vez mais presente. Segundo o IBGE, houve um crescimento de 75% no número de divórcios nos últimos cinco anos. O Colégio Notarial do Brasil divulgou que, no segundo semestre de 2020, os cartórios registraram o maior número de divórcios no país: 43,8 mil. (BORGMANN & DAMO, 2022). Diante desses números, é essencial compreender como esse fenômeno impacta emocionalmente os integrantes das famílias que o vivenciam, e entender sobretudo como o estresse parental pode influenciar as experiências emocionais vividas, tendo consequências, especialmente, para o desenvolvimento saudável dos filhos.

O divórcio é um processo que exige adaptação no sistema familiar. Ele produz mudanças potencialmente estressantes e desencadeia uma complexa dinâmica de reestruturação e reorganização de papéis familiares. Apesar da possibilidade de desestruturação que o divórcio pode causar, a resposta a esse desafio vai depender dos fatores de proteção e vulnerabilidade que os atores do divórcio apresentam. Os fatores de proteção promovem resiliência, e os de vulnerabilidade podem dificultar a adaptação e aumentar a probabilidade de lutos complicados e reações adversas. Há grande diversidade na forma como as famílias podem vivenciar esse processo, e o desfecho depende exatamente da maneira como se lida com ele (WALSH, 2016; 2021).

Quando falamos sobre estresse parental frente ao divórcio, é importante ter em mente que a separação é uma das experiências mais difíceis que os adultos podem enfrentar. Alguns estudos indicam que depois da perda por morte, o divórcio é o maior fator desestruturante na vida adulta. Diante do potencial sofrimento que se vive, é considerado natural que os integrantes da família apresentem reações problemáticas relacionadas ao rompimento conjugal. Apesar de que nem todas as mudanças que surgem no pós-divórcio sejam consideradas negativas, a literatura é exaustiva em demonstrar um risco aumentado de psicopatologia e problemas físicos, como transtornos de humor, transtornos de ansiedade, uso abusivo de substâncias, maior incidência de acidentes, menor nível de felicidade global, etc. (WALSH, 2016; 2021).

A decisão do rompimento conjugal normalmente origina um turbilhão de emoções: medo, raiva, angústia, insegurança e, por vezes, alívio, alegria etc. Sentimentos considerados desagradáveis podem surgir no ex-casal, como decepção e sensação de incapacidade e fracasso, além de poder ativar crenças de desamparo e o medo da solidão. Para lidar com esse fenômeno, faz-se necessário que os indivíduos saibam lidar com essas condições, tenham capacidade de regular as emoções para identificar e reestruturar pensamentos de forma eficaz. Do contrário, o divórcio passa a ser uma arena de discórdia, vingança, ódio e muitas adversidades, sobretudo para os filhos, que estão posicionados de forma singular no litígio, considerando sua dependência dos pais e, por consequência, maior vulnerabilidade.

O divórcio é uma morte em vida. Trata-se de uma forma de luto. Segundo Bowlby (2004), o processamento do luto ocorre em quatro fases, não lineares necessariamente, pois não são bem delineadas, podendo haver oscilação entre elas. No entanto, parece importante compreendê-las genericamente de forma sequencial para facilitar a identificação do momento pelo qual o indivíduo está passando. As quatro fases são (1) entorpecimento, (2) anseio e busca pela figura perdida, (3) desorganização e desespero e, por fim (4), reorganização. Para que a vida possa seguir sem tantos prejuízos, é necessário elaborar o luto e, por consequência, todos os aspectos emocionais e psicológicos que envolvem o divórcio (BRODBECK & ZNOJ, 2022).

Para Bowlby (2004), a fase do entorpecimento é quando ocorre o primeiro impacto com a situação e reações de negação, incredulidade ou explosão de sentimentos. No momento seguinte, na fase do anseio, há uma maior consciência da perda. É quando a ausência começa a ser processada. Tristeza, desânimo, aflição e até mesmo raiva são comuns nesse momento. Gradativamente, as pessoas enlutadas investem cada vez menos energia na busca pela recuperação do que foi perdido e o processo de aceitação vai acontecendo. Bowlby explicou em sua obra *Perda: tristeza e depressão* que muitos dos lutos patológicos estão relacionados à persistência ativa na busca pelo que foi perdido, e essa busca pode acontecer de diversas formas, inclusive disfarçadamente e com distorções (BOWLBY, 2004).

Para que o luto seja processado de forma saudável, é necessário que os indivíduos suportem as oscilações de humor que a perda ocasiona. Há uma série de hábitos e padrões de pensamentos e de comportamentos que precisam ser superados para dar espaço à modelação de novos caminhos. Essa é a fase da desorganização e da reorganização. Com o passar do tempo, as pessoas começam a observar o novo cenário e encontrar novas formas de lidar com ele. Os envolvidos devem adquirir novas habilidades, criar hábitos, traçar novos caminhos etc. Assim, a vida volta a se reorganizar (BOWLBY, 2004).

Nos casos dos divórcios mal elaborados, parece haver um luto mais complicado, no qual o ex-casal se fixa ao passado, aos ressentimentos e às frustrações da relação findada, não conseguindo abrir espaço para o novo. Rumina-se o que passou. A raiva e a culpabilização se tornam presentes, e o desejo de vingança pode assumir o controle. Essa situação proporciona dificuldades práticas na dinâmica daquela família que urge em se reorganizar. Entretanto, quando não há o processamento do luto, a reorganização dos papéis não tem vez e a relação parental continua sendo permeada pela conjugalidade dissolvida, afetando o relacionamento entre pais e filhos (BRODBECK & ZNOJ, 2022; PONCIANO & FÉRES-CARNEIRO, 2017).

Embora cerca de um quarto das famílias que vivenciam o divórcio apresentem problemas de adaptação, a maioria consegue se reorganizar e seguir sem grandes prejuízos. A resiliência necessária após o divórcio depende essencialmente da habilidade dos pais no manejo das situações, na capacidade de manter vínculos e estruturar relações fundamentadas no respeito e na cooperação. Essa capacidade é um importante fator de proteção para as famílias que experienciam as adversidades de um rompimento conjugal (WALSH, 2016; 2021).

Uma revisão sistemática de literatura sobre o assunto, publicada em 2022, identificou que está havendo um processo de desmistificação da ideia de que o divórcio é um evento necessariamente traumático e prejudicial aos filhos. Foi identificado que há uma enorme variedade de respostas à separação conjugal, a depender da interação entre aspectos individuais dos filhos e aspectos intra e extrafamiliares (BOER *et al,* 2022).

O estudo evidenciou que fatores de risco e de proteção influenciam de maneira significativa no desfecho da separação. Com relação aos fatores de risco, foram identificados: conflitos interparentais, afastamento de um dos pais, representações parentais negativas, presença de psicopatologia nos pais, presenciar discussões e brigas entre os pais e baixa renda familiar. Alguns estudos mencionaram que os efeitos negativos relacionados ao divórcio ocorrem antes mesmo da efetivação do rompimento, associados aos estressores que os antecedem, como os altos índices de conflitos entre o casal (BOER *et al,* 2022).

Por outro lado, os fatores de proteção são a relação pacífica e harmônica entre os genitores, o exercício da guarda compartilhada, a coparentalidade, os cuidados parentais adequados, a comunicação do divórcio para os filhos, a cooperação entre ex-cônjuges e o contato frequente da criança com ambos os pais. Esses fatores são essenciais para a estabilidade emocional das crianças, a manutenção da sua saúde mental e a diminuição do sentimento de medo e insegurança que, porventura, o divórcio poderia causar. Essa parece ser a "receita" para o menor prejuízo às crianças (BOER et al, 2022).

Considerando esses dados da literatura, o trabalho do psicólogo clínico e/ou dos profissionais que cuidam e orientam famílias no momento da separação deve contribuir para a elaboração do luto do divórcio, cuidar da saúde mental dos pais e desenvolver capacidade de regulação emocional e construção de habilidades para estruturar uma relação respeitosa e harmoniosa entre o casal parental, a fim de contribuir para a reorganização de papéis, necessária a um futuro de paz.

Orientações aos pais e profissionais

Os casos que envolvem a temática do divórcio estão cada vez mais presentes nos consultórios de psicologia. Filhos e pais têm chegado em busca de ajuda para lidar com o turbilhão de sentimentos que uma separação ocasiona, ou movidos pela necessidade de auxílio com questões práticas que, diante da crise, exige nova configuração familiar.

O acolhimento das emoções e dos sentimentos é o primeiro aspecto que merece atenção. A psicoterapia é um espaço de segurança no qual os indivíduos podem falar sobre suas dores, perdas e frustrações sem julgamento. Esse lugar de segurança e de suporte é essencial para o processamento sadio do luto, além de minimizar o sofrimento do momento. Por vezes, a psicoterapia é o único local de acesso a uma escuta ativa e acolhedora para o indivíduo.

Além da ajuda profissional, a rede de apoio social exerce um papel muito importante no processo de suportar as oscilações emocionais provocadas pela crise familiar. Contar com a ajuda de amigos e familiares de confiança, tanto para manutenção das questões práticas da rotina quanto para conversar e ser acolhido emocionalmente, é um fator de proteção importante. Os profissionais que estão acompanhando os indivíduos devem estimular a manutenção dos vínculos afetivos de confiança para o fortalecimento dessa rede de apoio social.

Considerando esses fatores que protegem os filhos dos prejuízos do divórcio, algumas possibilidades de intervenção são a regulação emocional, o treino para uma comunicação assertiva e respeitosa e a psicoeducação sobre as fases do divórcio e temáticas relacionadas. Tudo isso contribui para um desfecho saudável e cuidadoso com o processo.

No que se refere à regulação emocional, é relevante que os pais consigam identificar o que sentem, além de nomear e expressar de maneira clara suas emoções. Quando isso é feito, os pais se tornam exemplos de regulação emocional e, em um ambiente facilitador, a conversa com os filhos (ainda que, por vezes, conflituosa) é uma oportunidade de intimidade e de crescimento conjunto (PONCIANO, 2016). Técnicas de regulação emocional podem ser ensinadas e desenvolvidas ao longo do tempo, tornando as pessoas mais respeitosas e hábeis para lidar com as suas próprias emoções e com as dos outros (GOTTMAN, 2000). Já com relação à psicoeducação, é sempre importante trabalhar com os pais a diferença entre conjugalidade e parentalidade, assim como a compreensão sobre regulamentação de convivência e os tipos de guarda que podem ser exercidos (DE CAMPOS BORGES, UZIEL & PONCIANO, 2020).

Proteger os filhos dos possíveis embates e discussões que comumente acontecem, sobretudo no início do processo do divórcio, é um ato de amor. É importante evitar que as crianças ocupem um lugar central no litígio. A separação é conjugal, não parental. Para o aprofundamento nesse tema, sugiro a leitura do capítulo "Alienação Parental: da compreensão à intervenção clínica", na primeira versão do livro *Orientação familiar*.

Por fim, atos de autocuidado também são intervenções que devem ser estimuladas e promovidas para quem está vivenciando uma crise familiar. Cuidados com a saúde, como dormir bem, se alimentar de forma adequada, praticar exercícios físicos, ter momentos de lazer e contatos sociais afetivos são pilares para o cuidado emocional e para a construção de novos caminhos.

É frustrante compreender que às vezes o sonho de manter aquele relacionamento ou aquela configuração familiar tem um fim. É doloroso. Porém, a crise é a iminência da mudança. É possível, com cuidado, afeto e consciência, passar pelas mudanças, fortalecendo nossa capacidade de resiliência e de (auto)compaixão.

Superdica: sempre é possível construir novos caminhos.

Referências

BÖER, F. M.; RIBEIRO, R. K. S. M.; ALVES, R. J. R. A adaptação de crianças diante do divórcio dos pais: um estudo de revisão sistemática. *Journal of Management & Primary Health Care* ISSN 2179-6750, v. 14, p. e006-e006, 2022.

BORGES, C; UZIEL, A. P; PONCIANO, E. L. T. Guarda compartilhada no Brasil e no Uruguai: tensões na instituição da igualdade parental. *Estudos Interdisciplinares em Psicologia*, 2020.

BORGMANN, G. R.; DAMO, D. D. Por quanto tempo vai doer? Pesquisa acerca do tempo de elaboração do divórcio emocional de acordo com a posição ocupada pelos cônjuges. *Psicologia: Abordagens Teóricas e Empíricas*, v. 2, pp. 80–96, 2022.

BOWLBY, J. *Perda, tristeza e depressão* (vol. 3 da trilogia *Apego e perda*). São Paulo: Martins Fontes, 2004 .

BRODBECK, J.; ZNOJ, H. J. 25 Affective Reactions to Divorce or Spousal Death. *The Oxford Handbook of Evolutionary Psychology and Romantic Relationships,* 2022.

GOTTMAN, J.; DECLAIRE, J. *Inteligência emocional e a arte de educar nossos filhos*. Rio de Janeiro: Objetiva, 1997.

PONCIANO, E. L. T. (org.). *Quem quer crescer? Relacionamento pais e filhos (as) da adolescência para a vida adulta*. Curitiba: Editora CRV, 2020.

PONCIANO, E. L. T.; FÉRES-CARNEIRO, T. Conjugalidade, parentalidade e separação: repercussões no relacionamento pais e filhos (as). *Psicologia em estudo*, 2017.

WALSH, F. Family resilience: a dynamic systemic framework. In: *Multisystemic Resilience*. Oxford University Press, 2021.

WALSH, F. *Processos normativos da família.* Porto Alegre: Artmed, 2016.

36

FALAR SOBRE E REFLETIR A EDUCAÇÃO SEXUAL

UMA NECESSIDADE

"Como faz o sexo? Como o pipi fica duro? O que é safado? Por que sou baixinha? Posso me casar? O que é uma vagabunda? Quando crescem os pelos? Quem é normal?" Estas e muitas outras questões indicam ignorância e, ao mesmo tempo, a sede de saber por parte de jovens com necessidades especiais em grupos de educação sexual. Onde há questionamento e curiosidade, criamos espaços de escuta e inclusão.

RENÉ SCHUBERT

René Schubert

CRP 06/65624

Contatos
reneschubert.blogspot.com
rene.schubert@gmail.com

Psicólogo e psicanalista. Terapeuta em EMDR, *Brainspotting*, Técnicas Transpessoais, Terapias Breves e *Coaching*. Treinamentos em Constelação Familiar no Brasil, Áustria e Alemanha. Desde 2001, atua no atendimento de crianças e adultos com psicodiagnóstico, usando ludoterapia, orientação vocacional, acompanhamento terapêutico, supervisão e grupos de estudo. Livros publicados: *Toques na alma* (2017 e 2020); *Constelação familiar: impressa no corpo, na alma, no destino* (2019); *Direito 4.0* (2020); *Práticas sistêmicas na solução de conflito* (2020); *Fracasso é apenas o que vem antes do sucesso* (2021); *Constelação organizacional e inovação sistêmica* (2022); *Filhos da sociedade* (2022); *Desenvolvendo pais, fortalecendo filhos* (2022).

A importância da educação sexual e/ou de espaços onde isso possa ser conversado de forma respeitosa e adequada já é sabida por muitos, principalmente em um contexto de globalização, doenças, prevenção de abusos e exploração sexual infantil, orientação e expressão sexual, entre outros. Desde as descobertas de Sigmund Freud, a sexualidade infantil deixou de ser algo obscuro ou motivador de receios – ao contrário, o médico pontuou como seria saudável abordar isso com as crianças sempre que as questões surgissem. Muitos profissionais da saúde e pensadores atualmente confirmam tal hipótese e argumentam sobre a importância da educação sexual para o desenvolvimento cultural, preventivo e saudável da população de forma geral. Porém, percebe-se que apesar de se saber da importância dos espaços de informação e orientação, o sistema brasileiro educacional, social e de saúde ainda apresentam dificuldades em lançar programas que abordem, discutam e orientem a temática.

No decorrer destes anos, atuando como psicólogo em diversas instituições socioeducacionais e ministrando cursos, percebi como o tema sexualidade e educação sexual permanece ainda inacessível àqueles que seriam os maiores beneficiados. Em palestras nas escolas, notou-se que a educação sexual dos jovens só é possibilitada quando um profissional externo vai palestrar sobre o assunto – não há muitos espaços na escola para que a temática seja debatida e/ou orientada quando necessário. Dúvidas e confusões sobre o que é e o que representa a sexualidade e o sexo, a diferenciação, a orientação, a expressão e a diversidade ainda são muito frequentes entre pais, responsáveis, educadores e jovens.

Nessas experiências averiguou-se que o tema é angustiante para pais, educadores, instituições e para a cultura como um todo. Os poucos programas existentes de educação sexual são desenvolvidos pela iniciativa privada ou por trabalhos voluntários. Há programas desenvolvidos pelo Estado, porém com pouco alcance e incentivo (SCHUBERT, 2006).

Sabe-se que a sexualidade engloba uma série de excitações e atividades presentes desde a infância, proporcionando grande prazer na satisfação de uma necessidade fisiológica fundamental (exemplo: respiração, amamentação, excreção, o toque, entre outros). Inclui-se na sexualidade, fora o próprio ato sexual, toda uma série de excitações corporais, a sensualidade, a curiosidade pelo corpo (próprio e o alheio), a sedução, modos de se enfeitar e se vestir e assim por diante.

Sexualidade: essa palavra contém em si um erro comumente cometido por nós. Sexualidade não quer dizer apenas ato sexual. Dessa maneira, quando se fala em sexualidade infantil, não se quer dizer ato sexual ou movimentos de sexualidade erótica e/ou pornográfica da criança. A sexualidade infantil é a busca pela satisfação, por sensações prazerosas independentes de ato sexual. Essa busca está inicialmente ligada às sensações corporais e, posteriormente, às dúvidas e questionamentos quanto ao corpo, suas funções, seu surgimento e origem.

Como apontado por MOREIRA (2011), "a sexualidade é essencial para a vida do indivíduo e pode ser expressa de várias maneiras (...) o olhar, o toque, o beijo e o abraço são manifestações de sexualidade e afetividade".

Faz parte da opinião popular, quando se fala sobre sexualidade, achar que ela é ausente na infância e só despertará na puberdade. Esse não é apenas um erro comum, mas sim um equívoco de graves consequências. Na maioria das vezes, a distância entre a moral do universo adulto e a ausência de pudor da criança resulta em ensinamentos cheios de enganos, reprimendas e castigos. Tratar o assunto com a naturalidade que merece é condição fundamental para possibilitar um diálogo aberto e saudável entre adulto e criança.

SUPLICY (2002) explica como a repressão ou omissão frente às manifestações da sexualidade infantil podem interferir no desenvolvimento emocional e intelectual; fato teorizado por FREUD (1905) quando destacava que a investigação sexual infantil estava intimamente implicada no desenvolvimento intelectual-emocional, por envolver um dos grandes mistérios e questionamentos infantis: "De onde eu vim?". A energia inicialmente investida para entender e descobrir tal enigma posteriormente será voltada para outros assuntos, como os estudos, interesses e trocas sociais.

É uma experiência muito recente a publicação de trabalhos sobre educação sexual voltados para crianças com necessidades especiais. Em parte, o preconceito e a exclusão são os principais responsáveis. PAULA, REGEN & LOPES (2005) pontuam que, até há pouco tempo, não se admitia que essas pessoas tivessem direito à expressão de sua sexualidade, como se a deficiência anulasse o desejo. Desta forma, o trabalho de educação sexual não só é importante por ser informativo e preventivo, mas por dar um lugar de ser sexuado, vivo dentro da sociedade. É uma das muitas formas inclusivas necessárias para retirar essas crianças da obscura ignorância na qual estão mergulhadas, como se fossem culpadas por sua condição e incapazes de compreender aquilo que as cercam e até aquilo que as marcam e tocam: seus próprios corpos.

Neste sentido:

> No contexto social, o sexo e a sexualidade são considerados atributos restritos a indivíduos adultos e saudáveis (..) Em quadros infantis com síndromes genéticas, o processo educativo permite esclarecer aspectos da anatomia e fisiologia, necessários à compreensão do funcionamento do próprio corpo e do distúrbio apresentado, reforçando através do conhecimento a autoestima e a autonomia (..) Muitos problemas advindos do desenvolvimento fisiológico e do comportamento da pessoa com deficiência intelectual podem ser evitados pela educação sexual (MOREIRA, 2011).

PAULA, REGEN & LOPES (2005) verificaram que pessoas com deficiência não conseguem viver ou expressar sua sexualidade, e não por conta da deficiência em si, mas sim pela falta de condições de levar uma vida digna, com igualdade e respeito. Apontam como a libido naufraga no meio de tantas carências, preconceitos, impedimentos e restrições. Possivelmente, quando o fato não é informado e orientado adequadamente, as crianças, com as broncas dos pais e reprimendas na escola e comunidade, acabam por achar que é errado essa "coisa" chamada sexualidade. Veem-se como erradas, feias, inadequadas.

Como apontado em meus trabalhos publicados em Portugal e no Reino Unido (SCHUBERT, 2007 e 2022), a pessoa com deficiência não só pode como deve ser beneficiada por programas de educação sexual, pois a falta de esclarecimentos favorece a ocorrência de condutas inadequadas, como o exibicionismo, problemas de higiene, dificuldade nas relações interpessoais, assédio, exposição e exploração sexual e tantos outros.

A educação sexual da pessoa com deficiência não tem que ser "especial" ou necessariamente "diferente", o que muda na maioria das vezes são os recursos utilizados, como exposto nos estudos de MAIA (2007). A mesma autora relata o quanto é comum olhar a criança com necessidades especiais como um ser assexuado e angelical, ou extremamente inadequado quanto aos seus comportamento relativos à sexualidade. Maia também fala da importância dessas crianças serem vistas como seres sexuados, com direito de conhecer o próprio corpo e usufruir da sexualidade tanto quanto qualquer outra pessoa, mas necessitam, assim como outras pessoas, de orientação e informação que as levem ao autoconhecimento, à descoberta e à autonomia, e não à ignorância. Ressalta ainda que há escassez de propostas educativas que ajudem a pessoa com deficiência (PCD), a pessoa com necessidades especiais a perceber e discriminar as condutas socialmente adequadas em relação a seus desejos e afetos.

Minha experiência com grupos de educação sexual

Desde 2006, ministro palestras e coordeno grupos sobre sexualidade. Trabalhei com jovens em lares adotivos, em clínicas psiquiátricas e em centros de reabilitação psicossocial. No caso da população com necessidades especiais, trabalhei com jovens com hipótese diagnóstica de autismo, deficiência mental e síndromes genéticas (como a Síndrome de Down, Síndrome de Williams, Síndrome do X-Frágil, entre outras).

Esse trabalho é plenamente possível, desde que haja abertura por parte da instituição e seja feito primeiramente um trabalho de conscientização com os profissionais internos da instituição, educadores e comunidade. Exatamente por se tratar de um tema tabu e uma população tão invisibilizada, traz consigo muitos preconceitos e movimentos reativos. Por conta disso, o profissional precisa preparar o terreno antes de começar o trabalho. Palestras específicas e reuniões com pais, educadores e diretores são fundamentais para apresentar o projeto de educação sexual, sua importância como trabalho informativo, preventivo e inclusivo.

Orientações aos pais

Falar de sexualidade é embaraçoso para os pais. Costumam dizer que a temática é "complicada". Os jovens, hoje, de qualquer jeito terão acesso a conteúdo erótico e mesmo pornográfico por meio de seus celulares, *tablets* e computadores, por vezes em idades muito precoces, fato que apresentei recentemente em congresso e foi publicado em livro (SCHUBERT, 2022). Por conta disso, temos que estar atentos ao que nossas crianças assistem e ao que estão expostas nas mídias, além de mostrar-se disponível quando surgirem dúvidas. Mas para que a comunicação possa ocorrer, deve-se proporcionar um ambiente de abertura para o jovem e suas dúvidas, sem fazer julgamentos de valor, recriminá-lo ou fazer piadas.

Importante não disparar as informações de uma vez, mas sim esclarecer e pontuar a partir das dúvidas ou fenômenos apresentados. Responder ao que foi perguntado sem muitos rodeios ou elucubrações, usar palavras e expressões que sejam próximas ao jovem e mostrar-se aberto para as fantasias que possam aparecer. Escutar atentamente e depois diferenciar o que é real do que é fantasioso. O jovem coloca suas dúvidas aos poucos e, se lhe respondermos pontualmente e com cuidado, teremos sua confiança e interesse. Se enganarmos ou tentarmos explicar de forma complicada, o jovem talvez procure outros meios para satisfazer suas dúvidas, como o Google, colocando-se em risco, onde a linguagem e a apresentação serão inadequados para sua maturidade.

Se tiver dificuldade para abordar essa temática com seus filhos, é importante procurar alguém que possa orientar esse tema de forma flexível e natural – talvez um parente ou amigo próximo, um educador ou um profissional da saúde. Mostrar ao jovem que há locais onde pode se informar, como programas de TV, sites e livros, em linguagem acessível, adequada e voltada à educação sexual. Talvez o adulto não saiba como responder, mas pode apontar a direção na qual, com segurança e discernimento, o jovem obterá respostas.

Materiais e métodos para o grupo de educação sexual

Inicialmente, é importante haver um adulto disponível e aberto com conhecimentos e/ou formação em educação sexual, que conheça bem o público atendido, suas dificuldades e possibilidades. Ele deve ser capaz de avaliar quais formas de comunicação são mais adequadas para se aproximar desse público e, é claro, ter autorização dos pais e da instituição para fazer um trabalho de informação, prevenção e reflexão a partir da educação sexual.

Feito isso, devemos estabelecer um espaço seguro, no qual o tema possa ser exposto e conversado com liberdade. Importante ter um cronograma e periodicidade preestabelecidos para essa finalidade, partindo das dúvidas apresentadas pelos jovens ou dos fenômenos mais corriqueiros.

O material precisa ser adaptado para o jovem, por idade e condições de compreensão. Geralmente materiais gráficos são os mais adequados e acessíveis. Ter uma música ambiente é sempre um estímulo a mais. Pode-se trabalhar também a partir de letras de músicas trazidas pelos jovens, como rap, funk, samba, sertanejo, MPB, etc.

Vídeos, livros e revistas didáticas devem ser disponibilizados sempre que o grupo se reúne. Os jovens têm acesso a TV, wi-fi e a materiais informativos por vídeo e áudio disponíveis em diversos dispositivos. Por vezes, jovens trazem animações ou séries, nas quais colocam suas dúvidas, e esse material é precioso, devendo também ser disponibilizado e debatido com os presentes.

Materiais gráficos serão criados pelos jovens à medida que percorremos as temáticas ou as repetimos pela quantidade de vezes necessária para que possam compreender, discernir, falar e debater sobre o assunto. É interessante estimular a apresentação e explanação dos conteúdos pelos próprios jovens, seja por dramatização, música, redação, *podcast*, vídeo de YouTube ou outras formas que forem possíveis, acessíveis e divertidas, pois o grupo de educação sexual é uma construção feita junto com os jovens, com cuidado e foco na descoberta do corpo, das diferenças, da comunicação, das relações e das possibilidades disponíveis a todo e qualquer ser humano. Ninguém é igual a ninguém, e é uma aventura maravilhosa descobrir-se, cuidar-se, incluir-se e respeitar-se.

Superdica: espaço de expressão é espaço de inclusão

Referências

FREUD, S. *Três ensaios sobre a sexualidade* (1905). Obras completas de Sigmund Freud. Rio de Janeiro: Imago, 1996.

FERENCZI, S. Confusão de língua entre os adultos e a criança. In: *Psicanálise* IV. Obras completas. São Paulo: Martins Fontes, 1992.

MAIA, B. C. Desejos especiais. *Revista Viver Mente e Cérebro.* São Paulo: Duetto editorial, Scientific American, 2007.

MOREIRA, L. M. A. *Algumas abordagens da educação sexual na deficiência intelectual.* Salvador: Editora da Universidade Federal da Bahia, 2011.

PAULA, A. R.; REGEN, M.; LOPES, P. *Sexualidade e deficiência: rompendo o silêncio.* São Paulo: Expressão e Arte, 2005.

SUPLICY, M. Papai, Mamãe e Eu: o desenvolvimento sexual da criança de zero a dez anos. Seleções Reader´s Digest, FTD, RJ, Brasil, 2002.

SCHUBERT, R. A educação sexual brasileira, o que se tem feito? Apresentado no II Congresso Brasileiro de Psicologia: Ciência e Profissão, São Paulo, Setembro de 2006.

SCHUBERT, R. Orientação sexual com um grupo de crianças especiais internamente à uma instituição reabilitativa. In: *Contributos para o estudo de Deficiência Mental.* APIE – Associação Portuguesa de Investigação Educacional. Universidade de Algarve. Portugal, 2007.

SCHUBERT, R. Cuidado com o assédio de menores. *Revista 7 Dias com você.* 659 ed. São Paulo, Janeiro 2016.

SCHUBERT, R. Do Real e do Virtual. Jornal Zen - Ano 15, N°173, São Paulo, Julho 2019.

SCHUBERT, R. Sexualidade infantil: reflexões. Disponível em: <https://www.youtube.com/watch?v=Gb8xcr7eld8>. Acesso em: 23 fev. de 2023.

SCHUBERT, R. Sexualidade especial, existe? Disponível em: <https://www.youtube.com/watch?v=hTGOGbR6fmk>. Acesso em: 23 fev. de 2023.

SCHUBERT, R. Conectados com a rede, desconectados do corpo: sexualidade em tempos de virtualidade. In: *Filhos da Sociedade.* São Paulo: Editora Conquista, 2022.

SCHUBERT, R. Prevenindo e informando: abordando a temática do sexo e da sexualidade com nossas crianças e jovens. In: *Desenvolvendo pais, fortalecendo filhos.* São Paulo: Literare International Books, 2022.

SCHUBERT, R. Group Experience of Sex Education with Special Children: A Systemic View. Medical and Research Publications – *Journal of MAR neurology and psychology,* Volume 5; Issue 1, United Kingdom, 2022.

XAVIER FILHA, C. *Educação sexual na escola: o dito e o não dito na relação cotidiana.* Campo Grande: Ed.UFMS, 2000.

37

(DES)ORGANIZAÇÃO FAMILIAR E INTERFERÊNCIA NO DIAGNÓSTICO

Neste capítulo, será abordada a importância do conhecimento prioritário das dinâmicas familiares, contribuindo para um diagnóstico assertivo.

ROBERTA ALONSO

Roberta Alonso

Contatos
www.ecoandopsicologia.com.br
ecoandopsicologia@gmail.com
11 99157 8715

Psicóloga graduada pela USJT, com pós-graduação em Terapia Cognitiva-comportamental e Neuropsicologia. Autora do livro infantil *Pó de Sim* e coautora do *Manual da infância – Os desafios dos pais*. Apaixonada por desenvolvimento humano, atuou na área corporativa com foco em carreiras, voltada para primeiro emprego, estágios e *trainees* de grandes corporações nacionais e multinacionais. Nos últimos anos, passou a se dedicar à carreira clínica com supervisão e ao atendimento de crianças, adolescentes e suas famílias, o que demandou vários cursos na área, como Desenvolvimento Infantil pelo CBI Miami, Engajamento Parental pela Universidade de Harvard e certificação em Disciplina Positiva pela PDA-USA. É uma entusiasta da educação e da ciência, dedicando-se também à docência superior. Acredita que esse é o único caminho para a mobilidade social, capaz de desenvolver o potencial humano e gerar uma sociedade mais justa e empática. Escolheu trabalhar com infância para apoiar esse caminho desde cedo.

Gostaria de iniciar este capítulo com um convite para familiarização com o fato de que, quando se trabalha com a infância, nada se "é", tudo se "está". Esse é o ponto de partida que irá nos guiar, pois entrega a alta possibilidade de mudança, que é acima de tudo explicada pelo neurodesenvolvimento humano, finalizado apenas na idade adulta.

De acordo com Bee e Boyd (2011), citados por Crespi *et al* (2020), o neurodesenvolvimento tem início ainda no período gestacional, sendo que, durante os primeiros anos de vida, é estabelecida a arquitetura cerebral que servirá de base para todas as etapas posteriores da vida.

Tomando como base o intenso desenvolvimento que ocorre na infância, é importante estarmos atentos não apenas aos marcos de desenvolvimento, mas também ao entorno ao qual essa criança está inserida, ou seja, sua família, escola e rede de apoio oferecida pela sua comunidade.

Para Cole e Cole (2004), citados por Crespi *et al* (2020), esse processo deriva da interlocução entre duas instâncias: a natureza intrínseca ao sujeito e a educação. Nesse contexto específico, a natureza se refere às predisposições biológicas herdadas pelo indivíduo, enquanto a educação diz respeito às influências do ambiente social e cultural sobre ele, particularmente aquelas advinda das relações interpessoais, da família, da escola e da comunidade.

A interação entre os fatores biológicos e as condições ambientais (como as relações sociais, os vínculos afetuosos, os estímulos, a rotina de sono, a alimentação adequada e a atenção à saúde) constituem a base do desenvolvimento humano, fomentando novas aprendizagens (CRESPI *et al*, 2020).

Conforme citação em Crespi *et al* (2020), Lima (2007) afirma que o desenvolvimento humano é fruto da interação entre a cultura e a herança biológica da espécie, sendo que, durante o aprendizado,

> A criança se vale de disposições internas do desenvolvimento da espécie humana e se vale do que o meio lhe oferece como possibilidades para a aprendizagem.
> (LIMA, 2007)

O entendimento do impacto dessa influência contribui para casos desafiadores recebidos no contexto clínico psicoterápico infantil. Cada vez mais cresce a necessidade do cuidado com respostas "estáticas e imediatas" aos pais, finalizando anseios pela obtenção de um nome que dê sentido para toda a sintomatologia e dificuldades que relatam no momento de anamnese.

Entretanto, nomear um transtorno não significa que as coisas serão resolvidas. Empiricamente, em alguns casos, o diagnóstico atribui apenas à criança um determinado funcionamento, o que pode gerar falta de engajamento das figuras parentais, pois o "problema" é do outro, permanecendo nele, considerando apenas os aspectos biológicos em detrimento aos ambientais e sua correlação. É como dar permissão para se dizer que alguns objetivos educacionais não são alcançados por esse funcionamento.

Enquanto psicoterapeutas da infância, sabemos o quanto é relevante a participação da família no processo.

> É impossível a realização de uma psicoterapia infantil sem o trabalho com os adultos responsáveis, uma vez que os problemas de comportamento tendem a ocorrer muito mais fora do ambiente da sessão do que na própria terapia.
> (FRIEDBERG; MCCLURE, 2004)

Stallard (2009) estabelece que os pais podem participar do processo exercendo três papéis diferentes. Podem atuar como co-facilitadores, processo no qual as intervenções acontecem com a criança e os pais tomam ciência; podem atuar como coclínicos, aprofundando-se e acompanhando estratégias e resultados; e, por fim, podem ser clientes, modelo no qual precisam avaliar suas crenças sobre os filhos e focar em mudanças em seus próprios comportamentos.

Atualmente, vemos crescer pesquisas sobre parentalidade e programas de apoio a pais para ajudá-los a lidar com o desafio de criar seus filhos, porém essas abordagens buscam aprimorar o papel parental, não atuando, portanto, nos outros papéis sociais exercidos por esse adulto, o que seria alcançado de maneira global em uma abordagem terapêutica individual. Não se descarta a abordagem multidisciplinar, uma vez que temos estudos que indicam melhora dos sintomas infantis a partir de adesão medicamentosa de seus pais em seus próprios tratamentos de saúde mental.

Dessa forma, reforça-se a importância, para entendimento das dinâmicas familiares, associá-las a influências sobre as queixas relatadas, assim como entender o lugar que a "queixa" ocupa na família.

É no seio familiar que a criança inicia sua história de socialização, recebendo regras e conhecendo aspectos de sua cultura.

Segundo Dessen (2007), citado por Rocha (2020), a família exerce influência no comportamento de seus membros, pois a transmissão de crenças e valores influenciará também a forma como essa criança se enxerga e constrói suas relações. Partindo dessa premissa, a família deve favorecer o desenvolvimento saudável de seus membros em todos os aspectos.

Segundo Matsukara e Fernandes (2012), citado por Rocha (2020), já temos estudos indicando que a saúde familiar reduz a probabilidade de transtornos comportamentais, independentemente da cultura em que estejam inseridas.

> No âmbito da saúde mental, a família é protagonista na promoção de fatores de proteção e de redução de fatores de risco, às condições psicológicas de seus membros, crianças ou adultos (ROCHA, 2020)

Rocha (2020) afirma que o ambiente doméstico, quando permeado de regras claras de convivência e divisão de responsabilidades, além de ter expressão de afeto, apresenta um funcionamento que protege as pessoas que pertencem a esse núcleo. Rocha (2020) também cita Murta *et al* (2018), afirmando que é positiva a existência de regras no convívio familiar. Entender os limites acordados, o porquê das regras e as consequências de cada norma, traz aos membros da família uma percepção de organização do ambiente externo que repercute na organização interna das emoções, planos e objetivos.

Em síntese, é preciso pensar a saúde mental familiar nos contextos diagnósticos, sendo essa correlação um excelente campo de estudos para expansão.

Neste capítulo, serão compartilhados casos clínicos que elucidam a importância desse aprofundamento no funcionamento familiar e sua interferência no possível diagnóstico da criança. São casos que a dinâmica familiar esconde, potencializa ou mesmo não atua para aliviar dos sintomas.

Histórias reais: o que o meu filho (não) tem?

Certa vez, recebi uma mãe aflita por um diagnóstico de Transtorno do Déficit de Atenção e Hiperatividade (TDAH) para o filho mais novo. Tinha pressa para que a escola pudesse adaptar o currículo e ele fizesse as próximas provas de forma adaptada. Todos os comportamentos descritos realmente configuravam essa hipótese, mas as sessões com a criança não refletiram as queixas apresentadas. Conheci um menino afetivo, com comportamentos típicos para a idade e engajamento para aprendizagem, demonstrando curiosidade e exploração. Apresentava falhas típicas de educação doméstica (treino de toalete, manuseio inadequado de alimentos, sentar inadequadamente à mesa, pisar com calçados no sofá) e respondeu bem às intervenções.

Em reunião escolar, esse tipo de intervenção acontecia também. A escola contribuiu dizendo que as crianças dessa família tinham o histórico de dificuldades em cumprir prazos e horários, e que a comunicação com a família era ineficaz. A figura paterna acreditava que estavam em um ambiente tóxico, pois via em todos os filhos as mesmas queixas comportamentais. A escola também relatou que a família não tinha rotinas, tempo de qualidade com as crianças e era extremamente desorganizada, além de perceber que se tratava de uma relação conjugal desgastada e com canal de comunicação obstruído. Embora apresentasse um olhar que estabelecia causa e consequência de forma mais clara, não conseguia se perceber como parte relevante para a mudança.

A devolutiva para a família foi dada com foco na redução dos comportamentos disfuncionais. Quando implementadas as intervenções devidas e aumento do foco atencional da criança era também quando havia interação, explicando-se o que se esperava dela. De forma prioritária, sugeriu-se algumas mudanças para avaliar se os comportamentos descritos em anamnese reduziriam sua frequência, o que seria de suma importância para pensar um diagnóstico.

A família não conseguiu seguir com a Orientação Parental, pois os conteúdos da relação conjugal se misturavam, evidenciando que possivelmente a expressão dos papéis parentais nessa família apresentava deficiências. Essa família foi encaminhada para terapia de casal e também individual para cada membro.

Nesse caso, os sintomas apresentados pela criança sofrem interferência do ambiente externo e tornam-se familiares, sem a possibilidade de distinção entre quem apresenta o sintoma de forma preliminar.

Em outro momento, recebi uma criança em idade escolar com diagnóstico de TDAH do tipo desatento. A demanda era atuar com reabilitação da atenção e funções executivas. A anamnese ficou marcada pela intensa crítica a todos os profissionais que estavam ou já haviam passado pelo caso.

As sessões com a criança não refletiam dificuldades atencionais e demandavam cuidado extremo em nível comportamental. Havia hábitos de mentir, comportamentos de risco, sexualização precoce e um certo prazer em causar ou mesmo presenciar sofrimento nas outras pessoas. A escola implementou todas as possibilidades de adaptação pedagógica possíveis, sem reflexo na melhora das notas. Não houve adesão ao tratamento psiquiátrico, pois o pai dizia que a medicação era inadequada. Qualquer dificuldade relatada em relação a essa criança era combatida com comportamentos de abandono do tratamento ou represálias, como reclamações administrativas e desqualificação da queixa e dos profissionais. As devolutivas ampliaram a percepção de que tínhamos uma figura parental ausente e uma presente e manipulável, com comportamentos ansiosos, principalmente de ordem persecutória. Esse funcionamento familiar escondia a possibilidade de intervenção precoce para outros transtornos, distanciando a implementação de intervenções imediatas.

A conduta para essa família foi ampliar a visão diagnóstica para além do TDAH, solicitando acompanhamento psiquiátrico de forma prioritária e encaminhamento da figura parental que gerava maior influência para a terapia individual, mantendo como opção também uma terapia familiar.

O terceiro caso é de uma criança com prejuízos escolares, cujo diagnóstico clínico foi fechado indiscutivelmente como TDAH do tipo combinado. As intervenções acabam por não alcançar os resultados esperados, pois a figura materna apresenta graves dificuldades de regulação emocional, impactando nos cuidados básicos com a criança, tais como a frequência da terapia, além do abandono das estratégias combinadas.

Nessa família, a figura paterna atua como um protetor da criança e assume algumas responsabilidades de forma a gerar um ambiente melhor, mas a superproteção acaba por manter a criança mais imatura do que o esperado para sua faixa etária, assim como compromete sua autonomia. Em paralelo ao processo de reabilitação neuropsicológica dessa criança, a mãe foi encaminhada para psicoterapia individual. Importante ressaltar que a mãe não foi maternada e que esse fator reflete bastante em sua negligência baseada em permissividade na relação com o filho.

Orientações aos familiares e profissionais

Busque outras fontes de informação e observe se os comportamentos ocorrem em todos os ambientes.

- Dedique-se à psicoeducação.
- Esteja aberto a mudanças.
- Correlacione os comportamentos com a faixa de desenvolvimento correspondente.
- Avalie se as expectativas sobre o caso são realistas.
- Planeje intervenções para potencializar a participação dos pais e cuidadores.

- Mantenha a equipe multidisciplinar alinhada.
- Defina claramente os papéis de cada um no processo.
- Garanta devolutivas com frequência e oportunize esclarecimento de dúvidas.
- Trabalhe o autocuidado com todos os envolvidos.

Superdica: leve sempre em consideração o estágio de desenvolvimento do seu filho!

Referências

CRESPI, L.; NORO, D.; NÓBILE, M. F. Neurodesenvolvimento na Primeira Infância: aspectos significativos para o atendimento escolar na Educação Infantil. *Ensino Em Re-Vista*, Disponível em: <https://doi.org/10.14393/ER-v27nEa2020-15>. Acesso em: 23 jan. de 2023.

FRIEDBERG, R. D.; MCCLURE, J. M. *A prática clínica de Terapia Cognitiva com crianças e adolescentes*. Porto Alegre: Artmed, 2008.

OBSERVATÓRIO Nacional da Família. *In*: *Coleção família e desenvolvimento humano* vol. I (2020). O Papel da Família na Promoção da Saúde Mental.

STALLARD, P. *Ansiedade: Terapia Cognitivo-comportamental para crianças e jovens*. Porto Alegre: Artmed, 2010.

38

A PREMATURIDADE DE UMA MÃE

Quando pensamos em uma gestação, geralmente associamos aos nove meses de muito planejamento, organização e espera pelo nascimento do bebê. Neste capítulo, você refletirá sobre o inesperado parto prematuro com um olhar para a mãe desse bebê, que passa a viver a maternidade de uma forma muito peculiar.

ROMILDA DE AVILA PEREIRA ALMEIDA

Romilda de Avila Pereira Almeida

Contato
51 99635 2874

Mãe do Luís Otávio e da Maria Luiza, meus gêmeos que muito me ensinam, e casada com Marcelo Almeida, parceiro que me incentiva sempre. Psicóloga clínica atuando no atendimento de crianças, adolescentes, adultos e em orientação de famílias. Especialista em Educação Inclusiva, pós-graduanda em Terapia Cognitivo-comportamental na Infância e Adolescência. Também estou me especializando em Orientação Familiar e Educação Parental.

Sabe aquele momento de nossas vidas que uma mudança se aproxima? Pode ser de emprego, carro, casa, cidade, país ou muitas outras. São inúmeras as possibilidades e, independentemente do tipo de mudança, sabemos que um misto de sentimentos irá nos envolver! Você já havia parado para pensar nisso? Já parou para refletir sobre como costumamos agir?

Nesses momentos, o primeiro aspecto a ser trabalhado é o da aceitação. É nessa hora que refletimos sobre coisas que deixaremos para trás e criamos a expectativa pelo novo. Começamos a nos apropriar da nova realidade e a estruturar um plano para tudo que irá acontecer. Um verdadeiro passo a passo do que passaremos desde o dia da aceitação do fato até o dia da mudança, o que vai nos deixar mais tranquilos, menos ansiosos e com a sensação de controle sobre a situação.

Agora vamos acelerar um pouco esse processo: imagine-se, por exemplo, recebendo a notícia de que você precisa assumir um novo posto na empresa em que trabalha, mas para isso precisará se mudar imediatamente para outra cidade que não conhece. Como você se sentiria? Nesse caso, é natural sentir um misto de sentimentos, como incerteza, medo e ansiedade.

A gestação, período vivenciado de forma muito particular por cada futura mamãe, é uma fase de grandes transformações, sendo uma das inúmeras possibilidades de mudança pela qual a mulher pode passar. Nessa etapa, não virão somente as transformações físicas, mas também as emocionais. Szejer (1997) coloca que assumir o lugar parental acarreta em uma reconfiguração psíquica e identitária, causando uma diversidade de novas demandas e funções. Logo, arrisco-me a dizer que, tão logo se decida engravidar e se inicie o planejamento para isso, já começam a ocorrer as transformações emocionais nas mulheres. Passamos a enxergar mulheres grávidas, bebês, ofertas de fraldas, e roupinhas por todo lugar. Em seguida, passando ao estado gravídico, sofremos as consequências das necessárias transformações fisiológicas, as quais implicam em alterações hormonais e preparação do corpo para que ocorra o adequado desenvolvimento do bebê. Ocorrerão mudanças bioquímicas que podem resultar em náuseas, vômitos, tontura, insônia, hipersonia, baixa concentração, alteração do apetite, letargia ou perda de energia.

A mudança ocasionada pelo período gestacional é muito intensa na vida de uma mulher. Brasil (2016) diz que esse momento traz um misto de sentimentos contraditórios, ansiedades e dúvidas; sendo necessário à gestante um tempo para se habituar à nova etapa da vida, exigindo uma reorganização subjetiva. Nessa fase, é necessário reorganizar a rotina da mulher e encontrar um espaço em sua agenda, afinal de contas, ocorrerão uma série de consultas, exames de pré-natal, entre outros, importantes para monitorar a saúde da mãe e o desenvolvimento do bebê. Além disso, ocorrem alterações do corpo e dos sentimentos, o que pode gerar oscilações entre a aceitação e a negação, entre o prazer e o desconforto. A primeira fase ou trimestre é assim. Podemos chamar de fase adaptativa.

No segundo trimestre, as coisas se tornam mais tranquilas e a mulher tende a sentir um grande bem-estar. É quando o corpo muda mais rapidamente. E, nesse período, a mulher enxerga quase que diariamente o aumento do seu ventre e sente os primeiros movimentos do bebê. Esses acontecimentos favorecem a formação do vínculo emocional entre mãe e bebê, criando nessa mulher a grande sensação de pertencimento a tudo isso que está vivenciando.

Na terceira fase ou trimestre, o bebê ocupa um grande espaço dentro da barriga da mãe, o que seguramente fará com que outros órgãos internos sejam comprimidos, gerando algum desconforto. Dormir nessa fase vira um verdadeiro desafio e exercício de malabarismo. Por estar chegando ao final da gestação, sensações de ansiedade e medo pela proximidade ao parto podem vir à tona, mas tudo isso pode e possivelmente será superado, com ajuda de todo o planejamento anterior.

A gestação é uma grande mudança na vida de uma mulher, mas como bons seres humanos que somos, nossa natureza e hábitos nos fazem pensar que somos capazes de controlar tudo ou quase tudo que virá pela frente. De fato, existe toda uma rede de assistência disponível, como: boa literatura, assistência médica e hospitalar, acompanhamento psicológico, cursos de educação materno-afetiva, entre tantos outros recursos que podem fazer parte do planejamento e preparação para essa nova fase. Porém, mesmo assim, ter um filho nos ensina que precisamos ser bem mais flexíveis e resilientes. A menos que haja grande interferência da biotecnologia, não escolheremos o sexo ou cor dos olhos do bebê, não vamos interferir no seu desenvolvimento e momento de nascer. E, sim, até mesmo uma cesariana com data e hora marcada requer que o bebê tenha chegado ao momento certo para que isso ocorra.

Mas, ok, digamos que todo esse processo seja tranquilo quando trilhado dentro de uma linha cronológica normal, quando houve tempo hábil para o preparo e planejamento dessa vivência extraordinária. E, assim, mamãe e bebê poderão rapidamente estabelecer, em sua vida, momentos felizes e agradáveis juntos.

Sentimentos maternos perante à prematuridade

Agora, meu chamado é para o outro lado: digamos que, por alguma intercorrência da gestação, todo aquele seu planejamento precise ser abruptamente interrompido e um parto prematuro se faça necessário. Qual seria seu sentimento? Estamos falando de um ambiente fora da esfera psicológica do idealismo, que entra em atmosfera nebulosa e desconhecida.

Ser mãe de um bebê prematuro é uma experiência que poucas mulheres conseguem se preparar para enfrentar. Geralmente acontece devido a uma situação de risco extremo para o bebê, à mãe ou até mesmo aos dois, em dado momento da gestação. Logo, não há tempo para qualquer preparação mental, sendo necessário que se vá ao hospital para que o pior não aconteça. É uma vivência assustadora e, sinceramente, não sei se haveria preparação psicológica para algo que não está sob o nosso controle, que nem sabemos como será. O medo de perder o bebê é real, e digo isso com a experiência de quem viveu na pele essa sensação.

Outro ponto (não menos cruel e extenuante para o psicológico de uma mãe de prematuro) é o pós parto. Os riscos da perda do bebê continuam presentes, sendo necessário que ele fique internado em um lugar que assusta só pelo nome: UTI neonatal. Somado a isso, há também o sentimento de insegurança pela separação, pois mesmo que a mãe também esteja hospitalizada, ela não pode segurar o bebê ou ficar 100% do tempo com ele. Os medos trazidos pelo desconhecido e pelos riscos existentes tomam conta em um momento em que você vira refém do tempo, uma vez que não pode fazer nada além de esperar e rezar. A sensação é de completa impotência, o desejo é de saltar da cama ou deslocar-se de qualquer lugar para ir até seu bebê e saber como ele está. Essa impossibilidade de ficar com o bebê tira da mãe uma das atribuições impressas em seu íntimo, que é a sensação da obrigação de ser sempre "cuidadora", gerando sentimentos conturbados do que ela pode ter feito de errado para provocar a prematuridade, de que não está sendo uma boa mãe.

A prematuridade envolve diversos conflitos que precisarão ser resolvidos pela mãe. A gestação traz expectativas em relação ao bebê que a prematuridade de certa forma quebra, tira dessa mãe. Chegada a hora do parto, familiares e amigos irão querer visitar a nova família para ver e saudar o bebê recém-chegado, mas quando o parto é de prematuro, não será possível apresentar o bebê e isso poderá gerar na mãe uma sensação de ter falhado.

A infraestrutura e o ambiente hospitalar, do qual passará a usufruir nos próximos dias ou meses, também trazem uma falta de privacidade e opções de distração que tornarão cada vez mais difícil a superação da saudade de casa, da família e da rotina social normal a qual ela estava habituada. O contato com alguns amigos e familiares mais distantes, quando ocorrer, será apenas por mensagens, sendo o conteúdo sempre o mesmo: como está o bebê? Quando ele vai para casa? Como se soubéssemos responder verdadeiramente a essas perguntas!

Ao entrar pela primeira vez em uma UTI neonatal, você se assusta. É um misto de sentimentos, pois você enxerga muitos equipamentos, sons dos aparelhos que monitoram cada e uma equipe médica que te acolhe com toda atenção, amor e carinho; mas que muitas vezes fala em termos técnicos que você não faz a menor ideia o que possam significar. Você quer pegar seu filho no colo, pois estudou a importância da relação mãe-bebê, do toque, do colo, do som do coração da mãe para o bebê, mas sabe que aquele momento não permite. Então, diante de todo esse turbilhão de sentimentos, medos e incertezas, quem pergunta sobre a mãe? Quem pensa em tornar o dia dela mais leve ou suportável com uma dose de atenção e carinho? É preciso ter esse olhar sobre a mãe prematuriente.

Um último ponto, mas não menos importante, também é o de atenção a uma mãe que voluntariamente se priva ou se isola do restante do mundo. Ela se culpa e se cobra pela condição criada e, apesar do potencial prejudicial para sua vida social e relação familiar, ela naturalmente se foca em acompanhar o processo de travessia do seu filho ao longo de todo o período de internação, sem arredar pé do ambiente hospitalar. A mãe se martiriza e se ausenta de casa, do convívio familiar e social para priorizar o acompanhamento do filho hospitalizado, desenvolvendo muitas vezes um distanciamento que, se não tratado, poderá acarretar em mais problemas.

Orientações às mães prematuras

• Permita-se sentir todas as emoções sem julgamento, mas observe o que você está pensando e lembre-se: não temos controle sobre tudo que acontece, precisamos aliviar a culpa.
• Converse, converse muito com seu bebê. Você irá se vinculando dentro do possível para cada momento, e acredite: logo ele estará em seus braços!
• Conecte-se com sua espiritualidade, ela lhe trará força.
• Converse com a equipe médica e de enfermagem.
• Escute SUAS necessidades, precisamos estar bem para cuidar do bebê.
• Saia do hospital para uma caminhada ou um banho relaxante, durma.
• Chame uma amiga para tomar um café e conversar.
• Silencie quando necessário, às vezes precisamos ficar a sós e sair do meio de outras mães que também estão passando por uma situação parecida.
• Vibre com todas as evoluções do seu bebê.
• Faça terapia e, se tiver oportunidade, participe de um grupo de apoio.
• Peça ajuda para sua rede de apoio, você não precisa dar conta de tudo sozinha.

Orientações aos familiares e amigos

• Lembre-se: mesmo sem um bebê nos braços nesse pós-parto, existe ali uma mulher que acaba de se tornar mãe.
• Olhe para essa mamãe que está passando, talvez, pelo momento mais dolorido e cheio de medos de sua vida.
• Pergunte se ela precisa de alguma ajuda, pois existem inúmeras formas ajudar, desde lavar uma roupa, fazer uma comida quentinha e gostosa até oferecer uma visitinha rápida naqueles momentos que não atrapalham a rotina com o bebê.
• Fale sobre coisas boas, essa mãe não precisa saber de tragédias que aconteceram com outras famílias de prematuros.

Orientações aos profissionais

• Olhe para essa mãe olho no olho, lembre-se de que ela está vulnerável, assustada, com medo. Não teve a chance de ter o filho nos braços antes de ir para a incubadora.

• A UTI é um lugar desconhecido, com muitos alarmes, fios, sondas e agulhas. É um lugar onde o bebê terá dias de progressos e outros de luta pela vida, então acolha essa mãe.

• Se possível, simplifique todos aqueles termos médicos difíceis de compreender.

Superdica: permita-se cuidar-se e ser cuidada.

Referências

MINISTÉRIO DA SAÚDE. Protocolos da atenção básica: Saúde das mulheres. 2016, Instituto Sírio-libanês de Ensino e Pesquisa, 2016.

SZEJER, M.; STEWART, R. *Nove meses na vida da mulher – uma abordagem psicanalítica da gravidez e do nascimento.* São Paulo: Casa do psicólogo, 1997.

39

FERRAMENTAS DA DISCIPLINA POSITIVA NO TRATAMENTO DO TRANSTORNO DE DÉFICIT DE ATENÇÃO E HIPERATIVIDADE – TDAH

Pensando nos desafios que os pais encontram com um filho com TDAH (Transtorno de Déficit de Atenção e Hiperatividade), considero importante buscarmos conhecimentos e estratégias para lidar melhor com a criança e ensinar habilidades de vida que sejam mais saudáveis, por meio de uma educação encorajadora e respeitosa. Neste capítulo, iremos ensinar maneiras efetivas e diferentes de educar nossas crianças com TDAH, usando Disciplina Positiva e suas ferramentas, buscando uma melhor conexão e enxergando-as para além do diagnóstico.

RUTH GISELE MENEZES

Ruth Gisele Menezes

CRP 02/14193

Contatos

ruthgisele@hotmail.com

Instagram: @psiruthgiselemenezes
@clippsin

Facebook: psiruthgiselemenezes
Clippsinrecife

81 98849 4950

Psicóloga clínica, neuropsicóloga. Sócia e fundadora da Clippsin – Clínica de Psicologia e Neuropsicologia. Especialista em Psicologia Clínica, especialista em Terapia Cognitivo-comportamental da Infância e Adolescência. Formação em Terapia Cognitivo-comportamental com adultos, facilitadora do programa Educação Emocional Positiva e do programa Encorajando Pais: práticas clínicas para o atendimento parental. Educadora parental em Disciplina Positiva certificada pela Positive Discipline Association (PDA/USA).

Todas as crianças se esforçam para se sentirem aceitas e importantes em suas famílias e comunidades.
JANE NELSEN

Vamos conhecer o TDAH?

É um transtorno do neurodesenvolvimento que se caracteriza pelo padrão persistente de desatenção e/ou hiperatividade/impulsividade. Esse padrão acaba interferindo no desenvolvimento da criança e/ou seu funcionamento. Pensa-se o TDAH (Transtorno do Déficit de Atenção e Hiperatividade) como um transtorno neurológico que está presente desde a infância e se manifesta por meio de uma variedade de comportamentos, incluindo hiperatividade, desatenção, impulsividade, esquecimentos e outros.

Segundo o DSM – 5, o TDAH começa na infância e deve mostrar seus sinais antes dos 12 anos de idade. Os sintomas precisam se manifestar em mais de um ambiente (casa, escola, social, entre outros). Não existem exames de imagem para confirmar o diagnóstico, ele é totalmente clínico. O que temos são escalas que nos dão um norte e, na maioria das vezes, uma avaliação neuropsicológica é solicitada para que possamos fechar o diagnóstico.

É importante salientar que o TDAH não é um transtorno que desaparece com o tempo, e sim persiste até a idade adulta. No entanto, existem maneiras pelas quais podemos aliviar os sintomas.

Sua prevalência ocorre em 5% das crianças, é mais frequente em meninos e, nas meninas, o tipo mais frequente é o tipo desatento.

Conforme o DSM-5, podemos classificar o tipo e a gravidade. Existem três subtipos do transtorno, são eles:

- Combinado: a criança apresenta os dois critérios (desatenção e hiperatividade/impulsividade).
- Predominantemente desatento: a criança apresenta mais os critérios de desatenção.

- Predominantemente hiperativo/impulsivo: a criança apresenta mais inquietação e impulsividade.

Em relação à gravidade, podemos classificar em leve, moderado ou grave. Acredito que o tratamento do TDAH gira em função de melhorar o funcionamento da criança e a relação consigo mesmo, com o mundo e com o outro. Trabalhar alguns aspectos como socialização, rotina, controle inibitório, autoestima, independência/autonomia, progresso acadêmico, concentração e diminuição de comportamentos opositores serão fundamentais para a vida familiar, escolar e social dessa criança.

O que é a Disciplina Positiva e como ela pode contribuir para o tratamento do TDAH?

Pensando nesses aspectos comportamentais e nas dificuldades que as crianças com TDAH costumam apresentar, trago para vocês o olhar da Disciplina Positiva e como ela pode ajudar a família no desenvolvimento de ferramentas e estratégias de apoio à criança em seu desenvolvimento de maneira mais assertiva e funcional.

A Disciplina Positiva é uma abordagem socioemocional idealizada por Jane Nelsen e outros estudiosos. Ela nos traz um olhar diferente e nos ensina uma nova maneira de ver o comportamento da criança, fazendo com que possamos extrair o melhor delas com comportamentos mais desafiadores. Oferece subsídios aos pais para que desenvolvam nas crianças autodisciplina, responsabilidade, cooperação e atitudes positivas de forma mais acolhedora, respeitosa e encorajadora.

A Disciplina Positiva nos ensina ferramentas práticas e eficazes, baseadas na neurociência, e permite um olhar mais respeitoso e acolhedor para com nossas crianças. Tem como base principal a educação com gentileza e firmeza, demonstrando respeito pela criança e por nós mesmos, com liberdade e limites bem estabelecidos.

Conforme diz Jane Nelsen (2019),

> a forma que a disciplina positiva enxerga o papel da educação da criança é uma quebra de paradigma, e convida a sociedade a considerar uma nova mentalidade de educar em uma era de expansão tecnológica, pais super ocupados e crianças cada vez mais diagnosticadas em escolas e consultórios.

Percebemos nos consultórios uma terceirização do processo de educação dos filhos, crianças cheias de diagnósticos e medicadas. A Disciplina Positiva nos ajuda na parentalidade, trazendo aos pais algumas reflexões importantes, ajudando-os a educar de maneira mais respeitosa e com ferramentas práticas.

Uma reflexão importante que precisamos fazer é de não rotular as nossas crianças. Os rótulos trazem a sensação de fracasso, desencorajamento e tornam as crianças estigmatizadas.

Muitos pais que têm filhos diagnosticados com TDAH se sentem falhos como pais. Eles percebem que seus filhos são menos perfeitos, o que pode causar desamparo e desesperança, mas é importante dizer que equívocos e preconceitos acompanham essa desinformação. É importante estudar para educar, e quanto mais informações nós temos a respeito de algo, mais conseguimos contribuir e ajudar.

De acordo com Jane Nelsen, precisamos enxergar cada criança como única e valiosa, ou seja, respeitar a criança na sua essência, reconhecê-la como ser que possui individualidades, levar em consideração os pontos fortes dessa criança e como agir melhor com ela diante dos desafios. As crianças possuem a necessidade de se sentirem aceitas e importantes

Assim, com as lentes da Disciplina Positiva, iremos apresentar algumas estratégias de enfrentamento que podem contribuir para a melhora dos sintomas; mas precisam ser trabalhadas com atenção e cuidado. É necessário esforço e persistência.

Temos ótimas ferramentas. Vamos conhecer algumas?

Algumas ferramentas da Disciplina Positiva que podem contribuir no tratamento do TDAH.

Estabelecer rotinas

A rotina é bem importante para as crianças, pois ajuda a ter previsibilidade, a saber o que vai acontecer; e também contribui para a autonomia e independência das crianças, deixando-as mais seguras e menos ansiosas. Isso favorece uma comunicação eficaz, clara e firme. Ou seja, ensinar as crianças a criar quadros de rotina é um grande passo. Isso não significa que os quadros de rotina são mágicos e evitarão todas as resistências e desafios futuros das crianças, mas ajudarão a diminuir alguns conflitos familiares. É importante a criança participar da construção desse quadro, pois já vai gerando nela motivação, senso de responsabilidade e pertencimento. É necessário que os pais orientem seus filhos e criem juntos o quadro de rotina, mas essa é apenas uma das muitas maneiras de você capacitá-los a se sentirem capazes e serem autônomos.

Estabelecer rotina e criar esse quadro junto com as crianças é um ótimo treinamento para que elas aprendam também habilidades de gerenciamento do tempo e da vida.

Enfim, uma forma eficaz de definir limites é criar rotinas. Conforme Jane Nelsen explica, as rotinas dentro da Disciplina Positiva ajudam a eliminar as disputas de poder e dão a todos os membros maneiras de pertencer e contribuir, ou seja, a rotina vai conduzir as tarefas e obrigações de maneira mais tranquila, pois a criança terá um passo a passo a seguir e será responsável pelo seu comportamento, sentindo-se mais capaz.

Para os pais, seguem algumas reflexões: como está sua rotina? Você consegue planejar suas atividades pessoais e profissionais e seguir o planejamento? Consegue gerenciar bem seu tempo? Como está conciliando sua vida profissional e familiar?

Como somos espelhos para nossos filhos, é importante que os pais consigam se organizar de maneira saudável para conseguir ajustar a rotina de seus filhos. No QR code, ao final do livro, você encontrará orientações para elaborar um quadro de rotina, um modelo de quadro de rotina para meninos e meninas e figuras para decorar.

Pausa positiva

Também conhecida como Cantinho da Calma, essa ferramenta consiste na construção, junto com a criança, de um espaço especial para ela se acalmar. É uma ferramenta da Disciplina Positiva que podemos usar para autorregulação e uma forma de ajudar as crianças a se sentirem melhor e conseguirem acessar a parte racional do seu cérebro, de forma que estejam mais abertas a novas aprendizagens.

Segundo Jane Nelsen, a pausa positiva se baseia na compreensão do cérebro e da natureza, ou seja, as crianças irão se sair melhor quando estão mais calmas, permitindo que ela seja mais apta a se envolver na solução dos problemas.

Reflexões para pais e responsáveis: como estão suas emoções? Você consegue lidar bem com situações desafiadoras? Você tem conseguido se autorregular quando sente emoções desagradáveis, em especial a raiva? Você sabe nomear as emoções que sente? É importante, esse processo de autoconhecimento, para que possamos ensinar nossos filhos a maneira mais assertiva de lidar com suas emoções.

Em relação a essa ferramenta, deixamos, no QR code, o material com orientações de como montar o Cantinho da Calma, figuras para decorar o cantinho da calma, jogo da memória com as emoções, roda da escolhas para aliviar a raiva e sugestão de leitura.

Reuniões de família

Essa é uma ferramenta bem importante da Disciplina Positiva e que ensina valores significativos. As crianças aprendem a ouvir o outro e respeitar seu momento de falar. As reuniões de família buscam soluções que sejam respeitosas e úteis para toda família e ensinam cada um a reconhecer os pontos positivos do outro e também habilidades de vida como comunicação, cooperação e respeito mútuo. Ainda garante diversão ao final da reunião.

A reunião de família favorece a conexão familiar, pois é um momento em que todos podem falar, sugerir e decidir de maneira respeitosa soluções para aquela situação desafiadora ou que está gerando incômodo (ver no QR code o passo a passo da reunião de família).

Reflexões para pais e responsáveis: você já criou alguma reunião com a família? Consegue conversar sobre as situações desafiadoras? Como estão esses momentos na família? Consegue falar e ouvir os filhos? Permite que o filho se expresse e fale sobre seus incômodos? Consegue reconhecer seus pontos fortes e, assim, reconhecer também os pontos positivos dos filhos? Como está o respeito mútuo nas relações familiares?

Conclusão

Para educar nossos filhos com respeito, limites, gentileza e firmeza, é necessário estudar. Conhecer e aplicar a Disciplina Positiva promove à família diversas vantagens, contribui para o desenvolvimento da criança e o convívio familiar, pois nos mostra um caminho diferente da punição, dos castigos, da agressão e dos gritos. A Disciplina Positiva promove relacionamentos entre pais e filhos por meio do respeito mútuo e ensina que nos relacionamentos precisamos administrar melhor nossas próprias emoções, a fim de desenvolver empatia, respeitar espaços e estabelecer limites de forma pacífica e eficaz.

Superdica: independentemente do comportamento do seu filho, procure simplesmente amá-lo e respeitá-lo em sua individualidade.

Referências

CESTAROLI, A. *Encorajando pais: práticas para educar crianças e adolescentes confiantes e capazes.* São Paulo: Literare Books International, 2022.

DSM-V, American Psychiatric Association. Manual Diagnóstico e Estatístico de Distúrbios Mentais. Porto Alegre: Artmed, 2014.

NELSEN, J. *Disciplina Positiva.* Barueri: Manole, 2015.

NELSEN, J. *Disciplina Positiva de A a Z: 1001 soluções para os desafios da parentalidade*. Barueri: Manole, 2020.

NELSEN, J.; FOSTER, S.; RAPHAEL, A. *Disciplina Positiva para crianças com deficiência: como criar e ensinar todas as crianças a se tornarem resilientes, responsáveis e respeitosas*. Barueri: Manole, 2019.

RAYES, C. *Orientação familiar: teoria e prática.* São Paulo: Literare Books International, 2022.

40

DESENVOLVIMENTO DA ADOLESCÊNCIA, SEXUALIDADE E ACEITAÇÃO

Neste capitulo, trarei um pouquinho do meu olhar, não só como profissional, mas também como mãe de duas adolescentes. Vivenciei cada um dos apontamentos que escrevo aqui, e a dica que lhes deixo é: olhe para seus filhos de forma única e acolhedora, cada fase é desafiadora, sim, mas é também encantadora. Não é um mar de rosas, mas podemos transformar, juntos, cada etapa em um lindo jardim.

SANDRA DUNDER

Sandra Dunder

CRP:06/130796

Contatos

sandrapsicodunder@gmail.com

Instagram: @psico_sandradunder

Esposa do Dagoberto, mãe da Natriellie e Rafaellie, minhas razões de viver. Psicóloga clínica atuando no atendimento de adultos e adolescentes e em orientações a pais. Formação em Terapia Cognitivo-comportamental (TCC), pós-graduada em Terapia do Esquema (TE) pela Wainer Psicologia, com certificação pela New Jersey Institute for Schema Therapy Springfield. Formação em Terapia Focada na Compaixão Narrativa e em Psicologia Positiva pelo Instituto de Psiquiatria do Hospital das Clínicas (IPQ do HC-FMUSP), formada em Sexologia e Terapia Cognitivo-comportamental para Casais pela Advance. Sou mãe, esposa e profissional, apaixonada por todos os papéis que desempenho.

Vivendo com o adolescente

Lembra-se de como foi o seu processo de adolescer? Quantos medos, angústias, curiosidades, sonhos e entusiasmos você tinha sobre sua nova fase de vida?

Você podia compartilhar com alguém as suas dúvidas? Sentia receio das suas mudanças corporais, da sua pele com espinhas, do seu cabelo, das suas roupas fora de moda? Na escola, falavam sobre o desenvolvimento do corpo humano e você ouvia piadinhas ou se envergonhava por isso? Em algum momento alguém lhe perguntou se gostaria de se casar? Ter filhos? Se seria menino ou menina?

Imagina só como é viver tantas emoções florindo dentro de nós! Agora isso tudo já passou, não é? E se você está aqui lendo isso, talvez seja porque esteja no lugar de pai ou cuidador de um adolescente, como aquele que você um dia foi.

Provavelmente você tinha uma grande necessidade de pertencer a um grupo, de aprovação. Você estava descobrindo novos espelhos, novas experiências.

Para se conviver com o adolescente, é necessário evolução, ressignificação e empatia. É preciso saber "ser e acolher". Nessa fase, o corpo dá sinais, a sexualidade aflora de dentro para fora e os jovens passam a prestar mais atenção em como gostariam de ser, passando também a buscar referências em familiares, amigos, famosos etc.

Rogers (1997) diz:

> Verifiquei que me enriquece abrir canais através dos quais os outros possam comunicar seus sentimentos, a sua particular percepção do mundo. Vivemos em uma sociedade que julga demais e fica difícil saber quando ser nós mesmos; mas, apesar de qualquer dificuldade, não deixa de ser algo lindo, mágico e desafiador esse encontro consigo mesmo.

Desenvolvimento da adolescência

> Clarisse está trancada no seu quarto
> Com seus discos e seus livros, seu cansaço
> Eu sou um pássaro
> Me trancam na gaiola
> E esperam que eu cante como antes
> Eu sou um pássaro
> Me trancam na gaiola
> Mas um dia eu consigo resistir
> E vou voar pelo caminho mais bonito
> Clarisse só tem quatorze anos
> (Clarisse, LEGIÃO URBANA)

O refrão acima demonstra o quanto a fase da adolescência é, na realidade, um processo em que o jovem está em seu mundo, vivenciando uma nova etapa, na busca da sua libertação e do encontro consigo mesmo.

A adolescência se inicia com a puberdade, caracterizando-se principalmente pelas mudanças corporais e psicológicas. Nesse período, ocorrem também algumas mudanças nas capacidades intelectuais e nos interesses do jovem, promovendo assim novas atitudes e ajustamentos. Por volta de 21 a 22 anos, dá-se uma nova etapa com a entrada na vida adulta, podendo então ser classificada em fases: "A pré-adolescência, ou adolescência menor; a adolescência média e a adolescência maior ou juventude" (FERREIRA, 2003).

Podemos entender também essa fase como uma etapa cheia de questionamentos e incertezas, trazendo aos adolescentes possíveis desajustes emocionais. Nesse processo, o jovem está em uma grande busca do seu EU, sua identidade e, por isso, se veem numa luta interna e, muitas vezes, social. Digo social, pois o adolescente busca fazer suas escolhas, agregando a si mais liberdade.

Sexualidade e seus desafios

A sexualidade é um elemento universal do comportamento e da realidade humana. Quando falamos sobre sexualidade, vale ressaltar que ela não é apenas algo físico, mas inclui sexo, gênero, identidade sexual e de gênero, orientação sexual, erotismo e ligação emocional. Essas percepções trazem consigo costumes sociais, raízes em suas histórias e tradições, sentidas e expressadas por cada indivíduo.

Segundo Knobel (1992), assim que nasce uma criança, seus cuidadores já começam a diferenciá-la sexualmente através de seu nome, roupas, cores, brinquedos e objetos. Naturalmente, os cuidadores se encarregam de impor as diferenças entre meninos e meninas, e a sociedade trata de acentuá-las por meio da convivência com o ambiente externo.

De acordo com Alberti & Silva (2019), a proliferação atual de sexualidades é acompanhada de perto pela propagação de nomeações, ou seja, na medida em que se nomeiam as sexualidades é que os sujeitos se identificam. O conceito de identidade de gênero difere-se do de orientação sexual, pois considera-se que a orientação sexual se refere à atração física, romântica e/ou emocional de um indivíduo por outra pessoa, enquanto a identidade de gênero se refere ao sentimento interno de ser masculino, feminino ou qualquer outra denominação.

De acordo com o site terra.com a sigla LGBTQIAPN+ quer dizer:

L: Lésbicas, mulheres que sentem atração afetiva/sexual pelo mesmo gênero, ou seja, por outras mulheres.

G: Gays, homens que sentem atração afetiva/sexual pelo mesmo gênero, ou seja, por outros homens.

B: Bissexuais, pessoas que sentem atração afetiva/sexual por mais de um gênero.

T: Travestis e transexuais, pessoas que não se identificam com o gênero atribuído no nascimento. As travestis não se reconhecem no gênero de nascimento e reivindicam o feminismo, mas não necessariamente se definem como mulheres.

Q: Queer, termo vindo do inglês que se refere a pessoas que não se encaixam na heterocisnormatividade, ou seja, não têm uma identidade heterossexual e/ou cisgênero.

I: Intersexuais, pessoas que nascem com aspectos biológicos dos dois sexos socialmente constituídos (masculino e feminino) ou que nascem fora do padrão macho-fêmea.

A: Assexuais, pessoas com ausência da atração sexual (seja ela total, parcial ou condicional) por outras pessoas.

P: Pansexuais, pessoas que não restringem sua sexualidade a um gênero em particular. A pessoa pan pode se sentir atraída por homens, mulheres, não-binários e afins.

N: Não-binários, gênero que foge das identidades tradicionais de masculino e feminino. Uma pessoa não-binária pode não se identificar como homem ou mulher, reconhecer-se nos dois gêneros ao mesmo tempo, etc.

+: Abarca todas as demais identidades que possam vir a existir.

Segundo as Normas de Atenção à Saúde de Pessoas Trans e com Variabilidade de Gênero (2012), pessoas transexuais podem ser heterossexuais, lésbicas, gays, bissexuais e/ou assexuais, do mesmo modo que as pessoas cis gêneros. A comunidade LGBTQIAPN+ denomina de cisgênero – o prefixo cis vem do latim e significa "deste lado" – as pessoas cuja identidade corresponde ao gênero designado em seu nascimento; enquanto pessoas cuja identidade de gênero e/ou expressão de gênero não correspondem às normas sociais e expectativas tradicionalmente associadas ao sexo atribuído na nascença são denominadas trans.

O mais desafiador não é a transição da fase da criança para a fase adolescente, mas sim todas as pessoas que estão envolvidas nesse processo, pois assim que nasce um filho, nasce também uma mãe e um pai. Como já ouvimos dizer, um filho não vem com manuais a serem seguidos a cada novo passo, há novos aprendizados dentro desse contexto. Vamos escrever a cada dia e a cada desafio uma nova história que servirá também às novas gerações, pois ser família é "Ser e Acolher", é "Errar e Acertar", é "Rir e Chorar", mas é acima de tudo "Viver e Aprender".

Diante disso, fica claro o quanto é desafiador todo esse processo, então a melhor maneira de passar por ele é o acolhimento a partir do "Ser em Si", e não do que a sociedade traz como regras a serem seguidas.

Processo de florescer e aceitação

Na minha visão, o adolescer é como uma flor, um botão que vai desabrochando, às vezes com pétalas mais coloridas e vivas e outras vezes com pétalas mais murchas e caídas. Isso se dá porque nesse processo há uma grande angústia por parte desses adolescentes, já que muitas vezes o corpo passa a ser um objeto de sofrimento, e muitos não conseguem se reconhecer dentro dessa mudança. Porém, para além dessas questões, podemos também pontuar que há envolvidas questões intrapsíquicas e intersubjetivas, das quais podem influenciar para uma personalidade saudável ou não. Entre esses aspectos, está a influência da cultura contemporânea, que por sua vez pode interferir nesse processo vivencial.

Segundo Pikunas (1979),

> uma parte da vida adolescente é como um sonho interminável em uma noite escura, onde os poderosos fulgores ocasionais de luz cegam, mas não iluminam.

Mesmo estando no processo de seu desenvolvimento, os adolescentes se percebem muitas vezes sozinhos e desiguais. Digo desiguais pois muitos percebem suas mudanças corporais de uma maneira dolorosa, passando por todo esse processo sem ao menos se perceber como um "Ser no mundo".

Significado de aceitação: substantivo feminino. Ação de aceitar, de receber aquilo que lhe é ofertado. Ato pelo qual se aceita: aceitação da proposta, manifestação de aprovação.

A aceitação acontece devido a um processo de experiências. Esses adolescentes podem aprender com essas novas vivências, mesmo que por alguns momentos se encontrem em desequilíbrio. Eles não buscam apenas a aceitação vindo de fora, e sim uma possível autoaceitação de quem estão se tornando.

Nesse processo de crescer, de "vir a ser", dessa possível necessidade de construção de sua própria existência, fica claro o quanto a percepção e a vivência de cada um podem direcionar o caminho a ser tomado. É por meio do que é vivido, ou seja, do conhecimento empírico, que estaremos aptos a nos adaptarmos ao meio. Assim, a consequência provável desse adolescer é o conhecimento de si mesmo, não se desvinculando nesse processo da definição de si mesmo e de sua própria identidade (KNOBEL, 1981).

Orientações aos pais e cuidadores

Quando falamos em aceitação, não estamos falando em aceitar simplesmente tudo, e sim olhar para esses adolescentes de maneira que realmente seja enxergado quem ele é na sua totalidade, pois assim como existe um filho ideal, também existe um filho real. Nesse processo todo também podemos pensar nos pais ideais que são autoprojetados ou até mesmo projetados por seus filhos.

Devemos levar em consideração o que sentimos e o que pensamos, e a partir de cada pensamento construir uma relação cada vez mais saudável. Contudo, se faz extremante importante um acompanhamento psicológico para a família, para que os envolvidos tenham o acolhimento e a clareza do que está envolvido em todo o processo.

A escola também tem papel fundamental, podendo promover atividades e palestras de orientações sobre o desenvolvimento da adolescência e sexualidade aos alunos. Deve fazer a observação durante os períodos de aula e de como está sendo a interação desses adolescentes com os demais colegas, já que, devido a tantos conflitos internos, o jovem poderá desenvolver mecanismos de defesa e se fechar do mundo e de todos a sua volta. Assim, o ambiente escolar acaba sendo muitas vezes uma válvula de escape, onde podem também se expressar.

Buscar informação é a melhor maneira de se superar esses desafios. A escuta acolhedora e atenta a esses adolescentes nesse momento de desenvolvimento é primordial, pois trará não só conhecimento, mas também pertencimento.

Então olhe-o nos olhos, sente-se ao seu lado e promova um diálogo. Pergunte: "Como foi o seu dia?", "Como está se sentindo?", "Quem são seus amigos?", "Que série, filme ou livro está sendo de seu interesse nesse momento?".

Seja próximo, seja presente, seja para os seus filhos (dentro do que lhe for possível) o que gostaria que tivessem sido para você, ressignifique a sua história e faça diferente. Seja você esse agente transformador.

Lembre-se, o mais importante não é o que fizeram com você, mas sim o que você fará com todo esse aprendizado. "Se a vida lhe der um limão, faça uma limonada". Construa por meio desse desafio uma linda jornada regada de amor, companheirismo, aceitação e acolhimento.

Superdica: o acolher não está apenas na fala, e sim no colo a se oferecer, para que assim possamos também nos ressignificar em nossa própria existência.

Referências

ALBERT, S.; SILVA, H. Sexualidade e questões de gênero na adolescência: contribuições da psicanálise. *Psicologia: teoria e pesquisa*, 2019. Disponível em: <doi:https://dx.doi.org/10.1590/0102.3772e35434>. Acesso em: 10 out. de 2022.

COLEMAN, E. *et al. A saúde das pessoas trans e com variabilidade de gênero*. 7. ed. World profissional association for transgender health (WPATH), 2012. Disponivel em: <www.vpath.org>. Acesso em: 10 nov. de 2022.

FERREIRA, B. W. *Psicologia e educação*. Porto Alegre: EDIPUCRS, 2003.

KNOBEL, M. *Orientação familiar*. Campinas: Papirus, 1992.

NÓS. Movimento negro. LGBTQIAPN+, luta das mulheres: entenda o que significa cada letra da sigla LGBTQIAPN+, 2022. Disponivel em: <https://www.terra.com.br/nos/>. Acesso em: 09 nov. de 2022.

ROGERS, C. *Tornar-se pessoa*. São Paulo: Martins Fontes, 1997.

41

A PSICOPEDAGOGIA NO TRATAMENTO DO TDAH

Este capítulo tem como objetivo esclarecer sobre o TDAH e mostrar o direcionamento de duas psicopedagogas, com informações práticas e possíveis de serem aplicadas no contexto escolar e familiar, para que a criança com TDAH se sinta melhor e tenha uma aprendizagem significativa e consistente.

SULENIA CESARO E
TATIANA AMARAL

Sulenia Cesaro

Contatos
suleniad@hotmail.com
Instagram: @suleniacesaro
Facebook:sulenia.cesaro
11 99477 2882

Casada, mãe da Anna Helena e do Daniel. Graduada em Licenciatura Plena em Matemática, atuei por dez anos como professora na rede particular de ensino de São Paulo. Especialista em Educação Infantil e Psicopedagogia pela Pontifícia Universidade Católica (PUC-SP). Palestrante e coautora do livro *Orientação Familiar vol. 1*. Psicopedagoga especialista em Distúrbios e Dificuldade de Aprendizagem.

Tatiana Amaral

Contatos
tatianaamaralnucleo@hotmail.com
Instagram: nucleo_pedagogicotatianaamaral
Facebook: Núcleo Pedagógico Tatiana Amaral
37 99147 0606

Casada. Mãe da Duda (13) e do Bernardo (9). Apaixonada pela educação. Há 30 anos, atua na sala de aula e fora dela, alfabetizando e orientando famílias, profissionais e escolas. Coordenadora do Núcleo Pedagógico. Coautora do livro *Orientação familiar vol. 1*, congressista e palestrante. Criadora das oficinas "Vamos jogar?" e "Histórias que Conectam". Possui projetos com foco no desenvolvimento de diversas habilidades. Psicopedagoga e pedagoga especialista em distúrbios e dificuldades de aprendizagem. Formada em Educação Sistêmica e com MBA em Liderança e Gestão de Pessoas.

Alguns pais chegam ao consultório psicopedagógico exaustos por não saberem como lidar com o comportamento e a aprendizagem do seu filho. Muitas vezes, a criança com TDAH é rejeitada ou rotulada em diversos ambientes e situações, principalmente na escola. Em virtude do mau comportamento, ela aparenta não ter limites, faz mil coisas ao mesmo tempo, perde materiais, tem dificuldade em esperar a sua vez, fala excessivamente, se envolve em confusão, apresenta baixo desempenho escolar e não tem foco nem atenção.

Essas são algumas das características típicas de uma criança com Transtorno de Déficit de Atenção, com ou sem hiperatividade. O transtorno pode se manifestar de formas diferentes, e nem todas as características citadas estão presentes em uma mesma pessoa.

Vamos entender o que é o TDAH

O TDAH é considerado um transtorno neurobiológico que aparece na infância e acompanha o indivíduo por toda a sua vida. Segundo estudos, a predisposição genética e a ocorrência de alterações nos neurotransmissores (dopamina e noradrenalina) que estabelecem as conexões entre os neurônios na região frontal do cérebro são as principais causas do TDAH.

É caracterizado, basicamente, pela tríade sintomatológica: déficit de atenção, hiperatividade e impulsividade. Ele não é um transtorno de aprendizagem, e sim um transtorno crônico neurocomportamental. O indivíduo apresenta problemas de comportamento e um déficit funcional para execução de tarefas, para a memória operacional e atenção sustentada. Esse transtorno não é culpa de alguém ou de alguma coisa que você fez, nem tem a ver com a criação, com falta de regras ou com a alimentação.

Conheça os tipos de TDAH

Déficit de atenção sem a hiperatividade (TDA) – A falta de atenção ou o déficit de atenção é a capacidade limitada que a criança tem em permanecer atenta por um tempo necessário diante de uma determinada tarefa. O subtipo desatento é mais comum no sexo feminino e causa maior prejuízo acadêmico.

Déficit de atenção com hiperatividade (TDAH) – A hiperatividade corresponde ao exagero ou excesso de atividade motora na criança, e a impulsividade expressa-se por reações bruscas, imotivadas, impensadas e repentinas da criança.

É mais comum encontrar o tipo combinado (TDAH), que gera maior prejuízo em todas as áreas. Está associado a uma maior quantidade de encaminhamentos para a avaliação e apresenta o maior número de comorbidades, como: transtorno de conduta, transtorno opositor desafiante, dislexia, discalculia, transtorno de desenvolvimento da linguagem, depressão, ansiedade e outros. Esses fatores podem interferir no bom desempenho escolar, assim como nas suas relações interpessoais.

De acordo com o DSM-V (Manual Diagnóstico e Estatístico dos Transtornos Mentais), é necessário que pelo menos seis dos nove sintomas que indicam o TDAH estejam presentes, frequentemente, na vida da criança. Esses sintomas devem interferir no funcionamento ou desenvolvimento da criança e devem ser aparentes antes dos 12 anos.

O diagnóstico

Durante o processo da avaliação diagnóstica, o paciente possivelmente será avaliado por vários profissionais de diferentes especialidades (psicopedagogo, neuropsicólogo e fonoaudiólogo) que darão sua contribuição por meio de avaliações cuidadosas dos comportamentos observados. Porém, somente o neurologista, neuropediatra ou psiquiatra poderão certificar o diagnóstico e fornecer um laudo médico.

A aceitação do TDAH facilita o tratamento. Nessa jornada, a mediação da escola e da família será um grande diferencial, pois são esses ambientes em que a criança se sente segura para buscar afeto e amor. Um bom argumento para tranquilizar e encorajar os pais a dar sequência no tratamento é saber que existem recursos didáticos e terapêuticos para facilitar o processo de aprendizagem.

Por meio do tratamento, que não é rápido, as crianças podem se apropriar do conhecimento. Porém, a falta de tratamento ou o tratamento incorreto podem apresentar uma série de prejuízos no decorrer dos anos. Inicialmente, ocorre baixo rendimento escolar, perda de autoestima, tristeza, falta de motivação nos estudos e prejuízos nos relacionamentos sociais, podendo até desencadear episódios depressivos graves. Já na adolescência, os danos acadêmicos e sociais (como fracasso escolar, depressão, desobediência e mau comportamento) muitas vezes podem facilitar o abandono escolar ou da faculdade, proporcionando o envolvimento recorrente com más companhias, além do uso abusivo de drogas e álcool.

Segundo o neurologista Cypel (2007), é importante diagnosticar o tipo de TDAH para a conduta correta. Além das intervenções por parte dos profissionais, uma outra possível conduta a ser adotada é o uso da medicação. Nesses casos, é indispensável a discussão do caso e a orientação do médico. O tratamento torna-se mais eficaz com o uso de medicações associado à psicoterapia, acompanhamento psicopedagógico, treinamento das habilidades sociais e treinamento para pais e professores.

O papel da psicopedagogia

O psicopedagogo é o especialista que atua no processo de aprendizagem e ensino. É o responsável por elaborar a avaliação, fazer encaminhamentos necessários e intervir. A avaliação contempla as seguintes áreas do conhecimento: cognitiva, leitura e escrita, raciocínio lógico e matemático, grafomotora e socioemocional. A partir da avaliação, dá-se início às intervenções psicopedagógicas, que são: orientações aos pais e aos professores e interlocução entre a equipe multidisciplinar.

Uma das principais atuações do psicopedagogo é o acompanhamento das crianças com o transtorno que, mesmo sendo acompanhadas por outros profissionais, não conseguem dar conta das demandas escolares. O profissional da psicopedagogia deve tomar a frente para tentar suprir as lacunas que existem durante o processo de aprendizagem da criança. As intervenções psicopedagógicas **não podem ser confundidas** com aulas de reforço, pois é muito mais abrangente no seu contexto. Além de ter as ferramentas necessárias para a intervenção, esse profissional visa a construção do conhecimento de forma integrativa, mesmo que o processo esteja abalado.

Como psicopedagogas, também utilizamos jogos como recurso para auxiliar no desenvolvimento da atenção, foco, raciocínio lógico, planejamento e no favorecimento do controle de impulsos. Além dos jogos, incluímos na nossa prática alguns materiais adaptados e também recursos de nossa autoria, para que o paciente se aproprie do conhecimento. Como exemplo, citamos o jogo "Empresta" (idealizado por Sulenia), que trabalha com operações da adição com reserva; e a oficina de jogos "Vamos jogar?" (idealizada por Tatiana), que tem como objetivo o desenvolvimento de habilidades.

Orientações aos pais

> Sabe-se que o nosso primeiro meio social é a família, e desde sempre ela ocupa um lugar fundamental e um impacto significativo no desenvolvimento. É lá que encontramos o apoio, os exemplos, as influências culturais para um desenvolvimento intelectual, social e emocional bem alicerçados.
> (AMARAL, 2022)

A evolução depende muito do contexto e envolvimento familiar. O estímulo dos pais é fundamental para a criança se organizar, manter a concentração e fazer as suas tarefas. Esse estímulo deve ser aplicado todos os dias, a fim de criar hábitos positivos na criança e na família. Vale lembrar que nem todas as famílias estão preparadas para dar esse suporte, daí a importância da busca por uma orientação profissional.

Você pode desenvolver habilidades por meio de orientações corretas para ajudar o seu filho e, assim, diminuir os prejuízos causados pelo TDAH. Portanto, cuidado, carinho, respeito, empatia e amor são fundamentais para que a aprendizagem e as relações aconteçam com segurança e equilíbrio. Considerando que a criança está em fase de desenvolvimento, é importante lembrar que ela está aprendendo a lidar com as emoções e os sentimentos, e vai precisar de suporte emocional e intelectual na vida escolar, social e familiar. Com autoestima não se brinca!

A condição chave para os pais saberem lidar com as emoções do seu filho é entender que esse cérebro apresenta um déficit funcional, ou seja, funciona "diferente" do esperado. A partir desse entendimento, tenha cuidado com as altas expectativas em relação à criança, respeite as suas limitações sem fazer cobranças excessivas. Isso traz mais leveza à relação com os seus filhos.

Por ser um transtorno que não tem cura, há necessidade de mediação. Por isso, a participação ativa, afetiva e efetiva de todos os envolvidos faz diferença no resultado do tratamento e desenvolvimento da criança.

Vamos à prática!

Alimentação: durante as refeições, evite o uso de distrativos (eletrônicos); estabeleça combinados claros.

Atividade física/esporte: o exercício físico reduz os sintomas e melhora o funcionamento cognitivo, então, precisa ser praticado com regularidade. A atividade ideal é aquela que seu filho se interesse e sente motivação em fazer. Encoraje-o a se exercitar.

Rotina funcional: a criança precisa saber o que vai acontecer no dia. Não é só questão de horários rígidos e inflexíveis, mas sim de previsibilidade. Ajude-a a se organizar para realizar as tarefas da escola e de casa, reserve um espaço para estudar sem distrativos. Sozinha, ela não consegue.

Sono: o sono é restaurador, importante para a aprendizagem e um dos componentes que mais regula uma pessoa com TDAH. Durante o sono, aquilo que aprendemos e armazenamos na memória a curto prazo é transferido para a memória de longo prazo.

Socialização: as relações interpessoais e um ambiente social harmônico aumentam a probabilidade de equilíbrio e bem-estar. Respeite o limite de seu filho e ajude-o a exercitar a autorregulação, importante para guiar, moderar e organizar suas atitudes e comportamentos.

Espiritualidade: a criança precisa conhecer o seu mundo interior para se conectar consigo mesma por meio da respiração e espiritualidade.

Aceitar o TDAH é importante para se comprometer com o tratamento e com a necessidade de seus filhos. Sejam pacientes, amáveis, gentis e firmes. Conversem, ouçam e descubram os sentimentos e individualidades do seu filho. Aprendam com os erros e caminhem juntos. Vocês não estão sozinhos!

Orientações aos professores

A escola tem um papel significativo na observação e encaminhamento do aluno. O professor tem grande valor para auxiliar na busca de dados e informações para o diagnóstico correto, então, ele precisa saber o que é TDAH e quais são as características do aluno. O laudo médico é importante para saber como conduzir e quais funções estão alteradas.

A partir desses conhecimentos, a escola pode adequar seus processos, tanto em sala de aula quanto fora dela, e oferecer uma aprendizagem adequada para esses alunos. Lidar com o TDAH na sala de aula é delicado e um grande desafio. O olhar precisa ser atento às dificuldades e necessidades de cada aluno. É necessário encontrar estratégias e ter planejamento para lidar com o TDAH junto com a equipe multidisciplinar e coordenação. A escola deve criar um ambiente adequado de ensino e aprendizagem para os alunos e orientar a família. Além disso, ela deve estimular crianças e adolescentes a explorarem suas próprias capacidades e se desenvolverem com pleno potencial. Por fim, é importante que o aluno esteja sempre inserido no grupo e motivado a aprender.

Recentemente foi aprovada a Lei Federal 14.254/21 que dispõe sobre o acompanhamento integral para educandos com dislexia, transtorno do déficit de atenção com hiperatividade (TDAH) ou outro transtorno de aprendizagem.

Veja, no QR code ao final do livro, como ajudar no aprendizado, na integração e na boa vivência escolar de alunos com TDAH. Esse conjunto de orientações para educadores tem como objetivo ajudá-los a otimizar o aprendizado, além de proporcionar ao aluno condições favoráveis ao seu pleno desenvolvimento. É importante entender que essas adequações não são privilégios, e que cada aluno é único e tem necessidades distintas, portanto, nem todos os itens serão necessários para todos os alunos.

Superdica:
facilite o processo com afeto
(SULENIA CESARO)

Escaneie o QR code para ter acesso à plataforma com + de 100 atividades práticas!